KB118726

한겨레역사인물평전

———

조광조 평전

조광조 평전

사화의 시대, 성리학적 이상을 꿈꾼 개혁가의 비상과 추락 ──── 신병주 지음

한겨레출판

'한겨레역사인물평전'을 기획하며

정출헌 | 부산대 한문학과 교수, 前 점필재연구소 소장

　역사는 인간이 일궈온 삶과 다름이 없습니다. 사람들의 발길이 새로운 길을 내듯, 역사도 그렇게 만들어진 것이겠지요. 그런 점에서 시간 단위로 인간의 삶을 분절한 편년의 역사 서술 관습을 넘어서, 인간을 통해 시대의 편폭을 보여주려 했던 사마천의 시도는 빛나는 것이었습니다. 다양한 인간 군상을 한데 모아놓은 열전(列傳)은, 그래서 수천 년 동안 동아시아 역사 서술의 전범(典範)으로 자리 잡을 수 있었습니다. 물론 그곳에 이름을 올린 이들 모두가 역사상 위대한 업적을 남긴 인물은 아니었습니다. 적장을 살해하려다 실패한 자객, 우스갯소리를 잘하던 사람, 재물을 많이 벌어들인 부자, 질병을 잘 고쳐낸 명의 등까지 망라하고 있으니까요. 역사란 크나큰 발자취를 남긴 위인만이 아니라 인간의 존엄성을 올곧게 지켜 나간 사람들이 함께 어우러져 만들어가는 것이라 여긴 사마천의 믿음이 선연합니다.

　사마천이 역사의 이름으로 불러들인 인물들에 대한 선별은 과연 타당했는가, 또는 그들 각자에 대한 평가는 온당한가, 이에 대한 시비가 없을

수는 없겠지요. 하지만 과거 인물들의 삶을 기록하려는 우리는 사마천의 그런 마음가짐에서 많은 것을 배울 수 있습니다. 역사의 물굽이를 뒤바꾼 행적을 남긴 위인으로부터 하찮은 일상을 통해 시대의 가치를 되새기게 만든 범인(凡人)에 이르기까지 소중하게 여겼던 그 마음 말입니다. 그래서 우리는 아득한 저 고대로부터 근대 전환의 격변기에 이르기까지 우리 역사를 다채롭게 아로새겼던 수많은 인물들을 평전의 대상으로 삼으려 했습니다. 정치·사회·문화·예술 등 다양한 분야에서 우리 시대에 되살릴 만한 다양한, 또 의미를 지닌 인물 100명의 평전을 기획한 것은 그런 문제의식의 산물입니다.

또한 우리는 시대적 흐름에 유념하면서 성패·신분·성별 등을 나름 고려하면서 유사한 삶을 살았던 인물들을 몇몇 범주로 묶어보았습니다. 우리가 지난 역사 인물을 되살려보려는 이유는 시대와 개인이 맺고 있던 복잡다단한 관계를 읽어내고 싶기 때문입니다. 동일한 시대 상황에서 유사한 삶의 궤적을 읽을 수 있는 반면, 그들에게서 발견되는 미묘하지만 화해할 수 없는 차이를 추적하는 것이야말로 시대의 요구와 인간의 선택이 빚어내는 공명과 파열을 생생히 전달하는 것이라 믿은 까닭입니다.

비슷한 시대에 각기 다른 빛깔의 인간을 탐색해가는 과정은 역사라는 거대담론으로 인간 개개인을 재단하던 병폐를 넘어 인간의 삶을 통해 시대의 흐름을 재구성하는 방법이기도 합니다. 특히 생애 관련 자료의 제한 때문에 독립된 평전을 서술하기 어려운 인물의 경우, 시대 및 대상 인물과의 관계 위에서 조망함으로써 그들의 행로를 도드라지게 드러내려 했습니다.

하지만 오늘날 어떤 인물에 주목할 것인가보다 훨씬 어려운 과제는 그들을 어떻게 그려낼 것인가 하는 문제입니다. 많은 사람들은 평전을 쓸 때 가장 중요한 미덕으로 해당 인물을 객관적이고도 정확하게 그려내는 것을 꼽습니다. 충분히 수긍할 수 있는 지적입니다. 그러나 생애 관련 자료가 풍부하지 못한 현재 우리의 열악한 사정을 감안하지 않는다 해도 그것은 참으로 어려운 요구입니다. 생애 관련 자료가 풍부하다고 하더라도 객관적인 자료란 애당초 기대하기 힘들 뿐더러 한 인간을 둘러싼 엇갈린 기억과 자료 가운데 어느 것은 취하고 어느 것은 버릴 것인가를 결정해야 하는데 이는 온전히 필자의 몫일 수밖에 없기 때문입니다. 그래서 역사는 물론이고 한 인간에 대한 기록은 시대에 따라 달라지고 거듭해서 새로 쓰이는 듯합니다.

그런 점에서 평전을 쓴다는 것은 남아 있는 사실의 기록과 오늘을 살고 있는 필자의 평가 사이에서 아슬아슬한 외줄타기를 하는 작업입니다. 그래서 어렵게 마련이지요. 아마도 위태롭기 그지없는 그 험난한 과정을 버티게 해주는 힘은 과거와 현재, 사실과 허위, 객관과 공감 사이의 균형 감각일 것입니다. 우리는 그런 곤혹스러운 상황을 애써 외면하지 않으려 했습니다. 한 인물의 평전을 쓴다는 것이 과거를 통해 현재를 돌아보고 미래를 전망하는 작업의 일환이라면, 그것은 반드시 건너야 하는 강이라고 생각했기 때문입니다. 대신 힘겨운 작업을 필자 한 사람의 몫으로 떠넘기지 않고, 뜻있는 사람들과 의견을 주고받으며 자신의 균형 감각을 가다듬을 수 있는 자리를 많이 갖도록 노력했습니다.

그런 점에서 역사 속 인물에 깊은 애정과 관심을 가지고 있는 연구자, 그런 연구자를 한자리에 모아 외롭지 않게 함께 작업해갈 수 있도록 엮어주는 연구소, 그리고 연구자의 충실한 성과를 일반 대중에게 알려주는 출판사가 공동 기획하여 발간하는 오늘 우리의 작업은 매우 뜻깊은 시도일 것입니다. 실제로 부산대학교 점필재연구소와 한겨레출판은 전체 기획의 의도, 대상 인물의 선정, 최적의 필자 선택, 평전 집필의 방향을 함께 논의하고 결정했습니다. 그런 뒤 개별 필자들이 평전을 집필하는 과정에서 구상 발표, 자료 점검, 사실의 진위 판단, 원고의 교정·교열에 이르기까지 수시로 의견을 주고받으며 때론 뼈아픈 조언도 아끼지 않았습니다. 이런 공동 작업을 거쳐 세상에 선보이는 '한겨레역사인물평전'은 평전으로서 갖추어야 할 미덕을 고루 갖추고 있는 것은 물론이고 학계와 출판계가 서로 힘을 모으는 새로운 풍토를 마련하는 데도 적잖이 기여할 수 있으리라 기대합니다.

사실 평전을 쓰고 읽는다는 것은 옛사람이 남긴 발자취를 따라가면서 그의 마음과 시대를 헤아려보는 여정일 겁니다. 우리는 그런 여정에서 나 자신이 옛사람이 되어 헤아려보기도 하고, 옛사람이 내 귀에 속내를 속삭여주는 경이로운 체험을 맛보기도 할 것입니다. 때론 앞길을 설계하는 지침이 되기도 하겠지요. 퇴계 이황은 그런 경지를 이렇게 읊었습니다. "고인(古人)도 날 못 보고 나도 고인을 못 뵈어, 고인을 못 뵈어도 가던 길 앞에 있네. 가던 길 앞에 있거든 아니 가고 어찌할까"라고. 우리도 그런 마음으로 옛사람이 맞닥뜨린 갈등과 옛사람이 고민했던 선택을 헤아리며 그의 길을 따라 걸을 수 있으리라 믿습니다. 세월의 간극을 훌쩍 뛰어넘는 그런 가슴 벅찬 공명이 가능한 까닭은, 그도 나도 시대를 벗어나서는 잠시도 살아갈 수 없는 인간이란 이유 때문이겠지요. 그것이야말로 한 치 앞을 내다보기 힘든 우리 시대에 굳이 평전이 필요한 까닭일 것입니다.

조광조의 개혁이
오늘날 우리에게 던지는 의미

조광조는 우리 역사의 대표적인 개혁가로 알려져 있다. 성리학의 이념을 조선 사회에 정착시키기 위해 그는 자기 생애의 거의 모든 것을 걸었다. 성리학의 이념이 국왕의 주도하에 백성들의 삶 곳곳에서 실천되는 도덕적이고 이상적인 사회. 그것이 조광조가 지향했던 사회였다.

1506년, 반정(反正)으로 왕위에 오른 중종은 초기에는 반정공신의 그늘 아래에 있었지만, 이후 서서히 왕권을 회복해가면서 자신의 시대가 개혁의 시대임을 인식했다. 중종은 연산군 시대를 부정하고, 성종 시대에 본격화되었던 유교정치의 이념을 다시 회복하고자 했던 시대적 소명에 의해 왕이 되었던 만큼 개혁 의식이 컸다. 그러나 중종은 후대의 인조와는 달리 반정에 주도적으로 참여하지 않았기에 즉위 초반에 반정공신 3인방인 박원종(朴元宗), 성희안(成希顔), 유순정(柳順汀) 등의 눈치를 볼 수밖에 없었다. 그러나 이들 3인방이 사망하고, 왕의 위상이 커지면서 개혁정치를 보다 적극적으로 할 수 있겠다는 자신감을 갖게 되었다. 바로 그때 중종의 눈과 귀를 사로잡은 인물이 있었으니, 그가 바로 조광조다.

중종의 파격적인 지원하에 조광조는 초고속 승진을 거듭하면서 개혁정치의 구체적인 내용들을 하나하나 실천해갔다. 소격서(昭格署, 도교의 제천 행사를 주관하는 기관)의 폐지, 『소학(小學)』과 향약의 보급, 현량과(賢良科, 과거제를 대신하여 추천에 의해 관직에 임명하는 제도)와 같은 구체적인 개혁 정책들이 수행되었다. 개혁의 칼끝은 마침내 당대 기득권 세력인 훈구파로 향했다. 훈구파가 불법적으로 차지한 토지와 노비를 몰수하기 위해 조광조는 정국공신(靖國功臣, 중종이 반정으로 왕위에 오르는 데 공을 세운 신하)의 개정과 위훈삭제(僞勳削除, 거짓으로 받은 정국공신의 훈작을 삭제함)라는 비장의 카드를 빼 들었다.

그러나 자신들의 기득권을 바짝 조여오는 조광조 세력에게 당하고만 있을 훈구파가 아니었다. 게다가 훈구파보다 조광조의 개혁에 더 불안해했던 인물이 있었다. 다름 아닌 조광조를 중용했던 중종이었다. 조광조를 등용했던 시점에서 중종과 조광조는 개혁의 파트너였지만, 조광조의 개혁정치가 기득권의 질서를 위협할 수 있는 상황으로까지 전개되자, 중종은 급격하게 '진보적인 왕'에서 '보수적인 왕'으로 회귀하게 된다.

이 무렵 중종은 경연(經筵)이나 현량과의 추진 등을 통해 자신을 압박하는 조광조를 부담스러워하고 있었다. 정국공신 개정은 더욱 뜨거운 이슈로 떠올랐다. 조광조의 개혁에 반대하는 세력의 고변 사건까지 더해지면서 불안감이 더해진 중종은 남곤(南袞), 심정(沈貞) 등 조광조에 대해 불만을 품고 있는 세력들에게 기습적으로 밀지를 내렸다. 조광조의 개혁에 염증을 내고 있던 중종의 의중을 알아차린 홍경주(洪景舟), 남곤, 심정 등은 중종의 전격적인 역습에 실무적으로 힘을 합했다. 1519년 11월 15일, 전격적으로 단행된 조광조 세력의 체포는 기묘사화의 시작이었다. 조광조는 처음 유배 명령을 받았을 때, 자신의 귀를 의심했다. 그리고 무엇인가 잘못된 조처이니 곧 회복되리라 믿었다. 그러나 중종은 조광조에게 기어이 사약을 내렸고, 조광조는 유배지 능주에서 38세의 나이에 짧은 생애를 마감했다. 숱하게 추진했던 개혁정치를 궤도에 올려보지도 못한 채였다.

그러나 그의 삶이 결코 헛되지 않았음은 후대의 역사가 증명한다. 명종, 선조 연간을 거치면서 사림정치의 시대가 열렸고, 사림파들이 본격적으로 권력의 중심에 섰을 때 조광조는 사림파의 상징적인 인물로 추앙받았다. 광해군 시절에는 오현(五賢)의 일원으로 문묘에 종사되기도 했다. 조광조는 후대인들에게 '사림파의 영수', '개혁정치의 중심'으로 기억되었고, 그의 개혁정신은 이후에도 계속 이어져 왔다.

이 책에서는 16세기 초, 보수와 개혁의 갈등이 첨예했던 시기, 개혁파의 대표적인 리더였던 조광조의 삶과 사상의 궤적을 통해 그의 성공과 실패가 주는 역사적 의미를 살펴보고자 한다. 더불어서 조광조와 함께한 사람들과 그를 기억하는 사람들, 조광조를 배향한 서원에 대한 이야기를 통해 조광조가 후대에 어떻게 기억이 되었는지를 추적해보고자 한다. 조광조의 삶과 활동, 그에 대한 기억을 통해 조광조가 추진했던 개혁정치의 전개와 그 실패가 오늘날 우리에게 던져주는 의미에 대해 알아보는 것, 그것이 이 책을 저술한 주요 목적이다.

차례

사화(士禍)의 시대에
태어나다

1

무오사화, 훈구파와 사림파의
첫 충돌

조광조의 생애와 개혁정치를 이해하는 데 있어서 가장 중요한 요소는 사화(士禍)라는 시대적·정치적 배경이다. 사화라는 단어는 한자의 의미 그대로, 사림파와 훈구파의 정치적 대결에서 '사림파가 화를 당했다'라는 뜻을 담고 있다. 조선 전기, 기득권을 형성하고 있던 보수 세력인 훈구파에 의해 새로운 개혁 진보 세력인 사림파가 화를 당했던 사건들 중에서도 대표적인, 1498년(연산 4년)의 무오사화(戊午士禍), 1504년(연산 10년)의 갑자사화(甲子士禍), 1519년(중종 14년)의 기묘사화(己卯士禍), 1545년(명종 즉위년)의 을사사화(乙巳士禍)를 한데 묶어 '4대 사화'라고 부른다. '사림파가 화를 당했다'라는 뜻에서도 드러나듯 '사화'라는 단어 속에는 '훈구파=가해자, 사림파=피해자'라는 인식이 담겨 있다. 이것은 선조 즉위 후 훈구파는 역사에서 완전히 소멸하고, 사림파가 중심이 되어 정국을 운영했기 때문이다. 실제 기록을 살펴보면 사림파가 정치적으로 우세해진 선조 초반 무렵부터 사화라는 표현이 직접적으로 쓰이기 시작했음을 알 수 있다.

근대 이후, 사화는 당쟁과 함께 조선의 정치 세력이 권력 투쟁을 일삼기만 한다는 뉘앙스를 주는 부정적인 용어로 주로 해석되었다. 특히 일

제강점기 일본인 학자들은 식민주의적 역사 인식 차원에서 사화나 당쟁과 같은 용어들을 과장하여 사용하기도 했다. 최근의 연구에서는 용어에 대한 선입견을 갖지 않고 사화나 당쟁이 나타나게 된 시대적 상황이나 정치적 배경을 설명하려는 경향이 주류를 이루고 있다.

조광조가 살아간 시대를 대표하는 키워드로 사화를 꼽는 까닭은 조광조가 무오사화와 갑자사화를 겪으면서 성장했고, 그 자신이 기묘사화의 대표적인 희생자였다는 점 때문이다. 특히 네 번의 사화 중에서도 기묘사화는 사림파의 이상과 개혁정치가 가장 적극적으로 발현된 사건으로 인식되는 만큼, 조광조의 삶은 물론이고 조선 역사의 전개에 있어서도 빠질 수 없는 사건이다. 50여 년간 지속되면서 16세기 조선의 역사를 압축하는 키워드인 '사화'는 조광조 개인의 운명과 그 궤적을 같이했다고 볼 수 있다.

15세기 후반 조선의 역사는 훈구파와 사림파의 정치적 · 사상적 대립으로 요약된다. 성종 대 후반부터 서서히 중앙 정계에 등장하기 시작한 사림파는 정치적 · 사회적 특권을 이미 확보하고 있었던 훈구파에 대해 견제를 가하기 시작했다. 훈구파는 '공훈을 지닌 구세력'을 뜻하는 용어로, 조선 건국에 주도적으로 참여하여 공신의 특권을 가지고 그 기득권을 대대로 승계한 정치 세력을 지칭한다. 건국에 참여한 개국공신을 비롯하여, 태종과 세조의 즉위 과정에서 공신들이 대거 책봉되면서 이들이 훈구파의 주축이 되었다.

훈구파는 특히 세조 때부터 그 지위를 공고히 하게 되는데, 이것은 세조의 집권 과정에서 공신이 대거 배출되었고, 세조가 이들 공신에게 많은 특권을 주었기 때문이다. "세조 대에 형성된 이들 공신 집단이 결국 성종 대에 이르기까지 조선의 정치권력을 장악한 바로 그 사람들이다."[1] 또한 세조가 승하 직전에 추진한 원상제(院相制)는 성종 대 초반까지 훈구파가 기득권을 유지하는 데 있어서 중요한 기반이 되었다.[2]

훈구파에 대해서는 정치적으로 보수 기득권 세력이라는 부정적인 이미지가 강하지만, 개국 이후 조선의 제도와 문물을 정비하고 외교와 국방을 튼튼히 할 수 있었던 데에는 학문적·실무적 능력을 겸비했던 이들의 역할이 컸다는 사실을 주목해야 한다. 신숙주(申叔舟), 한명회(韓明澮), 정인지(鄭麟趾), 서거정(徐居正), 강희맹(姜希孟), 김수온(金守溫), 정창손(鄭昌孫) 등 조선 전기 훈구파 학자들에 대해서는 그 공(功)과 과(過)가 균형적으로 이해될 필요가 있다. 훈구파가 지방에 대토지를 소유하고, 음서(蔭敍)를 통해 대대로 그 기반을 유지해나갔다는 견해에 대해, 최근에는 사림파에서도 경제적 기반이 탄탄한 가문의 인물이 배출되었다는 점, 훈구파 중에서도 사림파로 전향해나가는 인물이 많았다는 점, 그리고 훈구파든 사림파든 그 지위를 유지하기 위해서는 과거급제를 통해 실력을 증명했어야 한다는 점 등을 근거로 훈구파와 사림파의 명확한 구분이 쉽지 않다고 지적하는 학자들도 있다.

사림파의 뿌리는 여말선초, 고려왕조에 대한 충절을 지키면서 조선왕조의 건국에 반대한 길재(吉再) 등의 인물로부터 시작한다. 길재가 영남지역을 중심으로 학풍을 진작시켰기 때문에 사림파를 두고 '영남사림파'라고 지칭하기도 한다. 사림파 세력이 급속도로 확산된 계기는 1453년에 일어난 계유정난(癸酉靖難)과 그 뒤에 이어진 세조의 즉위였다. 숙부가 현왕인 조카를 상왕으로 몰아낸 후 결국 사사(賜死)까지 시킨 처사는 정치권에 한 발짝 물러나 재야에서 후진을 양성 중이던 양심적인 지식인들을 분노하게 만들었고, 이들을 결집시켰다.

이후 세조의 시대가 지나가고 성종이 즉위하자 재야에 파묻혀 본격적으로 정치적 목소리를 내지 못했던 사림파들에게 기회가 왔다. 성종이 사림파 인물들을 대거 정계로 불러들여 훈구파를 견제하는 역할을 맡긴 것이다. 정치권의 젊은 피 수혈이라는 시대적 흐름 속에서 사림파가 드디어 정치적 입지를 차지하게 되었다. 영남 지역을 주요 근거지로 삼아 성종 대에 본격적으로 중앙 정계에 진출한 사림파들은 세조의 왕위 찬탈이 부정하다는 인식을 갖고 있었다. 의리와 충절이라는 성리학의 명분으로 무장한 사림파에게 세조의 불법적인 왕위 찬탈은 꼭 짚고 넘어가야 하는 일이었다.

성종의 부름으로 중앙 정계에 진출하면서 조금씩 세력을 형성해가는 중이기는 했으나 사림파는 그때까지 공개적인 석상에서 선왕인 세조를 비판할 만큼의 힘은 갖지 못했다. 그랬던 까닭에 사림파들은 간접적인 비판의 방식을 취하기로 한다. 영원히 역사로 기록될 사초(史草)에 세조의 행적을 비판하는 글을 올리기로 작정하고 시기를 기다렸던 것이다. 그러나 시절은 이들에게 호락호락하지 않았다. 당시 사림파는 주로 언관직에 진출해 있었는데, 이들이 왕으로 모시던 이는 그들의 왕권 견제에 싫증을 내고 있던 연산군이었다. 자신들을 타도 대상으로 삼고 있는 사림파에게 이를 갈고 있던 훈구파가, 사림파 공격의 빌미를 잡으려고 혈안이 되어 있던 시점에 연산군의 폭정이 더해지면서 사림파는 크게 화를 입고 만다. 그 결과 벌어진 일이 1498년의 무오사화와 1504년의 갑자사화다.

15세기 후반 이후 사림파는 언관이나 사관처럼 조정의 훈구대신들을 견제할 수 있는 직책에 포진해 있었고, 이들은 훈구파의 기득권 비리에 서서히 제동을 걸기 시작했다. 사림파 중에서도 김종직(金宗直)을 필두로 한 영남사림파의 활동이 가장 두드러졌다. 연산군 대로 넘어오면 김종직의 자리를 김일손(金馹孫)이 이어받아 영남사림파의 중심인물로 우뚝 선다. 성종 대 사관으로 활약한 김일손은 역사 기록을 통해 세조와 훈구파의 잘못된 정치 행태를 고발하려 했다.

김일손이 훈구파를 저격하며 작성한 사초 중 대표적인 것은 훈구파 이극돈(李克墩)의 비행과 그에 관한 부정적인 내용을 낱낱이 기록한 것이었다. 정희왕후(貞熹王后)의 상이 치러지던 와중에 장흥의 관기를 가까이 한 일과 뇌물을 받은 일을 비롯해 불경을 잘 외워 세조 때 불교 중흥 정책을 편 세조의 눈에 띈 덕에 출세했다는 등의 내용이 그것이었다. 김일손의 사초를 입수한 『성종실록』의 책임자 이극돈은 전전긍긍했다. 그렇다고 해서 사관이 쓴 사초를 함부로 폐기할 수도 없는 일이었다. 이극돈은 김일손을 찾아가 삭제해줄 것을 요청했지만, 김일손은 전혀 흔들림이 없었다.

이때 유자광(柳子光)이 다시 한 번 존재감을 발휘한다. 유자광은 경주부윤(慶州府尹)을 지낸 유규(柳規)의 서자로 이시애의 난 정벌에 기여한 공으로 세조에 의해 발탁된 인물이다. 예종 대에 이르러서는 남이(南怡)의 역모를 고변한 공으로 무령군에 봉해지면서 더욱 승승장구한다. 이극돈은 이미 정치 공작으로 검증된 인물이었던 유자광을 찾는다. 유자광은 자신과 연계하고 있던 노사신(盧思愼), 윤필상(尹弼商) 등 궁중의 훈구파 대신들을 움직여 김일손 등이 사초에 궁금비사(宮禁秘史)를 써서 조정을 비난했다는 내용의 상소문을 올린다. 그렇지 않아도 사림파의 왕권 견제에 불만을 느끼고 있던 연산군은 이윽고 사초를 왕에게 올리라는 전대미문의 명을 내렸다. 연산군은 이를 기회로 삼아 평소 언관과 사관직에 주로 포진해 있으면서 자신의 독재적인 행태를 비판하던 사림파를 제거할 구실을 찾으려 했던 것이다. 당시 김일손은 모친상으로 청도에 내려가 있었지만 바로 서울로 압송되었다.

김일손이 쓴 사초 중에서 세조가 신임했던 승려 학조(學祖)가 술법으로 궁액(宮掖, 임금이 거처하는 집)을 움직이고, 세조의 총신이자 훈구파인 권람(權擥)이 노산군의 후궁인 숙의 권씨의 노비와 전답을 취한 일 등 세조 대의 불교 중흥 정책과 훈구파의 전횡을 비판한 글과, 황보인(皇甫仁) 과 김종서(金宗瑞)의 죽음을 '사절(死節, 절개를 지키기 위해 목숨을 버리는 것)' 로 기록한 것, 이개(李塏), 박팽년(朴彭年) 등 절의파의 행적을 긍정적 입장에서 기술한 것 등은 충분히 정치적 쟁점이 될 수 있는 내용들이었다. 기본적으로 세조의 왕위 찬탈을 부정적으로 바라보고 그가 펼친 정책에 비판적 태도를 취했던 사림파의 입장이 김종직의 사초에 고스란히 담겨 있었던 것이다.

그중에서도 가장 큰 논란이 된 내용은 김종직의 「조의제문(弔義帝文)」 이었다. 진나라 말, 숙부 항우에게 살해당한 초나라 의제를 조문한 이 글은 선왕인 세조의 단종 시해를 중국의 사례를 들어 비판한 글이었다. 훈구파들은 김일손의 불손한 언행이 스승 김종직의 영향 때문이라고 주장했다. 그로 인해 이미 세상을 떠난 김종직마저 사화를 피해갈 수 없는 처지가 되었다. 죽은 김종직은 무덤을 파헤쳐 관을 꺼내고 다시 처형하는 최악의 형벌인 부관참시(剖棺斬屍)를 당했다. 유자광이 사화의 주모자가 된 데는 김종직과의 악연도 큰 작용을 했다. 김종직은 함양군수 시절 관내에 있는 학사루(學士樓)에 유자광이 쓴 시가 적힌 현판이 걸린 것을 발견하고, 당장 불태워버리라는 지시를 했다. 유자광과 같은 소인배의 글이 자신이 관할하는 곳에 걸린 것을 치욕이라고 생각했기 때문이었다.

연산군은 즉시 압송된 김일손을 비롯하여 권오복(權五福), 권경유(權景裕) 등을 능지처참하고, 표연말(表沿沫), 정여창(鄭汝昌), 최부(崔溥), 김굉필(金宏弼) 등 김종직의 제자들을 대거 유배시켰다. 이것이 1498년에 일어난 무오사화의 전말로, 이 사건은 김종직을 필두로 한 영남사림파의 몰락을 가져왔다. 이후 유자광은 김종직의 문집과 친필 현판들을 찾아 남김없이 없애버렸으니, 개인적으로는 20여 년 전에 당했던 모욕을 철저한 복수로 앙갚음한 셈이다.

무오사화의 주모자로 몰린 김일손은 35세의 젊은 나이로 짧은 생을 마감했다. 김일손이 처형을 당할 때 냇물이 별안간 붉은빛으로 변해 3일간을 흘렀다고 한다. 그런 까닭으로 이후 그 냇물에는 '자계(紫溪, 붉은 시냇물)'라는 이름이 붙었으며, 그를 배향한 사당의 이름도 자계사로 불렸다. 자계사는 사림정치가 본격적으로 구현된 선조 대에 자계서원으로 승격되었고, 1661년(현종 2년) '자계'라는 편액을 하사받았다. 김일손의 조카인 김대유(金大有)는 40세 때 청도의 사림들과 함께 자계사를 건립했으며, 유일(遺逸, 능력은 출중하나 미처 세상에 알려지지 않은 인물)로 천거되어 관직을 제수받았으나 거듭 사직하고 숙부의 뜻을 받들며 처사로서의 삶을 살아갔다. 김대유는 41세 때 김일손의 유고(遺稿)를 모아 자계사에 판각(板刻)했으며, 70세 되던 해에는 숙부인 김일손의 연보를 편집했다. 그만큼 숙부를 존경하고 그의 정신이 이어지기를 바랐던 것이었다. 김대유는 경상우도 사림의 종장이 되는 남명 조식(曺植)이 존경했던 인물이다.

이러한 맥락을 고려하면 김일손의 사림정신은 김대유를 거쳐 남명 조식으로 이어지면서 영남사림파의 학맥에 큰 분수령을 이루었다고 할 수 있다.[3]

조식은 김일손에 대해 "살아서는 서리를 업신여길 절개가 있었고, 죽어서는 하늘에 통하는 원통함이 있었다"라고 하면서 그의 죽음을 안타깝게 여겼다. 사림파의 젊은 기수로서 훈구파의 전횡에 맞섰던 김일손의 삶과 실천은 사림파의 성장이라는 역사적 흐름을 상징적으로 반영하고 있다.

훈구파를 대신하여 신흥 정치 세력으로 부상한 사림파가 새로운 조선을 이끌어 가는 주역으로 부상하기까지는 많은 희생이 뒤따랐다. 무오사화를 포함한 네 번의 사화는 사림파가 맞이했던 고된 역사의 여정을 대표적으로 보여주는 사건이다. 사관의 직필(直筆)을 실천하면서 현실의 벽을 넘어서고자 했던 김일손과 같은 인물들의 죽음을 통해 16세기 조선의 역사는 조금씩 달라지고 있었다. 조선왕조 역사의 첫 번째 사화인 무오사화는 세조의 왕위 찬탈에 대한 사림파의 부정적인 인식을 보여주는 사건인 동시에 이들이 추진한 '과거사 바로잡기'가 훈구파의 저항을 받은 사건이라고 볼 수 있다. 세조의 즉위에 공을 세워 정치적·경제적 기득권을 확보한 훈구파의 입장에서 세조의 왕통을 부정하는 사림파의 주장은 이제까지 승승장구한 그들의 존재 기반을 박탈하는 매우 위험한 발상이었다. 이에 훈구파는 이극돈, 유자광 등을 중심으로 조직적으로 사림파의 약점을 파헤쳤고, 혼주(昏主) 연산군 또한 자신의 전횡에 제동을 거는 사림파들의 제거에 적극 협력했던 것이다. 1498년의 무오사화는 이후 50여 년 가까이 조선 사회를 정치적으로 흔들었던 '사화'의 서막을 연 사건이다.

2

갑자사화,
폐비 윤씨의 죽음과 그 후폭풍

재헌왕후 윤씨의 폐위와 죽음에 이르기까지

실록에 따르면 1479년(성종 10년) 6월 2일, 성종은 윤씨를 왕비의 자리에서 퇴출시킨다는 파격적인 결정을 하고 왕비의 폐출을 반대한 도승지 홍귀달 등을, 왕을 가볍게 보고 왕후를 무겁게 여긴 죄로 추죄할 것을 지시하였다. 이어 왕비 폐출을 종묘에 고하였다. 교서에는 후궁들을 제거하기 위해 압승서와 비상을 소지하고 다니는 등 왕비로서 덕을 잃은 것이 언급되었지만, 오래도록 성종과 성종의 어머니인 인수대비 한씨와 갈등을 빚어온 것도 원인이었다. 1479년 6월 2일, 성종이 반포한 교서의 내용은 아래와 같다.

하(夏)나라는 도산(塗山, 우 임금의 부인)으로써 일어났고, 주(周)나라는 포사(褒姒)로써 패망(敗亡)했다. (…) 왕비 윤씨는 후궁으로부터 드디어 중전의 자리에 올랐으나, 내조하는 공은 없고, 도리어 투기하는 마음만 가지어, 지난 정유년(1473년)에는 몰래 독약을 품고서 궁인을 해치고자 하다가 음모가 분명히 드러났으므로, 내가 이를 폐하고자 했다. 그러나 조정의 대신들이 함께 청하여 개과천선하기를 바랐으

1장 • 사화(士禍)의 시대에 태어나다 • 25

며, 나도 폐출하는 것은 큰일이고 허물은 또한 고칠 수 있으리라고 여겨, 감히 결단하지 못하고 오늘에 이르렀는데, 뉘우쳐 고칠 마음은 가지지 아니하고, 덕을 잃음이 더욱 심하여 일일이 열거하기가 어렵다. 그러니 결단코 위로는 종묘를 이어 받들고, 아래로는 국가에 모범이 될 수가 없으므로, 이에 성화 15년(1479년) 6월 2일에 윤씨를 폐하여 서인(庶人)으로 삼는다. 아아! 법에 칠거지악(七去之惡)이 있는데, 어찌 감히 조금이라도 사사로움이 있겠는가? 일은 반드시 여러 번 생각하는 것이니, 만세를 위해 염려해야 되기 때문이다.

폐출된 왕비 윤씨는 성종의 후궁으로 들어왔다가, 계비의 지위에 올랐으나 5년 만에 폐출되는 비운의 주인공이 되었다. 성종의 첫 번째 부인은 한명회의 딸인 공혜왕후(恭惠王后) 한씨였다. 한씨는 1467년 12세의 나이에 세자빈으로 책봉되고, 1469년 성종이 왕위에 오르자 왕비가 되었지만 후사를 낳지 못하고 1474년(성종 5년)에 사망했다. 이때 빈자리를 메운 사람이 후궁으로 있었던 제헌왕후(齊獻王后) 윤씨였다. 윤기견(尹起畎)의 딸로서 1473년 숙의에 봉해졌던 윤씨는 1474년 8월 9일, 왕비의 자리에 올랐다. 이어 11월에 원자(훗날 연산군)를 낳음으로써 그녀의 위상은 최고에 이르렀다. 후궁에서 왕비로 승진한 데도 연산군을 임신하고 있던 것이 매우 유리하게 작용하였다. 윤씨는 출생연도가 정확히 알려져 있지 않지만 성종보다는 연상이었던 것으로 추정된다. 또한 실록에 따르면 그녀의 성격은 매우 강했던 것으로 기록되어 있는데, 나이나 성격 면에서 결코 성종에게 호락호락한 존재가 아니었음을 짐작할 수 있다.

더구나 어린 성종은 누님뻘인 왕비보다는 후궁들을 좋아했다. 성종이 소용 정씨와 엄씨를 찾는 발길이 잦아지자, 제헌왕후 윤씨는 이를 바라보고만 있지 않았다. 윤씨는 연적들을 제거하기 위해 민간요법을 쓰기도 했고, 후궁들이 자신과 세자를 죽이려 한다는 투서를 올려 정 소용과 엄 소용을 곤경에 몰아넣었다. 그러나 투서의 실질적인 작성자가 윤씨로 밝혀지고, 윤씨의 처소에서 독성 물질인 비상(砒霜)이 발견되자 성종은 왕비의 폐출을 심각하게 고민하게 된다. 이때마다 윤씨를 변호해준 것은 그녀가 '원자의 생모', 즉 차기 왕위 계승자인 연산군의 어머니라는 사실이었다. 그러나 이후에도 성종과 윤씨의 갈등은 계속되었고, 성종이 후궁을 찾은 것에 반발해 윤씨가 성종의 얼굴에 손톱자국을 낸 사태까지 벌어지면서 두 사람의 파국은 시간문제처럼 보였다.

여기에 시어머니 인수대비 한씨가 가세했다. 『내훈』까지 쓰면서 여성의 내조를 중시했던 인수대비로서는 아들과 맞먹는 강한 기질의 소유자 윤씨를 결코 용납할 수 없었다. 인수대비는 마침내 성종에게 윤씨를 폐위할 것을 요구했고, 1479년 조선 역사상 처음으로 왕비가 쫓겨나는 초유의 사건이 일어났다. 이후 윤씨는 사가에 폐출되는 것에 그치지 않고, 1482년 성종이 내린 사약을 마시고 죽는 비극적인 최후를 맞이하게 된다. 폐출된 후에도 반성의 빛이 없다는 것이 사약을 내린 이유였다. 당시 일곱 살에 불과했던 연산군은 어머니의 죽음을 까마득히 몰랐다. 1494년 성종은 임종을 앞두고 100년 동안 폐비 윤씨의 일을 거론하지 말 것을 유언으로 남겼지만, 임사홍은 이 뇌관을 직접 건드리게 된다. 연산군은 생모의 죽음 이후 성종의 계비인 정현왕후(貞顯王后)의 아들로 입적되어 정현왕후를 자신의 어머니로 알고 자랐다. 그랬기 때문에 이후 성종의 묘지문에 그 부인이 윤기견의 딸이라고 적혀 있음을 알고는 음식을 물리칠 만큼 큰 충격을 받았다고 전해진다.

> 왕이 성종의 묘지문을 보고 승정원에 전교하기를, "이른바 판봉상
> 시사(判奉常寺事) 윤기견이란 이는 어떤 사람이냐? 혹시 영돈녕 윤호
> (尹壕)를 기견이라 잘못 쓴 것이 아니냐?" 하매, 승지들이 아뢰기를,
> "이는 실로 폐비 윤씨의 아버지인데, 윤씨가 왕비로 책봉되기 전에 죽
> 었습니다" 했다. 왕이 비로소 윤씨가 죄로 폐위되어 죽은 줄을 알고,
> 음식을 먹는 것을 물리쳤다.[4]

윤호는 정현왕후의 아버지다. 위의 기록을 보면 연산군은 즉위 직후인
1495년, 생모가 폐비 윤씨임을 인지했음을 알 수 있다. 어머니의 죽음은
훗날 연산군이 독재적인 기반을 구축하고 반대파를 숙청하는 데 있어서,
정치적 호재로 작용하게 된다.

능상에 대한 피해 의식

대개 갑자사화의 발단을 폐비 윤씨의 죽음에 대한 연산군의 광적인 복
수극으로 해석한다. 하지만 이보다 더 중요한 것은 갑자사화가 '능상(凌
上)'에 대한 연산군의 피해 의식이 확실히 드러난 사건이라는 점이다. '능
상'은 위를 업신여긴다는 뜻으로, 연산군은 자신의 지시에 대해 누군가
가 다른 변명을 하는 것을 체질적으로 싫어했다. 1504년의 갑자사화는
능상에 대한 연산군의 피해 의식과 다시 수면 위로 떠오른 폐비 윤씨 사
건이 복합적으로 작용하여 벌어진 사건이다.

갑자사화의 직접적인 발단이 된 사건은 이세좌(李世佐)가 술자리에서

실수한 일과 홍귀달(洪貴達)이 자신의 손녀를 입궁시키지 않은 일이었다. 1503년(연산 9년) 인정전에서 베푼 양로연에서 예조판서 이세좌가 왕이 하사한 술잔을 엎질러 어의를 적시는 실수를 범했다. 연산군은 "소리가 나도록 엎질러 어의까지 적셨다"면서 격분했고, 이 일로 이세좌는 함경도 온성으로 유배되었다. 연산군은 이세좌의 실수보다 왕에게 큰 실수를 했음에도 제대로 이세좌를 탄핵하지 않은 대간들에게 더 분노했다. 신하들이 동료 대신의 눈치를 더 보고 자신을 무시한다는 피해 의식이 그만큼 컸던 것이다. 그러나 4개월 만에 유배지에서 석방된 이세좌가 연산군에게 대죄하자, 연산군은 술까지 내리며 그를 용서했다. 이것으로 사건은 일단락된 것처럼 보였다. 그러나 변덕이 심하고 즉흥적인 연산군에게 이 사건은 여전히 끝나지 않은 사안이었다. 이런 상황에서 홍귀달이 자신의 손녀를 입궁시키라는 왕명을 이행하지 않는 사건이 발생했다. 홍귀달은 손녀가 아파서 왕명을 따르지 못했다고 변명했지만, 연산군은 이세좌 사건을 떠올리면서 홍귀달의 처사를 '능상'이라고 간주한다. 연산군의 피해 의식을 키워준 일련의 사건들은 폐비 윤씨의 죽음을 다시금 수면 위로 떠오르게 만든다. 이세좌의 술상 사건과 홍귀달의 손녀 입궁 거부 사건으로 인해 연산군의 기억 속에 폐비 윤씨 사건이 소환되면서 판도라의 상자가 다시 열리는 과정은 『연려실기술(燃藜室記述)』「연산조고사본말」에 잘 정리가 되어 있다.

　　이보다 앞서 임사홍과 박효원 등은 서로 결탁하여 간악한 짓을 하므로 성종은 그들이 정치를 어지럽게 할 사람인 줄 알고 쓰지 아니했다. 임사홍의 아들 광재(光載)는 예종의 딸에게 장가를 들고 숭재(崇

載)는 성종의 딸에게 장가들었다. 숭재는 성질이 음흉하고 간사하기가 그 아버지의 배나 더했다. 남의 첩을 빼앗아 임금에게 바치니 임금이 그를 매우 총애하여 그의 집에 자주 행차했다. 이에 사홍은 임금을 뵈옵고 울면서, "폐비(연산군의 어머니)는 엄숙의, 정숙의 두 사람의 참소로 사약을 받게 되었습니다" 하니, 임금은 드디어 두 사람을 죽이고 무도한 짓을 마음대로 행하여 조정에 있는 신하 백여 명을 죽였으니, 지위가 높고 행동이 점잖은 사람과 명분과 절의를 지키는 선비 중에 죽음을 면한 이가 드물었다. 이 일은 모두 임사홍이 사적인 감정을 품고 임금을 유도한 것이다.

『연려실기술』에서는 갑자사화의 주모자가 임사홍(任士洪)이었다는 사실과 더불어 임사홍이 폐비 윤씨의 죽음의 구체적인 경과를 연산군에게 알린 것이 사화의 가장 직접적인 원인이었음을 지적하고 있다. 아들 임숭재와 더불어 채홍사(採紅使)로 활약하면서 연산군의 향락 생활을 후원하며 측근으로 급부상한 임사홍의 고변이 갑자사화의 원인이라는 것은 널리 지적되었다. 그러나 한편으로 능상에 대한 연산군의 강경한 대처와 독재 군주의 위상을 보다 공고하게 구축하려 했던 연산군의 의지가 갑자사화로 표출되었다는 점도 주목할 필요가 있다.

연산군은 '능상'을 병적으로 증오했고, 신하들은 왕이 능상을 언급하면 처벌이 두려워 그대로 따를 수밖에 없었다. 이세좌를 사사시킨 1504년(연산 10년) 3월 30일, 실록에 기록된 연산군이 내린 전지(傳旨)에는 능상을 무기로 독재정치를 행하던 그의 모습이 확연히 드러나 있다.

위를 업신여기는 풍습을 고쳐 없애는 일이 끝나지 않았다. 이세좌는 선왕조에 큰일을 당하여 힘써 다투지 않았고, 오늘에 와서는 나이와 지위가 모두 높아지자 교만 방종이 날로 방자하여, 내가 친히 주는 술을 기울여 쏟고 마시지 않았다. 김순손(金舜孫)은 환시(宦侍, 내시)의 보잘것없는 몸으로서 망령되이 제 스스로 존대한 척하여 군상에게 오만하였으니, 두 사람의 죄는 바로잡지 않을 수 없기 때문에 널리 여러 의논을 모아, 세좌는 사사하고 순손은 처참(處斬)하여, 군상에게 교만한 자의 경계를 삼는 것이다.

'위를 업신여기는 풍습을 고쳐 없애는 일이 끝나지 않았다'라는 연산군의 확신, 이것이 사화라는 폭풍이 연산군 시대 내내 끊이지 않은 주요 이유였다. 갑자사화를 전후한 시기 연산군은 왕에게 걸림돌이 되는 발언을 하거나, 지시를 어긴 사람들에 대한 처형을 멈추지 않았다. 처형은 사후에도 이루어졌다. 영의정을 지낸 한치형(韓致亨)은 1502년(연산 8년)에 이미 사망했으나, 영의정으로 일하던 시절 연산군에게 절약을 권했다는 이유로 갑자사화 때 부관참시를 당했다. 『연산군일기』의 한치형 졸기에는 "연산군이 정치를 어지럽힐 때를 당하여 누차 검소와 절용할 것을 아뢰다가 이로 인해 비위를 거슬렀고 화가 죽은 뒤에까지 미쳤으니, 슬픈 일이다"라고 기록되어 있다. 전한(典翰) 정인인(鄭麟仁)은 율시 두 수에 서문(序文)까지 지어 바쳤는데, 연산군은 "나의 뜻은 한 수만을 지으라고 했는데 두 수를 지었고, 사실을 내가 모르는 바가 아닌데 별도로 서문까지 했으니, 까닭을 물어보라. 또 승정원에서 살피지 않고 아뢴 것도 또한 잘못이다"라며 정인인을 처벌한 것은 물론이고, 이를 제대로 살피지 못한 승정원의 책임을 묻기도 했다. 내관 박승은(朴承恩)은 왕 앞에서 웃음을 머금었다는 이유로 장 100대를 맞았다. 그야말로 어처구니없는 이유로 처형되거나 처벌을 받는 광기의 시대가 연산군 재위 기간에 연출되었다.

사건의 재구성

성종의 장남으로서 왕위를 계승했다는 정통성은 연산군에게 정치적으로 큰 힘이었다. 한편으로 이 사실은 그가 별다른 정치적 견제를 받지 않는 요인이기도 했다. 조선은 왕위계승에 있어 장자상속 제도를 원칙으로 했지만, 문종이나 단종을 비롯한 몇몇 왕을 제외하고는 그 원칙이 거의 지켜지지 않았다. 정종, 태종, 세종, 세조, 성종 등 조선 전기를 대표하는 왕들은 모두 장남이 아닌 신분으로 왕이 되었다. 이러한 상황에서 장자로서 왕위를 계승했다는 연산군의 프리미엄은 대단한 것이었고, 그것이 오히려 연산군의 폭정을 가속화시킨 한 요인으로 작용했다.

무오사화로 사림파를 정계에서 몰아낸 후 연산군은 훈구대신마저 제거하여 왕권을 강화하고자 했다. 이 시점에서 연산군의 측근이었던 임사홍은 연산군의 어머니 윤씨가 폐위된 사건을 연산군에게 알려 새로운 사화를 일으키게 된 것이다. 윤씨의 폐위에는 사림파뿐만 아니라 훈구파도 많이 관련되어 있었는데, 왕에 대한 맹목적인 충성을 요구하는 연산군의 기질이 한몫을 했다.

생모의 죽음을 둘러싼 구체적인 전모를 전해들은 연산군의 분노는 대단했다. 연산군은 어머니 윤씨를 폐출하는 '폐비정청'에 참여한 인사들 대부분을 잡아들였다. 윤필상, 이극균(李克均), 성준(成俊) 등 성종 시대의 대신들이 처형을 당했고, 희대의 풍운아 한명회는 이미 사망했지만 부관참시를 당했다. 영남사림파의 중심인물 김굉필과 『표해록(漂海錄)』의 저자 최부 등은 유배지에서 처형을 당했고, 이미 죽은 정여창, 남효온(南孝溫)에게도 추가로 죄가 더해졌다. 피화자가 총 52명 발생한 무오사화에 비해, 갑자사화의 피화자는 239명에 이르렀고, 그중 40%인 96명이 사형에 처해질 정도로 그 규모와 방식이 무오사화와 비교가 되지 않는 엄청난 피바람이 불었다. 현직 대신과 삼사의 관원은 물론이고 이미 사망한 사람들에 대한 처벌도 이어졌는데, 그 방식도 일반적인 처형 이외에 부관참시, 쇄골표풍(碎骨飄風, 사형에 처한 뒤 뼈를 빻아 그 가루를 바람에 날려 보내는 형벌), 파가저택(破家瀦澤, 죄인의 집을 헐어버리고 그 집터에 웅덩이를 파 연못을 만들던 형벌)과 같은 극한의 형벌이 가해졌다.[5] 형벌의 가혹함은 연산군의 능상에 대한 복수가 그만큼 철저했고 광적이었음을 보여준다.

갑자사화는 성종 대의 훈구공신을 비롯해 사림파의 씨를 말려버릴 만큼 대규모의 정치적 살육으로 전개되었다. 이 사건으로 사림파는 다시한 번 정치적으로 큰 타격을 받게 된다. 갑자사화는 표면적으로는 어머니의 죽음에 대한 연산군의 복수극으로 비춰지지만, 실제로는 전형적인 독재군주인 연산군이 그의 정치적 행위(퇴폐적이고 향락적인 생활을 포함하여)에 반대하는 세력(사림파이건 훈구파이건)에게는 가차 없는 처벌이 가해진다는 사실을 학습하게 함으로써 추호도 비판 세력을 허용하지 않겠다는 의지를 내보인 사건이었다. "장녹수에게 빠져 날로 방탕이 심해지고 또한 광포한 짓이 많았다"거나, "임사홍이 음험하고 간사한 자로서 (…) 아무 때나 불러 보았으며, 무릇 하고 싶은 일이 있으면 묻지 않는 것이 없었다"는 기록에서는, 연산군이 말년에 장녹수와 간신 임사홍에게 지나치게 빠졌음을 알 수 있다. 갑자사화 이후, 언론에 대한 연산군의 탄압은 더욱 심해졌으며, 국가를 사용화(私用化) 하는 연산군의 '흥청망청' 정치는 절정에 이르게 된다. 그러나 향락과 퇴폐, 독재가 극에 치달으면 나락으로 떨어지기 마련이다. 성리학 이념으로 무장한 조선 사회는 독재군주 연산군의 폭정과 방탕을 오래도록 방치할 만큼 그렇게 허약하지 않았다.

3 |

연산군의 폭정과
중종반정

광기로 치달은 연산군의 폭정

1504년의 갑자사화를 전후한 시기, 연산군의 독재는 극치를 이루고 있었다. 즉위 직후 경연을 폐지하고, 홍문관을 '왕의 스승이라 하여 교만하고 방종하다'는 이유로 혁파할 정도로 연산군은 자신에 대한 비판을 체질적으로 싫어했다. 백성들에게 2, 3년 치의 세금을 미리 거둬들이는가 하면, 노비와 전답에도 각종 명목을 붙여 세금을 부과해 백성들의 부담을 크게 했다. 연산군은 민가를 허물고 그 입구마다 사방에 백 리를 한계로 하는 금표비를 세워 백성들의 출입을 막고 자신만을 위한 향락의 무대인 사냥터를 넓혀 갔다.

연산군의 독재는 사치와 향락으로 이어졌다. 궁궐에서 기생들이 참여하는 대규모 잔치를 열면서 욕망을 채워나갔다. '채홍사'로 칭해진 사람들이 자태가 고운 여자들을 전국 팔도에서 찾아내어 이들을 궁궐로 데려갔다. 이때에 뽑힌 기생들은 운평(運平), 가흥청(假興淸), 흥청(興淸)으로 불리었다. 원래 군신 간의 연회 공간이었던 경회루는 밤낮으로 열리는 각종 행사와 화려한 잔치의 공간으로 전락했다.

1장 • 사화(士禍)의 시대에 태어나다 • 35

경회루 연못가에 만세산(萬歲山)을 만들고, 산 위에 월궁(月宮)을 짓고 채색 천을 오려 꽃을 만들었는데, 백화가 산중에 난만하여, 그 사이가 기괴만상이었다. 그리고 용주(龍舟)를 만들어 못 위에 띄워놓고, 채색 비단으로 연꽃을 만들었다. 그리고 산호수(珊瑚樹)도 만들어 못 가운데에 푹 솟게 심었다. 누각 아래에는 붉은 비단 장막을 치고서 홍청·운평 3천여 인을 모아 노니, 생황과 노랫소리가 비등했다.[6]

그때 왕은 처용 가면(處容假面)을 풍두라고 불러 금·은·주옥으로 장식하고, 왕이 매양 술에 취하여 발광할 때마다 스스로 풍두를 얼굴에 걸고 경복궁으로 갔는데, 홍청 수백 명에게 풍악을 치며 따르게 하

경복궁 경회루. 연산군은 '경회루 연못가에 만세산을 만들고, 산 위에 월궁을 짓고 채색 천을 오려 꽃을 만들었다'는 기록이 있을 만큼 사치와 향락을 일삼았다. 이 같은 혼돈 속에서 조광조는 성리학적 이상에 따른 왕도정치를 꿈꿨다.

여 대비 앞에서 희롱하고 춤도 추었으며, 또 광희악 여산(余山)을 불러 내정에서 짝을 지어 춤추었다.[7]

연산군이 흥청을 끼고 노는 것을 한탄한 백성들은 이를 조롱하고 비판하는 의미로 '흥청망청(興淸亡淸)'이라는 말을 민간에 전파했다. '흥청망청'은 '두문불출'처럼 역사의 기억을 담은 유행어가 되어 지금까지 이어져오고 있다.

창덕궁 후원 역시 사치와 향락의 공간으로 전락해 갔다. 연산군은 후원에 높이와 넓이가 수십 길이 되는 서총대(瑞葱臺)를 세우고, 그 아래에 큰 못을 팠는데 해가 넘도록 공사를 마치지 못할 정도로 그 규모가 방대했다. 또 임진강 가의 석벽 위에 별관을 지어 유람하고 사냥하는 장소를 만들었는데, 굽이진 원(院)과 빙 두른 방(房)이 강물을 내려다보도록 만들어져 극히 사치스럽고 교묘했다.[8] 장의사동과 소격동에 이궁(離宮)을 조성하는 사업에도 몰두했다. 궁궐 공사 때 죽은 사람들의 시체가 쌓여 악취를 감당할 수 없었다는 증언들도 이어지고 있다. 이는 인왕산 자락에 인경궁과 경덕궁을 조성하여, 백성들의 원망을 사고 결국에는 반정으로 쫓겨나던 광해군의 전 단계 모습이었다.

이궁을 장의사동(藏義寺洞)과 소격서동(昭格署洞)에 짓게 하여 바야흐로 재목을 모아 역사를 하는데, 모든 역사를 감독하는 벼슬아치들이 독촉하기를 가혹하고 급하게 하여 때리는 매가 삼단과 같으며, 조금만 일정에 미치지 못하면 또한 반드시 물건을 징수하므로, 원망과 신음이 길에 잇달았다.[9]

연산군의 음란한 행실과 잔학한 행위가 한창일 때 어떤 사람이 언문(한글)으로 폐주의 악행을 기록하여 거리에 붙이자 연산군은 "이것은 그 당시 죄를 입은 사람의 친족들이 한 짓"이라고 단정하며 귀양을 간 사람을 다 잡아다가 곤장을 치고 참혹하게 고문했다. 또 언문을 익히지 못하게 금지했다.[10] 자신을 비판하는 수단이 한글이라는 이유로 백성들이 사용하는 글자까지 사용하지 못하도록 탄압한 것이다.

'직언을 하는 관리에 대한 탄압과 더불어, 언론에 재갈을 물리는 조처도 이어졌다'라는 기록 또한 연산군 시대의 참혹한 상황을 증언한다. 연산군이 즉위한 후 "신이 본래 서연관으로 있을 때 조금이라도 더 깨쳐드렸다면 전하께서 이런 과실을 저지르지 않았을 것입니다"라는 상소문을 올린 조지서(趙之瑞)는 결국 참형을 당하고 철물점 앞에서 효수(梟首) 되었다. 연산군은 효수할 때마다 죄명을 적은 찌를 매달게 했는데, 조지서에게는 '제 스스로 잘난 체하며 군주를 능멸한 죄'라는 찌가 붙었다. 이극균의 서자 이연명을 처형하면서는, '그 아비로 하여 자리 잡은 세력을 믿고 무사를 많이 모아 왕에게 오만한 죄'라는 찌를 써서 붙였다. 연산군은 궁중의 내관들에게 말을 삼가라는 뜻을 담은 '신언패(愼言牌)'라는 패쪽을 차고 다니게 했다. 이외에도 연산군 시절에는 왕의 명을 받들었다는 '승명패', 휴식을 허락한다는 뜻의 '허한패'를 만들어, 관리들이 왕에게 복종하도록 하는 상황을 만들어나갔다.

그것뿐이 아니었다. 언젠가 연산군의 처남인 신수근(愼守勤)의 집에 한글로 쓴 익명서가 전해졌는데, 그 안에는 "우리 임금은 신하를 파리 죽이듯 하고 여색에 절도라고는 없다"라는 내용이 적혀 있었다. 이에 분노한 연산군은 한글 학습을 탄압하고, 한글로 간행된 서적을 불태울 것을 지시했다. 1506년에는 조정의 관리들에게 머리에 쓰는 사모(紗帽) 견본을 내리면서 앞쪽엔 충(忠)자, 뒤쪽엔 성(誠)자를 새기게 했다. 자신에 대한 충성을 눈으로 확인하고 싶은 억지가 빚은 해프닝이었다. 1506년 8월에는 사관으로 하여금 연산군 자신에 관한 내용을 기록하지 못하도록 언론 탄압을 자행한 모습도 나타난다. 연산군은 사관에게 왕의 언행 중 나쁜 것은 기록하지 말 것을 지시했다.

> 군상(君上)의 일은 의당 나쁜 것을 숨겨야 하는데 모두 기록하고 아랫사람들의 일은 휘(諱)하여 기록하지 아니하니, 대단히 옳지 못하다. 전일 경연에서 아뢴 불초한 말은 사관이 틀림없이 기억하고 있을 터이니, 서계(書啓)하도록 하라.[11]

1498년의 무오사화, 1504년의 갑자사화에 이어 다방면에 걸쳐 자행되는 독재정치의 광폭 행진은 결국 연산군의 종말을 재촉하는 지름길이 되고 만다.

신하들의 반격, 1506년의 중종반정

1506년, 연산군의 포악한 행태를 타도하는 중종반정이 일어났다. 조광조가 역사에 등장하게 된 데에는 중종의 후원이 절대적이었으니, 1506년의 중종반정은 조광조 개인에게도 운명을 바꾼 사건으로 기억되었을 것이다.

연산군의 폭정을 견디는 데 한계를 느꼈던 일부 관리들은 점차 비밀리에 회합을 거듭하면서 연산군을 폐위시키려는 계획을 차곡차곡 세워 나갔다. 연산군에게 견제를 받던 이장곤은 망명하여 거병 준비를 하고 있었다. 유빈, 김준손 등은 전라도에서, 조숙기 등은 경상도에서 거병을 준비할 만큼 연산군을 반대하는 세력들이 전국에 결집되어 있었다. 그리고 마침내 1506년 9월 2일, 박원종, 성희안, 유순정 등 훈구대신들이 중심이 되어 연산군을 추방하고 그의 이복동생인 진성대군(晉城大君)을 추대했다. 진성대군은 반정 직후 중종으로 즉위하게 된다. 진성대군은 궁궐에서 사람들이 몰려오자, 자결할 결심까지 할 정도로 연산군에게 위기감을 느끼고 있었다.

반정의 선봉에 섰던 3인방 중 박원종과 성희안은 연산군과 개인적으로 원한 관계에 있었다. 연산군의 음행이 도가 지나쳤던 탓에 세간에는 성종의 형인 월산대군(月山大君)의 부인 박씨와도 간통을 했다는 소문이 돌았다. 이로 인해 연산군에게 큰어머니뻘 되는 박씨는 수치심을 이기지 못하고 자결하고 마는데, 박씨는 바로 박원종의 누이였다. 연산군을 비판하는 시를 썼다가 종2품 이조참판에서 말직인 종9품 부사용(副司勇)으로 좌천된 성희안과 박원종이 선봉에 선 것에는 이러한 악연도 자리하고 있었다.

거사 하루 전날인 1506년 9월 1일 저녁, 성희안, 박원종, 김감(金勘), 김수동(金壽童), 유순정, 유자광 등 반정 주체 세력과 건장한 무사들이 훈련원에 속속 모여들었다. 남이의 옥사와 무오사화에서 이미 고변의 중심에 섰던 유자광은 이번에는 반정군에 가담했다. 형세를 읽는 간신의 촉이 또 한번 발휘되었다. 이날 밤 반정군들은 창덕궁의 돈화문을 통해 연산군이 머물던 창덕궁을 공격했다. 반정군의 규모에 놀란 궁궐 수비군은 거의 대부분 궁궐을 빠져나왔고, 연산군은 몇몇의 승지들과 함께 처소에서 끌려나왔다. 이제 그를 지켜주는 신하는 아무도 없었다.

박원종 등은 곧이어 경복궁에 가서 대비인 정현왕후(성종의 계비)에게 진성대군을 왕으로 추대할 것을 청했고, 진성대군은 경복궁 근정전에서 즉위식을 올렸다. 중종은 곧바로 연산군을 폐위시켜 강화도 교동으로 유배를 보냈다. 연산군은 갓을 쓰고 붉은 옷을 입은 채로 가마를 타면서 "특별히 왕의 덕을 입어 무사하게 간다"는 말을 남겼다고 『연산군일기』는 전하고 있다. 연산군은 그해 11월 강화도에서 병을 얻어 31세를 일기로 생을 마감했다. 사냥하러 온 지역을 돌아다니고, 경회루에서 사치와 향락을 일삼던 연산군에게 좁은 가시 울타리는 큰 스트레스였을 것이다. 왕비 신씨는 폐출되어 사제로 쫓겨났고, 세자 이황을 비롯한 모든 왕자는 각 고을에 안치되었다.

중종반정의 그늘

반정(反正)은 '바른 것으로 되돌린다'라는 뜻으로 중국의 역사서인 『춘추(春秋)』「공양전(公羊傳)」등의 '발란반정(撥亂反正, 난리를 평정하여 바른 것으로 되돌림)'에서 유래한 말이다. 그러나 중국 역사에서는 한 번도 반정이 일어나지 않았다. 왜냐하면 중국 역사에서는 반란을 성공시킨 인물 자신이 바로 왕위에 올랐기 때문이다. 반정은 조선이라는 나라가 그만큼 성리학적인 명분을 이념화하고 있었음을 보여주는 대표적인 사례로 이해될 수 있다. 조선 사회는 정권을 무너뜨린 권력의 실세라도 왕위에 직접 오를 수는 없으며, 왕위는 왕자 중 가장 적합한 인물이 계승해야 한다고 인식했다. 조선의 역사에서 두 차례의 반정(중종반정, 인조반정)이 있었다는 사실은 이웃나라인 중국이나 일본의 역사와도 비교되는 부분이다.

중종반정은 명목상으로는 폭군 연산군을 몰아내고 중종을 왕위에 올리면서 반정의 모양새를 갖추었지만, 실제 권력은 반정을 주도한 훈구공신들에게 있었다. 중종은 중단되었던 경연을 다시 실시하고, 홍문관(弘文館)과 사간원(司諫院) 등 언론기관을 복구시키는가 하면, 연산군 시대에 수없이 설치되었던 금표를 해제시키는 조치를 취하는 등 의욕적으로 달라진 모습을 보여주었지만, 반정 이후 조정의 실권은 반정공신들의 차지가 되었다. 중종반정이 성공한 이후, 무려 130명 정도의 반정공신들이 책봉되었는데, 중종은 자신을 왕으로 옹립한 공신들의 그늘에서부터 자유로울 수 없었다.

　중종이 반정에 의해 왕위에 오른 상황은 조광조라는 인물이 역사의 전면에 등장하게 되는 주요한 배경이었다. 중종은 반정에 의해 왕위에 올라 왕권이 허약하다는 자신의 콤플렉스를 새로운 국면 전환을 통하여 만회할 방안을 찾고 있었다. 성리학의 이념으로 완전 무장한 조광조라는 인물은 그런 왕의 부름을 기다리고 있었다.

역사 속에
등장하다

평생의 스승,
김굉필과의 만남

    1506년의 중종반정은 조광조의 인생에 큰 전환을 가져왔다. 중종이 즉위하지 않았다면 조광조라는 역사적 인물도 탄생하지 않았으리라. 2장에서는 조광조의 생애와 함께 그가 운명적으로 중종을 만나면서 역사의 폭풍 속으로 등장하는 과정을 살펴보기로 한다.

조광조의 가계

    조광조(趙光祖, 1482~1519)는 서울 출생으로, 부친 조원강(趙元綱)과 어머니 여흥 민씨 사이에서 1482년 8월 10일에 태어났다. 어머니는 현감 민의(閔誼)의 딸이었다. 선계(先系)는 한양이지만 본래 함경도 용진에서 이주해왔다. 조광조 집안은 고려 말 조선 초에 걸쳐 특히 두드러진 성장을 보였다. 7대조인 조양기(趙良琪)는 고려 시대에 관직에 진출해 총관(摠管)이 되었다. 원 세조(元世祖) 때에, 부수(副帥)로서 합단(哈丹) 군대를 쳐부수고 포로를 바치니, 황제가 도포와 띠를 주어 격려했다고 한다. 5대조 조인벽(趙仁璧)은 고려 말 공민왕 때 쌍성총관부를 회복하는 데 공을 세웠으며, 창왕 때에는 판의덕부사(判義德府事)가 되어 태조의 위화도회군에 공을 세웠다. 고조부는 개국공신 조온(趙溫)으로 태조, 정종, 태종을 섬기며 관직이 의정부 찬성사에 이르렀다.

　조온의 다섯 번째 아들인 조육(趙育)은 용인 이씨 이백지(李伯持)의 딸을 부인으로 맞이하면서 용인에 기반을 마련하게 되었다.[1] 조선 전기까지만 해도 처가살이가 관행적으로 이루어져서, 남성은 혼인 후에는 처가에 기반을 마련하는 것이 일반적이었다. 조육의 용인 이거 후 한양 조씨는 조충손(趙衷孫), 조원상(趙元常), 조원기(趙元紀), 조광조 등이 연이어 과거에 급제하면서 명문가로서의 위상을 다시 회복하게 된다. 조충손은 1442년(세종 24년) 과거에 급제했고, 사예(司藝)와 병조정랑을 역임했다. 그러나 조충손은 계유정난과 관련되어 피화(被禍)됨으로써 정치적 좌절을 경험했다. 1453년 계유정난이 발생했을 때 수양대군 세력은 병조정랑이었던 그를 안평대군의 핵심 측근으로 파악했다. 이후 조충손은 변방으로 유배되었다가 사망했고, 1468년(세조 14년)에 복권되었다. 조충손의 아들 조원상과 조원기는 과거급제 후 중앙 관직에 진출했다. 『중종실록』에 기록된 조원기의 졸기를 보자.

　　의정부 좌참찬 조원기가 졸(卒)하니, 문절(文節)이라는 시호를 내렸다. 사신은 논한다. 조원기는 평생 동안 사소한 물건 하나도 남에게서 받지 않았다. 그러므로 벼슬이 숭품(崇品)에까지 이르렀으나, 집안이 가난하여 이부자리 하나 변변한 것이 없고 방이라곤 겨우 비바람을 막을 뿐이었는데도 조금도 근심하는 빛이 없었으니, 이는 천성이 고결해서이다. 흥조(興祖)와 헌조(憲祖)라는 서자 둘을 두었는데, 우애가 지극히 독실하여 원기가 죽은 뒤에는 한집에 살면서 내 것 네 것을 따지지 않고 의식을 함께 하니, 시의(時議)가 훌륭히 여겼다.

조원기는 정광필(鄭光弼)과 함께 정언(正言)이 되었으며, 대신으로 있을 때에도 소릉(昭陵, 문종의 왕비인 현덕왕후의 무덤)의 복위 운동이나 소격서 혁파 등을 추진하면서 조광조와 정치적으로 호흡을 맞춘 인물이다. 청빈한 삶을 지향했던 모습도 조광조와 닮아 있다. 조원기가 소릉 복위 운동에 적극 활동한 점은 그를 비롯한 한양 조씨 일원의 정치적 성향 변화가 중요한 배경이 되었다. 한양 조씨는 고려 말 조선 초 이성계 가문과의 중첩적인 혼인 관계를 바탕으로 친이성계 세력으로 활동한 대표적인 공신 가문 중 하나였다. 즉 여말선초에는 사림파적인 성향보다는 훈구파적인 성향이 두드러진 가문이었다. 조온이 개국공신에 책봉된 것은 이러한 집안의 성향을 잘 보여준다.

그런데 중종 대에 조원기가 보여준 정치적 자세는 한양 조씨 가문이 점차 사림파적인 성향으로 전환하고 있음을 보여준다.[2] 조원기는 이후 안당(安瑭), 신상(申鏛) 등과 함께 훈구파와 사림파 사이에서 중도적인 입장을 견지하면서도, 본격적으로 등장하는 사림파의 후원자 역할을 했다. 조광조가 사림파로서의 입지를 굳히게 되는 데에도 숙부 조원기의 영향력이 작용한 것으로 보인다. 이 시기 한양 조씨 가문이 당대 명문가들과 통혼권을 형성하는 모습도 주목할 필요가 있다. 남양 홍씨 출신인 승지 홍형(洪泂)은 조광조의 고모부다. 홍형의 아들로는 후일 영의정을 역임하는 홍언필(洪彦弼)이 있다. 남양 홍씨 가문은 기본적으로는 훈구파 계열이었지만, 홍형, 홍식, 홍한 등 무오사화와 갑자사화 때 연달아 피화인을 배출하면서, 가문의 일부 사람들이 사림파로 전환하는 양상을 보인다. 이는 조광조의 가문이 조선 초기에는 훈구파에 가까운 성향을 보였지만, 점차 사림파로 전향했던 경향과 유사하다.

조광조의 남다른 풍모

조광조에 대한 여러 역사적 기록을 살펴보면 그가 어렸을 때부터 장성한 사람의 풍모가 있었고 직선적인 성격을 지닌 인물이었음을 알 수 있다. 퇴계 이황(李滉)이 기록한 조광조의 행장에는 조광조의 풍모가 잘 나타나 있다.

선생이 좋은 자질을 타고나, 어렸을 때에도 장난치며 놀지 않아 이미 장성한 사람의 풍도가 있었고, 조금이라도 남의 잘못을 보면 즉시 지적해서 말했다. 성장하여 글을 읽고 학문을 닦을 줄 알면서부터는 의연하게 큰 뜻이 있으나 오직 과거 보는 글에는 뜻을 두지 않고, 성현의 위풍(威風)을 사모하여 넓게 배우고 힘써 행하여서 이룩함이 있기를 기약했다. 19세에 아버지를 여의자, 어머니를 모시고 집에 있으면서 지성으로 안색을 살펴 봉양하여 효성스럽다는 칭찬이 나라에 드러났다.

조광조는 어려서부터 행실이 바르고 아이답지 않게 근엄하며 남의 실수를 용서하지 않는 엄격함을 보였다. 보통 사람과 비교할 수 없을 정도로 뜻을 높이 세우고 학문에 열중하는 그를 가리켜 사람들은 '광인(狂人, 미친 사람)'이라거나 '화반(禍胎, 화의 태반)'이라고 할 정도였다. 상식을 뛰어넘는 행동으로 친구들과의 교유도 끊어질 정도였지만, 조광조는 개의치 않고 학문에만 전념했다. 항상 의관을 단정히 하고 언행이 절제가 있어서 품행이 방정(方正)하다는 말이 꼭 들어맞았다.

퇴계의 기록 말고도 그의 외모에 대한 기록이 몇몇 자료에 나타난다.

『어우야담(於于野談)』에는 "조광조는 용모와 안색이 뛰어나게 아름다웠는데, 그는 거울을 볼 때마다 매양, '이 얼굴이 어찌 남자의 길상(吉相)이겠는가'라고 하면서 탄식했다"라는 기록이 있다. 『연려실기술』에서는 퇴계의 행장을 인용하고 있다.

선생은 타고난 자질이 특이하고 뛰어나 난새가 멈추고 고니가 우뚝하게 앉은 듯 옥처럼 윤택하고 금처럼 정했으며, 또 의란(猗蘭)이 향기를 풍기고 흰 달이 빛을 내는 것 같았다. 영화(英華)가 밖으로 드러나고 풍채가 사람을 움직였다. 일찍이 하련대(下輦臺)에 임금이 행차할 때, 대사헌(大司憲)으로 반열에 있다가 볼일로 잠깐 빠져나와 그 앞을 지나는데, 공의 의표(儀表)를 바라보느라고 백관이 모두 눈을 돌리고 다릿목을 둘러싸고 있던 사람들도 감탄하고 탄식하며 말을 하지 못했으니, 공이 당시 사람들의 찬탄을 받음이 이러했다.

율곡 이이(李珥)는 『석담일기(石潭日記)』에서 조광조의 성품에 대한 기록을 남겼는데, 외모와 풍채에 더해 언행까지 완벽했던 조광조를 대신들이 기피했던 모습이 고스란히 묘사되어 있다.

타고난 자질이 매우 아름답고 지조가 굳었다. 세상이 말세가 되어 도가 쇠퇴하는 것을 보고 분발하여 성현의 도를 행하기를 자기의 임무로 삼고 행동을 꼭 법도에 좇아하고 두 손을 마주 잡고 꿇어앉아 말해야 할 때만 말을 했다. 세속 사람들이 손가락질하며 비웃었으나 조금도 동요하지 않았다. 급제하여 옥당(玉堂)에 뽑혀 들어가 경연에서 매양 도학을 높이고 인심을 바르게 하며, 성현을 본받아 지극한 다스림을 일으켜야 한다는 말을 되풀이해 아뢰었는데, 그 말이 성실하고 간곡했으므로 중종이 귀를 기울여 들었다. 1년 동안에 정축년 홍문관 부제학에 등급을 뛰어넘어 임명되었고, 그해 겨울에 또 대사헌으로 승진되었다. 조광조는 마침내 임금을 요순(堯舜)과 같은 성군이 되게 하고 나라를 잘 다스려 백성을 건지려는 뜻을 가지고 아는 것은 말하지 않은 것이 없었다. 청류(淸流)를 많이 끌어 조정에 세워놓고 근대의 상투적 관습을 혁신하여 옛날 철왕(哲王)의 법도를 준행하려고 하니, 시속 대신들이 좋아하지 않으면서도 감히 말은 못했다.

조광조의 인생에서 중요한 분기점이 된 것은 1498년의 무오사화로 말미암아 평안도 희천으로 귀양을 온 김굉필을 만난 것이다. 어린 시절 보였던 자신에 대한 철저함은 영남사림파의 중심인물 김굉필과의 만남을 통해 더욱 강고해진 것으로 보인다. 15세기 후반을 전후한 시기, 조선의 전형적인 관리들은 정치적 선택의 기로에 서게 되었다. 세조 이후 중앙 정계에서 기득권을 장악하면서 정치적·경제적 특권을 유지한 훈구파에 대항하여, 지방에서 성장한 사림파들이 서서히 역사의 전면에 나섰기 때문이다. 성리학 이념으로 무장하고 훈구파의 부정과 비리를 견제하는 사림파의 논리는 성리학의 이념을 수용한 조선 관리들의 지향점이 되었다. 훈구파적인 성향이 있던 일부 인물들 역시 사림파의 성장이라는 시대적 흐름에 따라 점차 사림파의 입장에 서게 된다. 조광조 역시 집안 대대로 훈구파와 가까웠으나 점차 사림파 성향으로 나아가는 인물이 되었다.

김굉필과의 운명적인 만남

조광조는 열일곱 살이 되던 해인 1498년, 평안도 어천(魚川)의 찰방(察訪, 종6품 직책으로 역에 배치되어 관리하는 임무를 맡음. 현재의 역장)에 부임하는 아버지 조원강을 따라 그곳에서 생활했다. 그런데 이곳에는 운명적으로 조광조를 기다리고 있는 인물이 있었다. 어천의 이웃 고을인 묘향산 너머 청천강변의 산중 고을 희천에 김굉필이 귀양을 와 있었던 것이다. 김굉필이 희천에 귀양을 왔다는 소문을 들은 조광조의 아버지 조원강은 양희지라는 사람을 통하여 김굉필에게 아들을 부탁한다는 서신을 보낸다.

친구의 아들 수재(秀才) 조군(趙君)은 나이 스물이 되지 않았는데, 개연히 도를 구하려는 뜻이 있었다. 그러던 차에 김대유(金大猷, '대유'는 김굉필의 자) 사문(斯文)이 학문의 연원이 있음을 알고, 그의 아버지가 있는 어천에서 희천 적소(謫所)로 나가서 제자가 되어 배우기를 청하려 한다면서 소개의 글을 요청하는지라, 내가 근년 이래로 친구 간에 왕복하는 편지를 끊은 지가 오래되었다. 그래서 그 간절한 뜻을 다만 편지로만 할 수 없기에 두 구의 시를 지어 김굉필에게 보이게 했다. 김굉필은 화(禍)를 받고 있다 하여 서로 주고받는 것을 꺼리지나 않을지.

김굉필의 제자가 되기를 원하는 청년을 소개하니 가르치는 일로 또 어려움을 겪을까 걱정이 되지만 받아주라고 당부한 것이다. 양희지는 「조 수재를 보낸다」라는 제목의 글에서, '열일곱 조씨 가문 수재/ 삼천 제자 노릇을 한다며, / 매섭도록 부지런히 도를 구하려는 뜻이 있어 / 아득히

먼 관서 고을로 서둘러 간다네'³라는 두 구의 시를 첨부한다. 이 시는 조광조의 문집인『정암선생문집(靜庵先生文集)』에 수록되어 있다.

　김굉필이 유배지에서 맞이한 첫 겨울, 그의 문하에 17세의 조광조가 제자로 들어왔다. 김굉필은 고려 말 정몽주와 길재를 거쳐 김종직을 계승한 영남사림파의 핵심 인물로 무오사화로 인해 유배 길에 올랐다. 각각의 삶의 기반이 영남과 서울이었기에 전혀 이루어지지 못할 것 같았던 두 사람의 만남은 무오사화라는 정치적 사건을 통해 성사될 수 있었다. 김굉필과의 만남은 개국공신의 후예 조광조의 인생을 바꾸어놓을 만큼 운명적인 것이었다. 또한 영남사림파의 학맥이 기호사림파에게 접목되는 역사적인 순간이기도 했다. 이황은 조광조가 유배된 인물 김굉필의 제자가 된 것을 두고 "난세를 당하여도 기꺼이 위험과 난근(難艱)을 무릅쓰고 김굉필을 스승으로 섬겼다"라고 기록했다.

　김굉필은 궁벽한 산골 마을, 그것도 유배자라는 신분임에도 불구하고 자신을 기꺼이 찾은 참제자 조광조를 깊이 신뢰했다. 다음과 같은 일화도 전해진다. 김굉필이 어머니에게 보내려고 말려둔 꿩을 새끼 고양이가 먹어버린 일이 있었다. 화가 난 김굉필은 여종을 심하게 야단쳤다. 이 모습을 본 조광조는 스승에게 "봉양하는 마음이 비록 절실하지만 군자의 사기(辭氣)는 성찰하지 않을 수 없으니 소자가 감히 마음에 의문이 듭니다"라고 말했다고 한다. 어려운 상황에서도 언어의 표현은 신중해야 한다는 제자의 말에 김굉필은 깊은 감동을 받았다. 김굉필은 조광조의 손을 부여잡고, "내가 마침 스스로 뉘우치고 있던 참인데 너의 말이 그러하니 나도 모르게 부끄럽구나. 네가 나의 스승이구나"라고 말했다고 한다(『정암집』부록, 「어류(語類)」). 언제나 예리한 모습으로 직언을 서슴지 않던 어린 제자의 모습을 보는 것만으로도 유배지에서의 김굉필은 행복했을 것이다. 조광조가 조정에 처음 등장했을 무렵, 사신의 평가에서도 조광조는 김굉필의 학문을 이어 매우 꼿꼿한 선비의 풍모를 보였음을 알 수 있다.

생원 김식(金湜)·조광조 등이 김굉필의 학문을 전수하여, 함부로 말하지 않고 관대(冠帶)를 벗지 않으며, 종일토록 단정하게 앉아서 빈객을 대하는 것처럼 하였는데, 그것을 본받는 자가 있어서 말이 자못 궤이(詭異)하였다. 성균관이 "그들이 스스로 사성 십철(四聖十哲)이라 일컫는다"라고 하여 예문관·승문원·교서관과 통모(通謀)하여 그들을 죄에 몰아넣으려고 하다가 이루지 못하였으므로 경연관이 힘써 말한 것이다.[4]

사정전에 나아가 사유(師儒)와 유생 등에게 강(講)을 시키니, 성균관 사성 김안국(金安國)이 『논어(論語)』를 강하여 '통(通)'하고, 사예 김윤온(金允溫)이 『시경(詩經)』을 강하여 '통'하고, 진사 조광조는 『중용(中庸)』을 강하여 '약(略)'하였다. 강이 파한 뒤에 안국과 윤온에게는 "각각 마장(馬裝) 한 벌씩 하사하라"라고 명하였다.

당시 사신은 "국가가 무오사화를 겪은 뒤부터 사람이 다 죽어 없어지고 경학(經學)이 씻은 듯이 없어지더니, 반정 뒤에 학자들이 차츰 일어나게 되었다. 조광조는 소시에 김굉필에게 수학하여 성리(性理)를 깊이 연구하고 사문(斯文)을 진작시키는 것을 자기의 임무로 삼으니, 학자들이 추대하여 사림의 영수가 되었다"[5]라고 조광조를 평가한다.

조광조의 학문과 사상을 논할 때 빠질 수 없는 책은 바로 『소학』이다. 소학은 그의 스승 김굉필이 특히 중시한 책이었다. 『소학』은 주자가 삼대의 이상을 실현하기 위하여 경사자집(經史子集)의 여러 책에서 주요한 내용을 발췌하여 편집한 책으로, 쇄소응대지절(灑掃應對之節, 세수하고 청소하고 응대하는 예절)을 비롯하여 애친(愛親), 경장(敬長), 충군(忠君), 융사(隆師, 스승을 우러러봄), 친우(親友) 등 기본적인 예절에 관한 내용을 담고 있다. 『소학』은 총 6권으로, 내편(內篇) 4권과 외편(外篇) 2권으로 구성되었다. 내용은 물 뿌리고 쓸기, 응하고 대답하기, 나아가고 물러나기 등의 일상생활 예절을 비롯하여, 어버이와 어른, 스승과 벗 등에 대해 인간적으로 마땅히 행해야 할 기본 도리를 담았다. 여기에 옛 성현들의 착한 행실과 좋은 교훈도 곁들여놓아 이해하기가 수월하게 구성되었다.

　『소학』은 수신을 강조한다는 점에서 사림과 학자들의 성향에 부합되는 측면이 많았다. 15세기 영남사림파 단계에서는 『소학』의 중요성이 특히 강조되었다. 사림파들은 중앙의 훈구파들이 수신을 하지 않아 부정과 부패가 많은 점을 지적하고, 성리학의 기본이 되는 수신서인 『소학』을 통해 이를 극복하고자 했다. 『소학』은 유교사회의 도덕규범 중에서도 가장 기본적이고 필수적인 내용을 가려 뽑은 책으로, 유학 교육의 입문서라고 할 수 있다. 1187년(남송 순희 14년)에 완성된 이 책은 송나라 주자(朱子)가 엮은 것이라고 쓰여 있으나, 실은 그의 제자 유자징(劉子澄)이 주자의 지시에 따라 편찬한 것이다. 명청 시대에는 『소학』 주석서가 많이 나왔는데, 그 책들이 우리나라에도 들어와 사대부 자제들은 여덟 살이 되면 『소학』을 배웠다. 이이는 『격몽요결(擊蒙要訣)』에서 책 중에서 가장 먼저 읽어야 할 책으로 『소학』을 꼽는다.[6]

『소학』은 집안을 가지런히 하고 더 나아가 나라와 천하까지 평안히 하기 위해서는 자신을 수양하는 것이 근본이라는 '수신제가치국평천하(修身齊家治國平天下)'에 입각하여 서술되었다.[7] 『소학』에서는 특히 어렸을 적부터 배워야 함을 강조했는데, 그 이유는 익힘과 교화가 지혜와 마음의 성장과 더불어 이루어진다고 보았기 때문이다.[8] 『소학』은 지방을 중심으로 사림파의 학문과 사상을 보급하는 데 있어서 가장 중요한 교재가 되었고, 김굉필, 정여창 등 영남사림파를 대표하는 학자들은 『소학』을 중시했다.

김굉필은 『소학』을 기초로 한 유교적 규범의 엄격한 실천을 강조했으며, 이러한 실천규범의 확립은 영남성리학의 중요한 영역 중 하나가 되는 도학적(道學的) 수양론으로 발전시키는 기틀을 마련했다.[9] 김굉필은 "업문(業文)으로서는 천기(天機)를 알 수 없었는데 『소학』에서 어제의 잘못을 깨달았다"라고 하며 이제까지 문물제도의 정비과정에서 발달한 사장학(詞章學, 문장을 중시하는 학문)의 한계를 『소학』으로 극복하려는 모습을 보였다.[10] 김굉필의 제자 반우형은 「사화를 통곡한다」라는 시에서 1504년 갑자사화로 희천에서 옮겨진 유배지 순천에서 죽음을 맞이한 스승에 대해, "어른 공경 스승 높임으로 『소학』의 정성 가르치시고 / 신성을 보존하고 변화를 알도록 「계사(繫辭)」를 밝히셨다"라고 하여 『소학』을 평생의 신념으로 삼았던 스승의 마지막을 표현했다.

김굉필은 일생 동안 『소학』을 손에서 놓지 않았으며, 스스로를 '소학동자(小學童子)'라 자칭하기까지 했다. "일찍이 점필재 김종직을 따라 『소학』을 배웠는데, 평생을 『소학』으로써 몸을 단속했다"[11]라는 『해동잡록(海東雜錄)』의 글은 그의 이러한 면모를 잘 드러내준다. 조광조가 김굉필의 영향을 받아 『소학』의 가치와 중요성을 강조하고 이를 보급하는 과정은 영남사림파의 사상이 기호사림파 학자에게 전승되었음을 의미하기도 한다. 『중종실록』에서 사신은 조광조에 대하여, "공리(功利)에 급급하지 않고 성현의 학문에 뜻이 있었다. 항상 『소학』을 읽어 그 행실을 계칙(戒飭)하고 또 논의를 중지하지 않으니, 사림이 자못 사랑하고 소중히 여겼다"[12]라고 하여 『소학』의 가르침을 체질화 한 조광조의 모습을 각인시켰다. 조광조는 개인적인 학습에 그치지 않고, 중종에게 『소학』의 보급을 적극적으로 역설했다.

사람이 나서 8세가 되어 『소학』을 배우기 시작하면 동몽(童蒙)의 교양이 지극히 바르고 스스로를 지키는 것이 굳게 정해지나, 후세에는 『대학』, 『소학』이 죄다 폐퇴하였으므로 인재가 나지 않고, 혹 호걸한 선비가 있어서 그것을 일으키더라도 그 학술은 대개 부족하니, 이 글을 궁벽한 촌간에까지 보급하고서야, 사람들이 다 효도로 아비를 섬기고 충성으로 임금을 섬길 줄 알아서 선후와 차서가 분명히 갖추어질 것입니다. 세종조에서는 오로지 『소학』의 도에 마음을 썼으므로 책도 중외(中外)에 반포하였는데, 근래는 사람들이 읽지 않을 뿐 아니라 책도 아주 없어졌으며, 뜻이 있는 선비들까지도 몸소 행하기를 꺼립니다. 대사성(大司成) 유운(柳濂)이 바야흐로 『소학』을 가르치므로, 관중(館中), 사학(四學)과 여항(閭巷)까지 온통 이를 따르고, 경상도 관찰사 김안국(金安國)도 도내의 선비에게 읽어 익히게 하니, 이제 상께서 단연코 그것을 읽으시면 사림(士林)이 듣고서 고무 진작되어 다스려지게 하는 바른 방도를 얻게 될 것입니다.[13]

조광조를 비롯한 사림파들은 백성을 교화하는 수단으로 『소학』을 적극 권장했다. 김안국은 경상도 관찰사로 재임할 때 『소학』을 한글로 번역한 『소학언해(小學諺解)』를 발간하여 민간에 널리 보급했다. 19세기 고종대에 박재형(朴在馨)은 『소학』 가운데 필요한 부분을 발췌하고, 거기에 우리나라 어진 선비들의 말과 선행 및 충신, 효자, 열부의 고사를 첨가하여 『해동소학(海東小學)』을 간행하기도 했다.

김굉필의 학문을 계승한 조광조는 중앙의 정치 현실에서 『소학』을 정책 이념으로 구현함으로써 스승의 사상을 뒷받침하고자 했다. 조광조를 위시한 중종 시대를 대표하는 사림파 학자들인 김안국, 김정국(金正國), 김구(金絿) 등은 연산군 이래 퇴폐해진 세도(世道)를 구하기 위해서 『소학』으로 존중과 학문 의리를 구명하는 데 몰두했다. 중종 대 이후 『소학』과 『근사록(近思錄)』 등 성리학 이념을 담은 기본서들이 팔도에서 간행된 것 역시 이러한 흐름을 잘 보여준다.

김굉필의 학문은 특히 영남 지역 학자들에게 널리 전파되었다. 16세기 중반 영남을 대표하는 학자였던 남명 조식 역시 김굉필의 학문에 큰 영향을 받았고, 그 인연은 김굉필의 손자까지 이어졌다. 조식은 초계현감을 지낸 김굉필의 손자가 1571년에 자신을 직접 찾아와 김굉필의 화병기(畫屛記)를 지어달라는 부탁을 하자 이에 대한 발문을 지어주었다.[14]

선조 때에 경상도 관찰사 유영순(柳永詢)은 계(啓)를 올려 길재, 김굉필, 정여창을 배향한 서원의 중건을 요청한 후, 조식의 학행과 도덕이 이들에 비할 수 있으므로 조식을 배향한 서원에 사액을 요청했다.[15] 이러한 사례는 김굉필, 정여창이 확립한 15세기 사림파의 학풍이 16세기를 대표하는 학자 조식에게 계승되었음을 보여준다.

이처럼 김굉필의 학문과 사상은 그의 근거지인 영남 지역을 중심으로 전파되어 나가면서, 영남사림파의 형성에 중요한 기반을 제공해주었다. 김굉필과 조광조의 만남은 김굉필을 중심으로 하는 영남사림파의 사상이 조광조라는 매개인을 통하여 중앙 정계에서 본격적으로 실천될 수 있는 기회를 얻었다는 점에서 역사적으로 매우 중요한 의미를 지닌다. 『연려실기술』은 김굉필의 문하에서 많은 제자들이 배출되었으며, 조광조, 김안국, 이장곤(李長坤) 등이 그의 핵심 제자였음을 기록하고 있다.

김굉필은 일두(一蠹) 정여창과 뜻이 같고 도가 합하여 특별히 서로 잘 지내었다. 도의를 연마하고 고금의 일을 토론하여 때로는 밤을 새우기까지 했다. 일찍이 정여창이 공에게 장차 비방하는 논의가 일어날 것이니 제자를 모아 학문을 강론하는 것을 중지하라고 권고했으

소학당. 조광조가 평생의 스승으로 모신 김굉필이 어린 시절 독서와 수양에 전념한 곳이다. 1498년(연산 4년). 무오사화로 희천에 귀양을 온 김굉필은 운명적으로 조광조와 만났고, 그의 사상은 조광조를 통해 중종 대에 잠깐이나마 중앙 정계에서 꽃을 피웠다. 현재 경남 합천군 가야면에 있다.

나, 공은 듣지 않으면서 "중[僧] 육행(陸行)이 불교를 가르칠 때 그 무리가 천여 명이나 되었다. 어떤 사람이 말리면서, 화환이 두렵도다"하니, 육행은 "먼저 도를 깨달아 안 사람이 뒤늦게 깨달은 사람을 깨우치는 법이니, 내가 아는 것을 남에게 알리는 것뿐이다. 재화와 복은 하늘에 달린 것이니 내가 어찌 간여하리오" 했다 하니, 육행은 비록 중이지만 그의 말은 취할 점이 있다"라고 했다. 공에게 배운 이로서 정암 조광조, 금헌 이장곤, 사재 김정국 같은 분은 모두 학행이 뛰어난 제자였다.[16]

| **도동서원** |

2019년, 유네스코 세계유산으로 한국의 서원 아홉 곳이 지정되었는데, 이 중 김굉필을 배향한 도동서원(道東書院)이 포함되었다. 도동서원은 1568년(선조 1년)에 경상도 달성군의 현풍 비슬산 아래에 세워진 서원으로, 선조 대에 사액을 받으면서 쌍계서원(雙溪書院)이라고도 불렸다. 1605년(선조 38년)에는 학이 앉아 있는 명당이라 하여, 현재의 달성군 구지면으로 자리를 옮겼다. 1607년에 '도동'이라는 편액을 하사받고 도동서원이라 칭했다. 1678년(숙종 4년)에는 정구(鄭逑)를 추가로 배향했다. 동북향인 경사진 언덕에 서원 터를 마련하여 앞으로는 강이 흐르고 강과 언덕 사이에 넓은 마당이 있는 것이 특징이다. 서원의 건물 중 디딤돌을 일곱 단으로 쌓아야 했을 만큼 높은 기단 위에 세워진 중정당(中正堂)은 정면 5칸 측면 2칸의 맞배지붕 양식이 독특하여, 서원을 감싸는 담장과 더불어 보물 제350호로 지정되었다.

2

중종의 마음을
사로잡다

1510년, 과거 초시에 장원급제를 하다

조광조는 1510년(중종 5년) 과거 초시에 응시하여 장원으로 합격하고, 1515년 성균관에서 치른 알성시에서도 2등으로 급제하여 국왕인 중종의 주목을 받았다. 관리의 집안에서 태어난 조광조는 과거 시험을 통해 출세하려는 뜻을 분명히 가지고 있었다. 1510년, 과거 초시에서의 장원급제는 조광조의 이러한 의욕을 더욱 증진시켰을 것이다. 초시에 합격한 조광조는 곧바로 성균관에 들어갔다. 당시 생원시(生員試)나 진사시(進士試)에 합격한 인물들은 당대 최고의 교육기관인 성균관에 입학하는 것이 수순이었다. 성균관 유생 시절 조광조는 중종의 관심을 한 몸에 받았다. 실록의 기록에 따르면, 1511년(중종 6년) 4월 1일, 조광조는 성균관 유생으로 있으면서, 김석홍(金錫弘), 황택(黃澤) 등과 더불어 천거를 받았고,[17] 4월 11일에는 박찬(朴璨), 민세정(閔世貞) 등과 함께 천거를 받았다. 그러나 당시 헌납 이언호(李彦浩)는 조광조의 나이가 서른이 되지 않았다는 이유로 그가 벼슬길에 오르는 것을 반대했다.

헌납 이언호가 아뢰기를, "신 등이 성균관에서 천거한 유생을 보니,

민세정·박찬 같은 이는 효행이 있고 나이가 거의 사십이 되었으니 그래도 서용(用)할 만합니다만, 조광조는 조행(操行)이 있으나 나이 삼십이 못 되어, 한창 학업에 큰 뜻을 두고 있습니다. 지금 만일 그의 뜻을 갑자기 빼앗아 미관에 서용한다면, 반드시 그 학업을 폐지하게 되고, 저 또한 나와 벼슬하는 것을 즐겨하지 않을 것이니, 국가에서 인재를 배양하는 도리에 결함이 되겠습니다. 갑자기 서용하지 말고, 평생의 뜻을 펴게 해서 입신 성명(立身成名)한 후에 쓰더라도 늦지 않습니다" 하고, 지평 이빈 또한 이 뜻으로 아뢰었다.

이후 조광조는 모친상을 당하여 벼슬길에 나서지 않고 3년간 시묘살이를 했다. 한동안 중앙 정계에서 그 존재가 잊혔던 성균관 유생 조광조는 1515년(중종 10년) 자신의 이름 석 자를 중종에게 깊이 각인시켰다. 중종이 직접 참석하여 내린 알성시의 책문(策問)에서 최고의 답안을 제시한 것이다.

조선시대 과거제와 천거제

조선시대에 실시된 가장 중요한 시험으로는 나라에 필요한 관리를 뽑는 과거제도가 있었다. 과거에 합격하면 관직에 진출하여 관리 생활을 할 수 있었으므로 많은 사람들이 과거에 합격하기 위해 많은 노력을 기울였다. 조선시대에는 여러 가지 형태의 과거 시험이 있었다. 먼저 지방에서 뽑는 시험으로 생원시와 진사시가 있었다. 생원시는 주로 유교경전에 대한 이해의 정도를 가늠하는 시험이었고, 진사시는 문장력을 알아보는 시험이었다. 고전소설에서 '최진사', '허생원' 등으로 불리는 이들은 바로 이러한 생원시나 진사시에 합격한 사람들이었다.

진사시는 오늘날로 치면 논술고사에 해당한다고 볼 수 있다. 진사시 이외에 본 시험에 해당하는 문과(文科)에서도 응시자의 문장력을 알아보는 것은 중요한 부분이었다. 이러한 문장 시험에서는 종종 자신이 직접 생각해서 글을 짓지 않고 다른 사람의 문장을 그대로 베껴내는 경우도 적지 않았다고 한다. 인조 대의 학자 신흠(申欽)은 과거 답안지를 채점하면서 기존의 문장을 그대로 베낀 경우가 거의 반수라며 개탄한 바 있다. 조광조가 개혁정치를 주도할 때 천거제인 현량과의 실시를 적극 추진한 것도 과거 시험이 지닌 이런 문제점을 천거제로 보완할 수 있다고 판단했기 때문이었다.

생원시와 진사시를 합쳐서 소과(小科)라고 불렀으며, 이 시험에 합격하면 당대 최고의 교육기관인 성균관에 들어가 공부할 수 있는 자격을 부여받았다. 성균관에서는 출석 점수인 원점(圓點)이 300점 이상 되어야만 대과(大科)인 문과에 응시할 수 있게 하여 성실성도 과거 응시의 주요 기준으로 삼았다. 문과는 초시, 복시(覆試), 전시(殿試)를 거쳐 총 33인의 합격자를 선발했다. 식년시(式年試)가 3년에 1번 열렸으니 3년에 33인의 관리가 뽑히는 셈이었다. 이처럼 조선시대에 관리가 되는 것은 그야말로 낙타가 바늘구멍에 들어가는 것만큼 어려운 일이었다. 당시에는 과거 시험을 보러 가는 것을 '영광을 보러 간다'라는 의미에서 '관광(觀光)'이라고 부르기도 했다. 멀고도 험하게 느껴졌을 과거 길을 지칭하던 단어가 오늘날 여행을 의미하는 단어로 그 쓰임이 변화한 것이 이채롭다.

소과와 문과의 초시의 경우, 요즘의 지역별 쿼터제처럼 지역별로 인구 비례에 의해 인원을 선발했다. 『경국대전』에는 문과 초시 합격자의 도별 정원을 규정해놓았는데 성균관(50명), 한성부(40명), 경기(20명), 충청·전라도(각 25명), 경상도(30명), 강원·평안도(각 15명), 황해·영안도(각 10명) 등이었다. 초시에서는 지역별로 인원 안배를 하고, 복시에서는 시험 성적으로 관리를 뽑음으로써 지역과 능력을 적절히 조화시켰던 것이다. 문과 이외의 시험으로는 무반직을 뽑는 무과(武科)와 기술관 등용 고시인 잡과(雜科)가 시행되었다.

조선시대 과거 시험은 양인 신분 이상의 사람이면 누구나 응시할 수 있었으며, 노비 등 천인들에게는 응시 자격을 제한했다. 제도상으로는 농민 출신이라도 열심히 공부만 하면 시험을 치를 수 있었으나, 현실적으로 연중 내내 농사일에 종사해야 했던 농민이 과거 시험에 합격하기란 거의 불가능했다. 따라서 과거에 합격하는 인물들은 주로 양반가의 자제들이었다. 조선 사회를 양반 사회라고 부르는 것도 이러한 이유에서다. 한편 양인 신분 이상이라 할지라도 다음과 같은 경우에는 과거 응시를 허락하지 않았다. 역모죄를 범한 죄인의 아들이나 장리(贓吏, 뇌물을 받은 관리)의 자손, 재가(再嫁)한 여인의 아들과 그 자손, 그리고 서얼은 과거 응시가 불가능했다. 소설 『홍길동전』의 주인공 홍길동이 과거 시험을 보지 못한 것은 바로 이러한 과거 응시 제한 규정을 소설에 현실적으로 반영한 장면이다. 뇌물을 받은 이의 자손이 과거에 응시하는 것을 금지한 규정은 오늘날의 관점에서 새삼 눈길을 끈다.

중종 대에 조광조가 적극 추진한 현량과와 같은 천거제는 조선 후기에 들어와서 유형원(柳馨遠)과 같은 실학자들에 의해 다시 제안되었다. 과거 시험이 국가와 백성을 위한 현실과 괴리되어 치러진다는 지적이 자주 제기되면서, 유형원은 과거제 대신에 능력 있는 학자를 천거하여 관리로 임용하는 방식의 천거제를 주장했다. 유형원의 저서 『반계수록(磻溪隧錄)』에는 천거제에 관한 논의들이 다수 수록되어 있다.

조광조 이름 석 자를 각인시킨 대책문

1506년, 반정으로 왕위에 오른 중종은 한동안 자신의 목소리를 내지 못했다. 자신을 왕으로 추대한 반정공신들의 입장을 늘 생각해야 했기 때문에 왕으로서의 역할을 거의 수행하지 못했다. 왕이 주재하는 회의를 마친 뒤 반정공신들이 자리를 떠날 때까지 중종은 선 채로 그들을 배웅했을 정도로 허약한 왕의 모습을 보였다. 그러나 시간이 흘러 1510년 4월, 박원종이 세상을 떠난 데 이어, 1512년 12월에는 유순정이, 1513년 7월에는 성희안이 죽음을 맞이했다. '반정 3인방'이 모두 사망하면서 비로소 중종은 왕의 입지를 찾아가기 시작했다. 조선왕조의 개국 이념인 성리학을 보다 국가적으로 정비할 필요성도 느꼈다. 중종은 자신의 입장을 적극 추진할 인재를 찾아 나섰다. 1515년의 성균관 방문은 중종의 이러한 의지에서 단행된 일이었다.

중종은 "오늘날과 같이 어려운 시대를 당하여 옛 성인의 이상적인 정치를 다시 이룩하기 위해서는 무엇을 어떻게 해야 할 것인가"라는 책문을 던졌다. 여러 답안들이 제시되었지만, 중종은 "성실하게 도를 밝히고(明道) 항상 삼가는 태도(謹獨)를 나라를 다스리는 마음의 요체로 삼을 것"을 핵심 요지로 하는 조광조의 답안이 가장 마음에 들었다. 이 책문을 계기로 그때까지만 해도 가능성이 있는 학자 정도로만 여겨졌던 조광조는 중종의 파격적인 신임을 얻게 된다. 다음은 중종이 내린 책문과 중종의 마음을 사로잡았던 조광조의 답안인 대책(對策)의 구체적인 내용들이다.

[중종의 책문]

임금께서 이렇게 말씀하셨다.

공자께서 "만일 누가 나에게 나라를 맡아 다스리게 한다면, 1년이면 그런 대로 실적을 낼 것이고, 3년이면 정치적 이상을 성취할 것이다" 하셨다. 성인이 헛된 말씀을 하셨을 리 없으니, 아마도 공자께서는 정치를 하기 전에 반드시 정치의 규모와 시행하는 방법을 미리 정해놓으셨을 것이다. 그 방법을 하나하나 지적하여 말해보라. 그 당시는 쇠퇴해가는 주나라 말기라서, 이미 법도와 기강이 무너졌다. 그런데도 공자께서는 오히려 '3년이면 정치적 이상을 성취할 것'이라고 하셨다. 만약 공자께서 3년 넘게 정치를 맡았더라면, 어떤 실적을 거뒀겠는가? 또 공자께서 정치를 하신 성과를 볼 수 있었겠는가? 성인이 지나가면 백성들이 그의 덕에 교화되고, 머물면 그의 신묘함이 간직된다(過化存神). 성인이 지닌 이런 신묘한 힘은 쉽게 논의하기 힘들다.

나는 덕이 부족한데도 조상들의 큰 기업을 이어받아 나라를 다스리게 되었다. 잘 다스리기를 원한 지 10년이 되었건만, 기강이 아직 서지 않고 법도도 아직 정해지지 않았다. 이런 상황에서 공적을 이루려고 하니, 어찌 어렵지 않겠는가?

공자의 가르침을 배운 그대들은 모두 요순시대와 같은 이상적인 사회를 구현하려는 뜻을 품고 있을 테니, 뜻이 단지 정치적 목적을 성취하는 데 그치지는 않을 것이다. 만일 오늘과 같은 시대에 옛날의 이상적인 정치를 이룩하고자 한다면, 먼저 무엇에 힘써야 하겠는가? 이에 대한 대책을 남김없이 논해보라.

[조광조의 대책문]

저는 다음과 같이 대답합니다.

하늘과 사람은 근본이 같으므로, 하늘의 이치가 사람에게 유행하지 않은 적이 없습니다. 또한 임금과 백성은 근본이 같으므로, 임금의 다스리는 도가 백성에게 적용되지 않은 적이 없습니다. 그러므로 옛날 성인들은 하늘과 땅을 하나로 여기고, 수많은 백성을 하나로 여겼습니다. 그래서 하늘과 땅의 이치를 잘 관찰해서, 백성을 다스리는 도리로 삼았던 것입니다. 이치를 가지고 하늘과 땅을 관찰했기 때문에, 천지와 같은 뜻을 지닐 수 있었고, 신령하고 밝은 덕에 통달할 수 있었습니다. 또한 도를 가지고 백성을 다스렸기 때문에, 세상의 온갖 크고 작은 일에 대해 책임을 지고, 사람이 마땅히 따라야 할 인륜의 절도를 다스렸던 것입니다.

이 때문에 옳은 것을 옳다 하고 그른 것을 그르다 하며, 좋은 것을 좋아하고 나쁜 것을 싫어하는 것과 같은 가치판단이 내 마음에서 벗어날 수가 없었습니다. 그래서 세상의 모든 일이 사리에 맞게 이루어졌고, 세상의 모든 만물이 제대로 자라났습니다. 이것이 바로 온갖 변화가 나타나는 까닭이며, 도가 이루어지는 까닭입니다. 그렇지만 도는 마음이 아니면 깃들어 있을 곳이 없고, 마음은 성실이 아니면 작용할 수가 없습니다. 임금이 하늘의 이치를 잘 관찰해 그 도리에 따라 성실하게 일을 행한다면, 나라를 다스리는 데 무슨 어려움이 있겠습니까?

지금 주상 전하께서는 하늘처럼 부지런하고 땅처럼 순응하는 덕을 지니고, 끊임없이 힘쓰고 계십니다. 다스리는 마음이 이미 정성스럽고, 다스림을 행하는 방법도 이미 바로 섰습니다. 그런데도 오히려 기강이 아직 서지 않고, 법도도 아직 정해지지 않았다고 염려하십니다.

그래서 성균관에 오셔서 성인을 참배하는 예를 드리는 길에, 저희들에게 대책을 묻는 시험을 내셨습니다. 먼저 옛 성인의 업적을 물으시고, 이어서 옛날의 이상적인 정치를 오늘에 회복하고자 하는 바람을 말씀하셨습니다. 그 모두 제가 아뢰기를 원하던 내용들이니, 감히 보잘것없는 생각이나마 마음을 다해 귀하신 물음에 만 분의 일이라도 성의껏 답하고자 합니다.

첫째, 공자의 정치적 행적에 대해 말씀드리겠습니다. 한 사람이 천만 사람을 상대하자면 상대해야 할 사람이 너무나 많고, 한 가지 일로 천만 가지 일을 처리하자면 처리할 일이 너무나 번잡합니다. 그래서 '마음'과 '도'가 사람을 상대하고 일을 처리하는 한결같은 원리가 되었던 것입니다. 천만 사람과 천만 가지 일이 아무리 다양해도, 사람과 일에 적용되는 도가 하나이고 마음이 하나인 까닭은, 하늘의 이치가 본래 오직 하나이기 때문입니다.

그러므로 온 세상에 보편적인 도를 가지고 나와 하나인 천만 사람을 이끌고, 온 세상에 공통된 마음을 가지고 나와 하나인 천만 사람의 마음을 감화시켜야 합니다. 천만 사람을 감화시키되 그들의 마음을 변화시키면, 온 세상 사람들이 내 바른 마음처럼 변화해 바르게 되지 않는 사람이 없을 것입니다. 천만 사람을 이끌되 내 도로 이끌면, 온 세상 사람들이 내 큰 도에 따라 착하게 되지 않는 사람이 없을 것입니다. 생각해보면 내 도와 마음이 성실한가 그렇지 않은가에 따라, 다스려짐과 어지러움이 나뉘는 것입니다.

사실은 공자의 도가 하늘과 땅의 도이고, 공자의 마음이 바로 하늘과 땅의 마음입니다. 하늘과 땅의 도와 수많은 만물이 모두 이 도에 따라 이루어졌고, 천지의 마음과 음양의 감화도 이 마음에 따라 조화되었습니다. 음양이 조화되어 만물이 이루어진 뒤로, 모든 것이 그 도와 마음에 따라 이루어졌고, 모든 것이 반듯하게 구별되었습니다.

공자께서는 본래 가지고 있는 도로써 사람을 이끌었기 때문에 효과를 쉽게 얻을 수 있었고, 본래 가지고 있는 마음으로써 감화시켰기 때문에 효험을 쉽게 얻을 수 있었던 것입니다. 그러므로 "1년이면 그런 대로 실적을 낼 것이고, 3년이면 정치적 이상을 성취할 것이다" 하신 말씀이 어찌 헛된 말이겠습니까?

공자께서는 또한 정치의 규모와 시행하는 방법을 반드시 미리 정해놓으셨을 것입니다. 무슨 뜻인지 말씀드리겠습니다. 도 바깥에 사물이 없고, 마음 바깥에 일이 없습니다. 마음을 보존하고, 도를 적용하는 원리는 다음과 같습니다.

성인의 어진 마음(仁)은 자연의 질서에서 봄에 해당됩니다. 성인은 마치 봄에 하늘과 땅이 만물을 낳고 기르듯이, 만물을 사랑으로 기릅니다. 의로운 마음(義)은 자연의 질서에서 가을에 해당됩니다. 성인은 마치 가을에 하늘이 계절의 순환을 판가름하듯이, 온 백성을 의로움으로 바르게 합니다. 예의 바른 마음(禮)과 지혜로운 마음(智) 또한 모두 하늘의 표준으로 삼았습니다. 인, 의, 예, 지의 도가 온 세상에 바로 서면, 정치의 규모와 시행하는 방법을 정하는 데 더 이상 덧붙일 게 아무것도 없습니다.

세상은 성한 때도 있고 쇠퇴한 때도 있지만, 도는 옛날이나 지금이나 다르지 않습니다. 주나라 말기에 이미 기강과 법도가 모두 무너졌습니다. 그러나 하늘의 뜻이 아직 주나라를 떠나지 않아, 공자의 도가 나라에 행해질 수 있게 했습니다. 그러므로 오늘날에도 공자의 도를 본받아 예로써 백성의 뜻을 이끌어가고, 음악으로써 백성의 마음을 조화시키며, 행정을 통해 백성들의 행실을 바로잡는다면, 매우 잘 다스려지고 교화될 것입니다.

또한 공자의 정치적 업적을 살펴보면, 비록 석 달밖에 다스리지 않았지만, 길 가는 사람들이 서로 길을 양보하고, 남녀가 적당히 거리를 둘 만큼 풍속이 아름다워졌습니다. 그렇지만 이런 것을 공자의 큰 도로 여겨서는 안 됩니다. 공자께서 『주역(周易)』을 풀이하고 『춘추』를 편집한 일이야말로 영원히 하늘과 땅을 관통하는 가르침이 될 것이며, 바꿀 수 없는 도가 될 것입니다.

당시 공자는 뛰어난 덕을 갖고도, 정치적 포부를 실현할 기회를 얻지 못했습니다. 그러나 그 뒤의 모든 세대가 영원히 그를 모범으로 삼아 정치를 하게 된 것이야말로, 참으로 요순 버금가는 공적이라 하겠습니다. 후세에 공자의 가르침이 세상에 확고히 서지 않았더라면, 요순의 도가 후세에 전해지지 않았을 것이고, 요순의 이상적인 정치도 회복될 수 없었을 것입니다.

일을 잘 파악하는 사람은 겉으로 드러난 자취만 보지 않고, 아직 드러나지 않은 것을 봅니다. 이것이 바로 "성인이 지나가면 백성들이 그의 덕에 교화되고, 머물면 그의 신묘함이 간직된다"라는 것입니다. 성인이 지닌 이런 신묘한 힘은 쉽게 논의할 수 없는 것입니다.

둘째, 법도와 기강을 세우는 원리에 대해 말씀드리겠습니다. 세상의 모든 일에는 반드시 근본과 말단이 있습니다. 근본을 바로잡는 일이 우회적인 것 같지만, 사실 효력을 쉽게 얻을 수 있는 길입니다. 말단에 매달리는 일이 중요한 것 같지만, 사실은 성과를 거두기 어렵습니다. 그래서 정치윤리를 잘 아는 사람은 반드시 사전에 근본에 속하는 일과 말단에 속하는 일을 구별해서, 먼저 근본을 바로잡습니다. 근본이 바르면, 말단을 다스리는 문제는 걱정할 것도 없습니다.

지금 주상 전하께서는 지극히 성실한 마음으로 이른 아침부터 밤늦게까지, 어떻게 하면 요순시대의 이상적인 정치를 펼칠까, 어떻게 하면 요순시대의 아름다운 풍속을 일으킬까 염려하고 계십니다. 세상을 태평성대로 만들려고 이렇게 하신 지가 벌써 10년이나 되었습니다.

그런데도 아직 기강이 서지 않고 법도가 정해지지 않았으니, 그것이 어찌 임금님의 정성이 부족한 탓이겠습니까? 아마도 그것은 정치의 근본을 아직 터득하지 못했기 때문일 것입니다. 근본이라는 것은 다른 것이 아닙니다. 바로 도의 실현을 정치의 목표로 삼고, 마음을 정치의 근본으로 삼아, 성실하게 도를 행하는 것입니다.

도(道)란 뿌리는 하늘에 두되 일상생활에서 사람을 통해 행해지는 것이기 때문에, 정치의 방도가 되는 것입니다. 나라를 다스릴 때 정치의 도를 터득하면, 기강과 법도는 억지로 세우려고 하지 않아도 사람들이 듣고 보지 못하는 사이에 저절로 세워지는 것입니다.

만약에 정치의 말단에서 기강을 따로 세우고, 법도를 따로 정하려고 한다면, 기강과 법도가 설 리도 없거니와 섰다 해도 도리어 정치의 원칙을 해칠 것입니다. 그것은 무엇 때문입니까? 근본이 정해지지 않았는데 오로지 말단만 따른다면, 정치의 도를 터득할 수 없기 때문입니다.

옛날의 현명한 왕들은 수많은 변화가 모두 임금의 마음에 근본을 두고 있다는 것을 알았기 때문에, 모두 마음을 바로잡아 도를 실천했습니다. 마음을 바로잡아 도를 실천했기 때문에, 정치를 하면 사랑을 베풀 수 있었고, 사물을 대하면 정의를 실현할 수 있었습니다. 이처럼 일과 사물이 모두 도에서 나왔기 때문에, 부모와 자식의 윤리, 군주와 신하의 분수가 합리적으로 정해져 영원한 진리가 되었던 것입니다. 이것이 요, 순, 우 세 임금이 서로 전수했던, 중용을 지키는 도리입니다.

전하께서는 정치 행위나 법조문을 가지고 기강과 법도로 삼지 마시고, 오묘한 이 마음으로 기강과 법도의 근본을 삼으시기 바랍니다. 그리하여 마음의 바탕이 광명정대해져, 천지와 한마음이 되어 작용하게 하십시오. 그렇게 하면 정치가 도에 따라 이루어질 것이고, 기강과 법도는 세우지 않아도 설 것입니다.

하지만 반드시 성실해야만 마음의 도를 곧게 세울 수 있고, 그 성과를 볼 수 있습니다. 자사(子思)는 "성실하지 않으면 사물이 이루어지지 않는다" 했습니다. 성실은 기강을 세우는 근본이고, 실효를 거두는 바탕입니다. 자연의 질서는 지극히 규칙적이어서 한순간도 멈추지 않습니다. 그래서 옛날부터 지금까지 모든 사물은 자연의 이러한 필연적인 이치에 따랐던 것입니다. 성인의 마음 또한 지극히 성실해서 한순간도 거짓이 없습니다. 그래서 모든 일은 성인의 이러한 성실함을 따랐던 것입니다.

그러므로 모든 일이 이와 같은 참된 마음에서 나와야만, 행정이 실효를 거두고 기강이 떳떳하게 서며, 법도가 법조문에만 치우치지 않게 되는 것입니다. 전하께서 만약 말단으로 기강과 법도를 삼고, 도리어 오묘한 마음과 성실한 도를 실용적이지 않다고 여겨 힘쓰지 않는다면, 이는 마치 산에서 물을 찾고 물에서 나무를 찾는 것과 같아, 끝내 아무런 효험을 얻지 못할 것입니다. 이것이 기강의 본질이고 법칙입니다.

법도와 기강의 큰 줄기를 세웠다면, 이제는 대신에게 정권을 믿고 맡겨야 합니다. 군주가 홀로 정치를 할 수는 없습니다. 반드시 대신에게 맡겨야 정치의 법도가 확립되는 것입니다. 군주를 하늘에, 신하를 계절에 비유해보겠습니다.

하늘이 혼자 돌기만 하고 계절이 바뀌지 않는다면, 만물이 자라날 수 없습니다. 마찬가지로 군주가 혼자 정치의 책임을 떠맡고 대신의 도움을 받지 않는다면, 정치의 효과가 나타나지 않습니다. 하늘이 혼자 돌아가거나 군주가 혼자 책임을 진다면, 만물이 자라나지 않고 정치의 효과가 나타나지 않을 뿐더러, 하늘은 하늘이 되지 못하고 군주는 군주가 되지 못할 것입니다.

또 대신에게 지위를 정해주었더라도 겨우 문서 처리만 맡기거나 하급 관리에게 감찰을 시킨다면, 결코 신하를 부리는 방법을 터득하지 못할 것입니다. 그리되면 신하가 군주를 섬기는 방법을 터득하지 못하게 될 것이고, 군주와 신하의 도리도 무너질 것입니다.

그래서 옛날에 성스러운 군주와 현명한 재상은 항상 성실한 뜻을 지니고 서로 믿고 서로 도리를 다했기에, 광명정대한 업적을 함께 이룰 수 있었습니다. 따라서 전하께서는 대신에게 정권을 믿고 맡겨 기강과 법도의 큰 줄기를 세우셔서, 훗날 정치의 근본과 법도가 체계적으로 갖추어질 수 있는 기반을 마련하시기 바랍니다.

셋째, 오늘날의 급선무에 대해 말씀드리겠습니다. 제대로 배운 것이 없어 거칠고 무식한 제가 무엇을 알겠습니까만, 공자가 나라를 다스린 방법은 '도를 밝히는 것'이고, 학문으로 삼은 것은 '홀로 있을 때 조심하는 것'뿐이라고 알고 있습니다. 이 두 가지 일에 대해 전하께 말씀드리겠습니다.

나라를 다스리는 근거는 도밖에 없으며, 도는 본성을 따르는 것일 뿐입니다. 본성이 없는 것은 없으니, 도는 어디에나 있는 것입니다. 크게는 예절과 음악과 법과 정치에서부터 작게는 제도와 문장에 이르기까지, 사람이 힘들이지 않아도 저마다의 법칙에 따라 이루어지는 것입니다.

도는 모든 시대의 제왕들의 정치의 기반으로 삼던 것이고, 하늘과 땅에 가득 차고 시대를 관통하는 것이지만, 실제로 내 마음에서 벗어난 적이 없습니다. 도를 따르면 나라가 다스려지고, 도를 잃어버리면 나라가 어지러워지기 때문에, 잠시라도 도를 떠나서는 안 됩니다. 도로 마음의 눈을 밝게 해서, 잠시라도 어둡지 않게 해야 합니다.

그러나 사람들은 흔히 남이 보는 데서는 조심하지만, 남이 보지 않는 데서는 함부로 합니다. 어둡고 은밀한 곳은 신하들이 보지 못해도 자신은 볼 수 있으며, 미세한 일은 신하들이 듣지 못해도 자신은 알 수 있습니다. 이런 것은 소홀히 여기기 쉽고, 또 그 때문에 하늘과 사람을 속일 수 있다고 생각하고는 조심하지 않습니다. 오랫동안 이런 마음을 품고서 숨기고 있으면, 얼굴에 드러나고 정치에도 드러나게 되어 숨길 수가 없게 됩니다. 그래서 마침내 정치를 망치고 교화를 막게 됩니다.

그래서 옛날 제왕들은 혼자 있을 때 경계하고 두려워했으며, 늘 도를 밝혀 어둡지 않게 했습니다. 이처럼 남이 모르는 은밀한 가운데에서 더욱 조심했던 것입니다. 그리고 낌새가 드러나려고 하면 털끝만큼이라도 거짓과 속임수가 싹트지 못하게 하고, 온전히 의리가 드러날 수 있게 했습니다. 이렇게 되면 나라를 다스리는 도 또한 완전히 선하고 아름다워질 것입니다. 이것이 기강을 세우고 법도를 정하는 근거입니다.

엎드려 바라건대 전하께서는 '도를 밝히는 것'과 '혼자 있을 때 조심하는 것'을 마음을 다스리는 요체로 삼고, 그 도를 조정에도 세우셔야 합니다. 그리하면 기강이 어렵지 않게 설 것이며, 법도도 어렵지 않게 정해질 것입니다. 공자가 석 달 만에 실적을 냈고, "3년이면 성취할 수 있다" 하신 까닭이 바로 여기에 있는 것입니다. 저는 임금님의 위엄을 무릅쓰고 감격을 이기지 못하며, 죽기를 각오하고 이렇게 대답합니다.

다소 긴 내용이지만 중종의 '오늘날과 같이 어려운 시대를 당하여 옛 성인의 이상적인 정치를 다시 이룩하기 위해서는 무엇을 어떻게 해야 할 것인가'라는 책문에 대하여, 조광조가 쓴 답안을 그대로 인용해보았다. 이 대책문은 조광조의 생각을 이해하는 데 있어서 가장 기본이 되는 자료로서, 성리학 원칙주의자로서의 조광조의 면모가 그대로 드러나 있기 때문이다. 조광조는 성실하게 도를 밝히는 '명도(明道)'와 항상 삼가는 태도인 '근독(謹獨)'을 핵심어로 삼은 답안을 냈고, 이 답안은 왕이 주체가 되어 새로운 정치를 하겠다는 의욕을 보인 중종의 마음에 흡족하게 가닿았던 것으로 파악된다. 중종의 의중에 꼭 맞춤하여 들어맞았던 답안이었다고나 할까?

조광조는 요순의 도를 근본으로 삼고, 특히 공자의 사상을 계승할 것을 요지로 하여 자신의 견해를 피력하면서, 기강과 법도를 밝혀 이를 정치에 적용할 것을 주장했다. 조광조의 대책문은 이후 중종과 조광조가 이념적 또는 정치적 동거가 가능하도록 만드는 데 중요한 역할을 했다.

그러나 위의 대책문에는 '법도와 기강의 큰 줄기를 세웠다면, 이제는 대신에게 정권을 믿고 맡겨야 합니다. 군주가 홀로 정치를 할 수는 없습니다. 반드시 대신에게 맡겨야 정치의 법도가 확립되는 것입니다'와 같은 대목처럼 신권의 강화를 강조하는 내용도 포함되어 있다. 조광조는 요순과 같은 성군을 만들기 위한 전제 조건으로 자신과 같은 능력 있는 신하들의 정치 참여를 은연중에 강조한 것이다. 신권 강화론의 입장은 이후 중종과 조광조의 관계를 불편하게 하는 단서가 되었을 뿐만 아니라 궁극에는 조광조를 하루아침에 실각되게 하는 계기가 된다. 중종과 조광조의 동거와 몰락의 과정은 조선 건국 초기 신권 강화론을 주장한 정도전이 왕권 강화론의 핵심 인물인 태종에 의해 제거되었던 정치적 상황과도 유사한 측면이 있다.

대책문 이후, 중종은 조광조를 정언, 대사헌 등 언관의 핵심 직책에 임명하면서 자신의 든든한 후원군으로 삼았다. 중종의 총애를 한 몸에 받은 조광조는 신진세력의 최선두에 서서 그가 구상하던 이상을 적극적으로 정치 현실에 실천하기 위한 개혁정책들을 시도하게 된다. 이러한 조광조의 파격적인 정치적 성장에는 젊은 피를 수혈하여 정치권의 면모를 새롭게 하고자 했던 도도한 시대적 흐름이 있었다. 자신의 시대를 '개혁의 시대'로 냉철히 인식한 조광조는 중종의 '파격적인' 신임을 등에 업고 시대의 부정과 모순을 극복해가는 다양한 정책들을 강력하고 급진적으로 추진해나갔다. 그러나 그 시간들이 그리 길지는 않았다.

거듭되는 파격적인 승진

조광조는 문과 전시에 급제하기 전, 안당으로부터 추천을 받아 김식, 박훈(朴薰) 등과 함께 관직에 진출했다. 처음에는 종6품 선무랑(宣務郞)의 품계를 받았는데, 당시 실록에는 "이들은 진실로 경서에 밝고 행실과 수양이 있는 사람으로서 천거되었으니, 반드시 성균관의 당상장관(堂上長官)과 이백 명 생원들의 뜻에 맞은 뒤에 천거했을 것입니다. 이 사람들을 등용하는 것은 마땅히 문신을 등용하는 것과 다름이 없어야 합니다"라며 조광조를 비롯해 이들 3인이 성균관의 동료들로부터 깊은 신망을 받았음이 언급되어 있다. 당시 안당은 "조광조는 또 효행이 있습니다. 이 사람들은 행실이 높으나 본래부터 가자(加資)가 없으니, 이제 만약 참봉을 제수하는 데 그친다면 비록 10년이 되어도 진작시킬 길이 없습니다. 바라건대 올려서 선무랑으로 삼고, 주부(主簿)의 직(職)에 준(準)하게 하여 그의 하는 바를 관찰하소서"라고 건의했고, 이에 대해 중종의 허락을 받았다. 당시 사관은 사평에서, "세 사람은 뜻이 같아서 공리(功利)에 급급하지 않고 성현의 학문에 뜻이 있었다. 항상 『소학』을 읽어 그 행실을 계칙하고 또 논의를 중지하지 않으니, 사림이 자못 사랑하고 소중히 여겼다. 세 사람은 도(道)가 같고 뜻이 맞지만 그 하는 바가 각기 다르니, 기질이 같지 않기 때문이다. 조광조는 밝고 바르고 매우 곧으며, 식(湜)은 통달하고 주변(周遍)하며, 훈(薰)은 덕행과 기량(器量)이 일찍 이루어졌다"라고 하여 조광조의 성품이 매우 강직했음을 기록하고 있다.

선무랑의 품계를 받은 데 이어 조광조는 바로 조지서(造紙署) 사지(司紙)에 임명되었다. 조지서는 종이를 공급하던 관청으로 사초를 세초(洗草)하던 홍제천의 차일암(遮日巖) 인근에 위치하고 있었다. 조선 후기의 한양 지도에는 조지서가 표시되어 있다. 조광조가 사지로 임명된 후 사관은 그에 대해 다음과 같은 평가를 내렸다.

소년 시절에 학문을 좋아하여 게을리하지 않고, 뜻을 세움이 고원(高遠)하며, 옛것을 좋아하고 세상일을 개탄하면서 과거 보기 위한 글을 일삼지 않으니, 부형과 종족(宗族)들에게 세속과 어긋나서 남의 비방을 산다고 꾸짖음을 당했다. 장성하여서는 성리학에 잠심(潛心)하였다. 자기의 한 말을 실행하고 행동은 예법을 준수하니, 한때의 유사들이 애모하여 종유(從遊)하지 않는 자가 없었다. 일찍이 아버지를 여의고 홀어머니를 봉양하더니 어머니가 돌아가시자, 초상과 장사와 제사를 반드시 정성스럽고 진실하게 하되 한결같이 주문공(朱文公)의 『가례(家禮)』를 따랐으며, 처자(妻子)가 서울에 있었으나 일찍이 한 번도 성중(城中)에 들어가지 않았다. 성균관이 학행이 있는 자를 천거할 때에 조광조가 첫째로 뽑혔다.[18]

사신은 조광조가 성리학에 전념하고 특히 모친상을 당했을 때 『주자가례(朱子家禮)』를 충실히 따랐던 점을 높이 평가했다. 조지서 사지로 있던 조광조는 곧바로 1515년 8월의 문과 전시에서 2등으로 급제했다. 앞서 소개한 대책문을 답안으로 쓴 그 시험이었다. 당시 장원은 장옥(張玉)이 차지하였지만, 조광조가 자신의 이름을 알리기에는 충분했다. 조광조의 능력에 신뢰를 보인 중종은 조광조와의 만남 이후 그를 정계의 핵심으로 끌어들이기 시작한다. 중종은 1515년 8월 29일, 조광조를 종6품인 성균관 전적(典籍)으로 발탁했다.

3개월 후, 중종은 조광조를 언관직의 꽃이라 할 수 있는 사간원 정언에 임명했다. 사간원의 관리는 책임자인 정3품 대사간(大司諫), 부책임자인 종3품 사간(司諫), 정5품 헌납(獻納), 정6품 정언 등으로 구성되었는데 정언은 하위직이었지만 언관의 핵심이었다. 조선시대에는 사간원, 사헌부(司憲府), 홍문관을 언론 삼사(三司)라 칭하였고, 이 삼사에 소속된 관원들을 대간(臺諫)이라 불렀다. 언론의 역할을 중시하던 조선시대에 언론 삼사는 대표적인 청요직(淸要職)으로 인식되었다. 정승이나 판서와 같은 고위직으로 진출하려면 언론 삼사의 관직을 거치는 것이 필수적이었다. 따라서 언관들은 품계상 하위직이었을지라도 그 정치적 비중이나 역할이 매우 컸다. 또 언관직에 포진한 인물들은 대체로 젊은 관리들이었기 때문에 비판 의식이 강했다. 성종 이후 중앙 정계에 진출한 사림파는 주로 언관직을 맡았는데, 이들에게 대신들에 대한 비판과 견제 기능을 갖도록 한 것은 언관의 위상을 확대하는 데 큰 역할을 했다. 조광조는 관직 생활 직후에 맡은 언관 활동을 통해 비판 의식을 보다 강화시켜 나갈 수 있었다.

소릉 복위와 폐비 신씨의 복위

중종 대의 정치적 과제들 중에서 중요했던 일 중 하나는 폐위된 왕비 신씨에 대한 명예 회복이었다. 중종 대에 이르러서 문종의 왕비 현덕왕후(顯德王后)의 무덤인 소릉의 복위가 이루어졌는데, 소릉의 복위 이후 폐비 신씨에 대한 복위론도 강하게 제기되었다.

① 소릉 복위 운동

소릉의 주인인 현덕왕후는 세자빈 신분일 때 단종을 낳은 뒤 동궁의 자선당에서 별세했다. 현덕왕후의 능은 3개월에 걸친 공사 끝에 경기도 안산 와리산(고읍산)의 바다가 굽어보이는 자락에 만들어졌다. 그 뒤 문종이 즉위하자 현덕왕후에 추봉되고 능호를 '소릉'이라 했다. 1456년(세조 2년), 단종의 복위를 도모한 사건에 현덕왕후의 어머니 최씨와 동생 권자신(權自愼)이 연루되어 처형되었다. 현덕왕후의 아버지 권전(權專)은 이미 죽었음에도 불구하고 폐하여 서인(庶人)이 되었고, '노산군(魯山君, 단종)이 군(君)으로 강봉(降封)되었는데도 그 어머니가 왕후의 명위를 보존하는 것이 마땅하지 않다'는 이유로 현덕왕후 역시 서인으로 폐위되었다. 폐위된 왕후의 신주는 종묘에서 철거되고, 왕비의 능도 격하되었다. 1457년(세조 3년)에는 세조의 명령에 의해 소릉이 파헤쳐지고 시신은 안산의 물가 근처에 방치되는 수난을 겪었다. 『연려실기술』에서는 이때의 일을 다음과 같이 기록하여, 세조에 의해 소릉이 큰 수난을 당했음을 전한다.

1457년 겨울에 세조가 궁궐에서 낮잠을 자다가 가위에 눌린 괴이

한 일이 생기니, 곧 소릉을 파헤치라고 명했다. 사신이 석실(石室)을 부수고 관을 끌어내려 했으나, 무거워서 들어낼 도리가 없었다. 군민(軍民)이 놀라고 괴이쩍어 하더니, 글을 지어 제를 지내고서야 관이 나왔다. 사나흘을 노천(露天)에 방치해두었다가 곧 명을 따라 평민의 예로 장사지내고서 물가에 옮겨 묻었다.[19]

세조 재위 시절에는 소릉에 대한 언급이 금기시되었지만, 성종 대에 들어서 사림파가 성장하여 대간들의 위상이 커지자, 소릉 복위 문제가 본격적으로 제기되기 시작했다. 성종 대에 계속적인 기상이변 현상이 나타나자 남효온은 이를 해결하기 위한 방법으로 혼인을 바르게 할 것을 비롯해 공정한 수령 선발, 인재 등용과 더불어 소릉 복위를 건의하는 상소를 올렸다.[20] 그러나 임사홍 등이 소릉의 추복은 왕실에서 논할 일이지 신하로서 의논할 수 없는 일임을 주장하며 소릉 복위에 반대했다. 소릉 복위 문제는 이후 연산군 대로 이어졌다. 김일손은 예로부터 제왕은 사당에 신주를 한 주만 모시는 일이 없는데 문종은 홀로 한 위뿐이라는 것을 내세우며 소릉 복위 문제를 강력히 제기했다. 김일손이 충청도사(忠淸都事)로 있으면서 소릉 복위와 관련해 제기한 사항은 다음과 같다.

우리 국가가 완전하고 결함 없기가 정히 금구(金甌)와 같지만 그래도 한 군데 이지러진 데가 있으니, 온 조정의 신자가 하늘을 이고 땅을 딛고 살면서 강상이 무너진 속에서 희희낙락하며 무슨 일이 있는지도 모르는 것입니다. 옛부터 제왕은 배위 없는 독주(獨主)가 없거늘, 문종만은 배우자 없는 독주이옵니다. 광릉(光陵)이 제세(濟世)의 방략을 가졌고 뭇사람의 요구에 못 이겨 부득불 선위(禪位) 받은 것은 종사 대계를 위함이지만, 소릉을 폐위시킨 것은 아마도 세조의 본의가 아 닐 것입니다. 신이 듣기로는 문종이 동궁에 있을 때 소릉은 이미 승하 했으니, 노산 복위(魯山復位)의 모의에 참여하지 않았음은 명백한 일 이고, 친정어머니의 연고 때문이라면 당시 앞장서서 난을 꾸민 여러 사람의 아들은 죽였어도 딸은 용서했으니, 여자는 밖의 일과 관계없 기 때문입니다. 송현수(宋玹壽)는 노산의 장인이나, 아들 거(琚)와 조 카 영(瑛)은 이미 선왕의 사면을 받아서 조정에 벼슬하고 있사옵니다. 그런데 소릉을 용서하여 추복하지 못하겠습니까. 신은 원컨대 전하께 서 소릉을 추복하여 풀 베고 짐승 놓아먹이는 것을 금하고 그 신주를 종묘에 부묘(祔廟)한다면 한 나라의 강상에 다행스럽겠나이다.[21]

김일손이 제기한 소릉 복위 주장은 당시에는 큰 정쟁 없이 마무리되었 으나, 3년 뒤 그가 사초에 실은 「조의제문」은 무오사화의 빌미가 되었다. 『연산군일기』의 다음 기록은 김일손이 제기한 소릉 복위 주장이 김일손 사후에 그 가족이 부관참시를 당하는 주요 원인이 되었음을 잘 보여준다.

전교하기를, "김일손이 소릉 복위를 청할 때, 그 도당이 반드시 있 었을 것이니 모두 찾도록 하고, 이주(李胄)가 유독 성종은 "우리 임금 이다" 칭했으니, 이런 사람도 모두 수금(囚禁)하도록 하며, 강형이 말 한 "자식으로서 그 아버지를 거역한다"와 "물려준 활이나 신발도 오 히려 영원히 아끼는 마음을 갖는다"는 등의 말은 지극히 불초하니, 잡 아다가 낙형(烙刑)을 하여 그 실정을 추국하도록 하라" 하였다. (…) 정승들이, 김일손과 더불어 소릉 복위를 같이 간한 사람들을 써서 아뢰기를, "이주와 한훈(韓訓)입니다" 하니, 전교하기를, "이 사람들의 아비가 아직 살아 있느냐"라고 하였다. 첨계(僉啓)하기를, "일손의 아비와 이주의 아비는 이미 죽고, 홀로 한훈의 아비 한충인(韓忠仁)만이 일찍이 장형을 받고 외방에 축출되어 있습니다" 하니, 전교하기를, "세조께서는 가문을 변화시켜 임금이 되신 분인데, 이와 같은 말을 오히려 차마 했으니, 어찌 이보다 더한 난신적자(亂臣賊子)가 있겠는가. 김일손과 이주의 아비는 모두 부관참시하고, 한훈의 아비 충인은 잡아다가 교형(絞刑)에 처하고, 일손의 첩자(妾子) 김청이, 김숙이는 사람을 보내어 목을 베어 오고, 이주의 아들과 딸은 모두 정역(定役)하도록 하라" 하였다. 이때 일손의 첩자들은 그 어머니를 따라 양산과 김해에서 대년(待年)하고 있었다.[22]

위의 기록에서 보듯이 성종과 연산군 대에 사림파는 적극적으로 소릉 복위 운동을 추진했으나, 훈구파의 반격을 받고 희생당했다. 소릉은 중종 대에 이르러서야 마침내 복위된다.

1507년(중종 2년), 소릉은 수리 작업에 들어갔고 1512년(중종 7년) 11월, 소세양(蘇世讓) 등에 의해 추복이 거론되었다.

"우리 문종대왕만은 홀로 한 위(位)로서 제향을 받으니, 그때의 일은 신이 알지 못하오나 성종조 때에 소릉복위 문제를 아뢴 이가 더러 있었는데도 고치지 아니해서 중론이 그것을 깊이 한탄했습니다. 만약 자손이 조종(祖宗)이 한 일이라 해서 고치지 않는다면 만 대를 지나도

조종의 허물이 소멸되지 않을 것이니 우리나라에서 실수된 것으로 이
보다 큰 것이 없습니다."

중종은 "소릉의 일은 조종조에서 한 바로 아무도 이에 관해서 말하는
이가 없음은 연대가 오래된 일이며, 또 일 자체가 가볍고 쉽게 처리할 것
이 아니니 이제 처리하기란 어려울 것 같다"라며 유보적 입장을 보이면
서도, "전말을 알아야 하겠으니 실록을 빨리 상고해내고 성종조에 이 논
의가 있었다 하니 아울러 상고해내라" 하고 명했다. 소릉 복위 문제에 대
한 검토를 하겠다는 뜻이었다. 1513년(중종 8년)에는 종묘의 소나무가 큰
벼락을 맞는 사건이 일어나자 중종이 종묘에 위안제를 친히 지내고 돌아
와 왜 이러한 일이 일어났는지를 여러 신하들에게 물었는데, 장순손(張
順孫) 등이 현덕왕후의 일과 관계가 있는 것이라 했고, 김응기(金應箕) 등
복위를 반대하던 신하들까지 입장을 바꾸게 되었다.

중종은 선조들이 한 일이라 하여 여전히 고치기 어렵다고 했으나, 신
하들이 소릉의 폐위는 당시 대신들의 건의이며 세조의 의도가 아니고,
소릉을 추복하는 것이 효를 다하는 일이라는 점을 재차 강조했다. 신하
들의 거듭된 의견이 이어지자 중종은 마침내 현덕왕후 권씨의 위호를 추
복해 종묘에 신주를 모시고, 1513년 4월 21일, 문종이 묻힌 현릉 왼쪽 능
선에 천장(遷葬, 무덤을 다른 곳으로 옮기는 일)했다. 1441년, 현덕왕후가 사망
한 지 72년 만의 일이었다. 소릉을 현릉으로 옮길 당시의 상황에 대해 김
안로(金安老)는『용천담적기(龍泉談寂記)』에 "새로 이장할 능터를 현릉(顯
陵) 왼쪽에 정했는데, 두 능 사이에 잣나무가 빽빽이 하늘을 가리고 있던
것이 능의 역사(役事)를 시작하던 날에 갑자기 두서너 그루가 이유 없이

말라버려 그것을 베어버리니, 두 능이 서로 마주보는데 가리워지는 것이 없었다"고 기록하고 있다. 현덕왕후가 남편 문종 옆에 갈 때 이적이 일어났음을 보여주는 것이다.

훈구파와 사림파의 정치적·사상적 대립이 첨예했던 16세기 초반, 소릉 복위 운동은 중요한 정치적 이슈였다. 연산군 재위 시절만 하더라도 훈구파 세력이 여전히 남아 있었을 뿐만 아니라, 세조의 영향력이 컸기 때문에 당대에는 소릉 복위가 실패로 돌아갔다. 그러나 이후 중종 대에 접어들어 사림파의 목소리가 커지자 마침내 소릉 복위가 이루어진 것이다. 소릉 복위는 세조 대의 정치적 유산을 청산하고 사림파의 입지를 강화하고자 했던 조광조에게는 날개를 달아준 사건이었다. 조광조는 이어서 일어난 폐비 신씨 복위 운동에서는 전면에 나서게 된다.

② 폐비 신씨 복위론

언관직이라고 했지만 사간원의 말단 직책에 제수된 조광조가 조정에 평지풍파를 일으킬 것이라고 짐작한 이는 아무도 없었다. 그러나 상소문 하나로 조광조는 조정대신들에게 단번에 자신의 이름을 각인시킨다. 중종의 정비였다가 반정 직후 일주일 만에 쫓겨나 폐비가 된 단경왕후(端敬王后) 신씨를 복위시키자는 상소문이 바로 그것이다.

단경왕후 신씨는 연산군의 처남인 신수근의 딸로, 중종을 왕으로 추대한 공신들은 반정 직후 왕비를 폐할 것을 강력하게 주장했다. 왕비가 죄인 신수근의 딸이므로 국모로 마땅치 않다는 이유에서였다. 신수근은 반정에 가담하라는 박원종의 제안을 거절했다가 반정 직후 살해되었다. 단경왕후는 중종의 왕비였지만, 반정공신들에게는 언젠가 아버지를 죽인 자신들에게 복수할 수 있는 인물이었기에 반드시 제거해야 할 대상으로 떠올랐다. 중종으로서는 아무 잘못도 없는 아내를 내쫓아야 할 형편이었지만, 반정에 의해 옹립된 만큼 공신들의 목소리를 외면할 수가 없었다. 결국 반정이 일어난 지 일주일 만에 단경왕후는 폐위되어 궁에서 쫓겨나고 말았다.[23]

단경왕후가 폐위된 후 중종의 계비가 된 인물은 장경왕후(章敬王后) 윤씨였다. 윤여필(尹汝弼)의 딸이었던 장경왕후는 1506년 숙의(淑儀)로 있다가 1507년 왕비의 자리에 올랐다. 그러나 장경왕후는 1515년(중종 10년) 인종을 출산한 직후 승하했다. 폐비 신씨의 복위 문제는 장경왕후 승하 후 다시 수면 위로 떠올랐다. 폐비 신씨의 복위 문제를 본격적으로 거론한 인물은 순창군수 김정(金淨)과 담양부사 박상(朴詳)이었다. 반정 직후에는 왕비의 폐위를 수수방관했던 중종은 김정과 박상의 상소를 긍

중종의 첫 번째 왕비 단경왕후가 묻힌 온릉. 1515년(중종 10년) 순창 군수 김정과 담양 부사 박상이 반정공신들에 떠밀려 폐위된 폐비 신씨를 복위하자는 상소를 올리자 논란이 됐는데, 조광조는 이들을 유배 보내자고 한 대간들의 전원 파직을 주장했다. 폐비 신씨는 1739년(영조 15년)에 복위되어 단경왕후라는 시호를 얻었다.

정적으로 받아들였다. 이들의 상소는 그동안 중종의 심중에 가려웠던 부분을 긁어주었다. 중종과 단경왕후의 금슬이 좋았다는 사실은 지금까지도 회자되고 있는 인왕산 치마바위의 전설에서도 일부 확인할 수 있다. 중종은 왕위에 오른 이후에도 경회루에 올라 폐위된 단경왕후가 거처하던 인왕산 자락의 죽동궁(竹洞宮) 일대를 종종 바라보았다고 한다. 이 사실을 전해들은 신씨는 집 뒤쪽에 있는 바위에 자신이 궁중에서 입던 분홍색 치마를 눈에 띄게 덮어놓았고, 중종은 치마가 널린 그 바위를 바라보면서 왕비에 대한 그리움을 달랬다고 한다.

폐비 신씨의 복위 문제는 이내 정치적인 문제로 떠올랐고, 사림파와 훈구파의 대결 구도 속에서 치열한 논쟁의 대상이 됐다. 반정공신 세력들이 힘을 잃어가는 공백을 틈타 성장한 사림파는 이 문제를 그들의 권력 강화에 활용하고자 했다. 사림파는 왕비의 폐출을 주도했던 훈구파 반정공신들을 적극 비판했다. 그러나 여전히 조정은 훈구파 대신들이 장악하고 있었고, 결국 상소를 올린 두 사람은 유배 길에 올랐다. 이러한 상황에서 폐비 신씨의 복위 문제를 적극적으로 주장하고 나선 인물이 바로 신진 사림파의 기수 조광조였다.

조광조는 언관직에 제수된 지 불과 이틀밖에 되지 않은 시점에 김정과 박상을 유배 길에 오르게 만든 대간들의 전원 파직을 주장하는 상소를 올렸다. 실록의 기록을 보자.

정언 조광조가 아뢰기를, "언로가 통하고 막히는 것은 국가에 가장 관계되어, 통하면 다스려지고 평안하며 막히면 어지러워지고 망하므로, 임금이 언로를 넓히기에 힘써서 위로 공경(公卿)·백집사(百執事)

로부터 아래로 여항(閭巷)·시정(市井)의 백성에 이르기까지 다 말할 수 있게 하나, 언책(言責)이 없으면 스스로 말을 극진하게 할 수 없으므로 간관(諫官)을 두어 그 일을 맡게 하는 것이니, 그 말이 혹 지나치더라도 다 마음을 비워놓고 너그러이 받아들이는 것은 언로가 혹 막힐까 염려하기 때문입니다. 근자에 박상·김정 등이 구언(求言)에 따라 진언(進言)했는데, 그 말이 지나친 듯하더라도 쓰지 않으면 그만이거니와, 어찌하여 다시 죄줍니까? 대간이 그것을 그르다 하여 죄주기를 청하여 금부(禁府)의 낭관(郎官)을 보내어 잡아오기까지 했습니다. 대간이 된 자로서는 언로를 잘 열어놓은 뒤에야 그 직분을 다해 낸다고 할 수 있습니다. 김정 등에 대하여 재상(宰相)이 혹 죄주기를 청하더라도 대간은 구제하여 풀어주어서 언로를 넓혀야 할 터인데, 도리어 스스로 언로를 훼손하여 먼저 그 직분을 잃었으니, 신이 이제 정언이 되어 어찌 구태여 직분을 잃은 대간과 일을 같이하겠습니까? 서로 용납할 수 없으니 양사(兩司)를 파직하여 다시 언로를 여소서."²⁴

중종은 조광조의 주장에 대해 다음과 같이 되물었다.

언로가 통하여 막히는 데에 대한 말은 마땅하다. 그러나 김정·박상 등은 아랫사람으로서 말할 수 없는 일을 문득 논하였으므로 대간이 죄주기를 청한 것이다. 이제 만약에 죄다 간다면 지나칠 듯하거니와, 어찌 이 때문에 서로 용납하지 못하겠는가?"

중종의 답변에 대해 조광조 역시 물러서지 않았다.

김정·박상 등이 말한 일이 마땅하지는 않으나, 그 상소는 버려두고 따지지 않아야 납언(納言)하는 덕이 드러나거니와, 재상도 상께서 그 말을 쓰지 않으시는 줄 알고서 시비를 논하지 않았는데, 대간이 굳이 죄주기를 청하여, 임금을 불의에 빠뜨리어 간쟁(諫諍)을 거절하는 조짐을 만들어서 만세에 성덕의 누가 되게 하였으니, 이렇게 한 뒤에는 국가에 큰일이 있더라도 어찌 감히 구언할 수 있겠으며, 구언하더라도 누가 감히 말하겠습니까? 외방(外方)의 초야에 있는 사람으로서 일을 말하고자 하는 자가 김정·박상 등의 일을 길에서 듣고서 그만두니, 치세에 어찌 이런 일이 있겠으며, 그때의 대간이 아직도 다 관직에 있는데 어찌 신과 서로 용납되겠습니까?"

조광조는 중종의 질문에 언로의 중요성을 거듭 강조하며 대답하면서 신하들의 간언을 받아들일 것을 청했다. 결국 중종은 이 일을 대신들에게 의논하게 하겠다면서 한 발짝 물러섰다. 사간원 말단 관리가 올린 대간 전원의 파직 요청은 조정을 들쑤셔놓았고 큰 소동을 불러일으켰다. 조광조의 상소에도 불구하고 박상과 김정은 끝내 귀양을 가고 말았지만, 몇 달에 걸친 논쟁 결과 사헌부와 사간원의 대간은 전원 교체된다. 이 사건으로 조광조는 일약 전국에서도 그 이름을 모두 기억하는 화제의 인물로 떠오르게 된다.

3장

성리학적 개혁을
꿈꾸며 비상하다

경연, 왕을
철인(哲人)으로 만들기

경연의 활성화

조광조의 개혁정치를 한마디로 요약하자면 유교적 이념에 입각한 이상정치, 도덕정치의 실현이었다. 왕이 왕도정치를 수행하고 성리학 이념에 입각한 교화가 백성들에게 두루 미치는 사회의 실현, 이것이 그가 추진한 개혁정치의 요체였다. 조광조는 유교정치, 도덕정치의 이상적인 실현을 위해서는 먼저 군주가 철인(哲人)이 되어야 함을 강조했다. 군주가 먼저 도덕적으로 완벽해야만 제대로 된 정치를 실천할 수 있고, 결국에

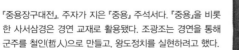

『중용장구대전』. 주자가 지은 『중용』 주석서다. 『중용』을 비롯한 사서삼경은 경연 교재로 활용됐다. 조광조는 경연을 통해 군주를 철인(哲人)으로 만들고, 왕도정치를 실현하려고 했다.

는 민본정치도 실현될 것으로 믿었던 것이다. 그렇다면 군주가 철인이 되려면 어떻게 해야 할 것인가? 조광조는 최고의 학자들이 참여하는 경연을 활성화하여 군주가 끊임없이 교육을 받고 이에 의거하여 스스로를 수양하도록 했다. 중종 역시 처음에는 조광조의 이러한 제안을 받아들였다. 중종은 반정에 의해 왕이 된 만큼 왕세자가 필수적으로 거쳐야 하는 서연(書筵)을 통해 제대로 된 '왕세자 교육'을 받지 못했다는 자신의 약점을 잘 알고 있었다. 연산군이 경연을 거의 전폐했다는 점 또한 반면교사로 삼았을 것이다. 중종은 성군(聖君)이 되기 위해 신하들과 잦은 학문 토론의 기회를 가지고 중요한 어록들은 마음에 되새기고자 했다.

경연은 고려왕조 때부터 이어진 전통 있는 제도였지만, 왕에게는 상당히 부담스러운 일이었기에 역대 조선의 왕들은 경연에 부정적인 입장을 취하기도 했다. 태종은 경연이 왕권을 속박하는 제도라는 이유로 등한시했고, 세조와 연산군은 경연을 폐지하기까지 했다. 연산군의 폭정을 경험한 조광조는 경연에 대한 애착이 남달랐다. 그는 중종에게 성군이 되기 위한 교육을 시켜야 조선을 개혁할 수 있다고 믿었다. 실제로 당시의 조선은 연산군 대의 폭정을 겪은 이후라 왕이 변하지 않고서는 개혁을 이끌어갈 수가 없기도 했다. 성리학자 조광조는 조선 사회를 성리학에서 말하는 이상사회로 개혁하고자 했다. 조광조는 왕을 개혁의 첫 번째 주체로 인식했다. 성리학적 이상사회의 건설을 위해서는 모든 것을 완벽히 갖춘 철인의 존재가 필요했고, 그 철인이 되기 위해서 왕은 쉼 없는 경연을 통해 철인으로서의 자질을 함양해야 한다고 생각했던 것이다.

경연은 원래 학문을 토론하는 자리의 성격을 띠고 있었지만, 대신들이 왕에게 정책을 제안하고 협의하는 자리이기도 했다. 또한 정치 현안에 대한 이야기나 앞으로 국정에서 중요하게 해야 할 일, 또 왕으로서의 처신 등 상당히 민감한 사안까지도 논의되는 자리였다. 그래서 하루에 세 번 아침, 점심, 저녁마다 조강(朝講), 주강(晝講), 석강(夕講)이 열렸을 뿐만 아니라, 필요한 경우에는 밤에도 경연관이 참여하여 토론하는 야대(夜對)까지 열리기도 했다.

그러나 경연은 신하가 왕을 압박하는 수단으로 활용되었다. 특히 조광조와 같이 성리학적 원칙에 입각한 인물은 잦은 경연을 통해 왕을 교화시키고자 했다. 왕이 충분한 학습을 통해서만 성인 군주가 될 수 있으리라고 믿었기 때문이었다. 조광조는 경연을 통해 국가의 중대사를 결정하는 데 깊숙이 관여하면서 조정에서 자신의 목소리를 높여갔다. 상황이 그렇게 전개되다 보니 점차 경연에서 왕의 입지는 줄어들었고, 왕의 존재는 자연히 초라해질 수밖에 없었다. 중종은 점차 경연을 하는 데에 지쳐가기 시작했다. 18세기 말, 조선의 야사(野史)를 모아 펴낸 『연려실기술』에는 당시 경연에 대한 중종의 피로함과 더불어 남곤 등이 이를 반격의 기회로 삼은 장면이 잘 기록되어 있다.

기묘년에 공론을 주장하는 선비들은 착한 것을 칭찬하고 악한 것을 미워하기를 원수 같이 해서, 그 행실이 효제(孝悌)를 어기거나 인의(仁義)에 맞지 않는 자와는 함께 조정에 서려고 하지 않았다. 좋아하고 미워하는 것이 명백하고 옳고 그른 것이 뚜렷해서, 착한 사람들이 높이 등용되고 사람들이 깨끗한 이름을 사모해서 어진 사람들이 조정에 오르는 일이 성대하게 되었다. 나이 젊은 신진(新進)들이 개혁하는 데 용감하여 공자가 말한 "반드시 한 세대가 지난 뒤에야 인정(仁政)

이 행해질 것이다"라는 뜻을 헤아리지 않았으니, 이 때문에 벼슬을 얻으려고 애쓰고 잃을까 걱정하는 무리들이 중요한 자리에 서지 못하여 겉으로는 칭찬하나 속으로는 욕했다. 이에 임금이 모든 어진 이들을 사랑하고 대접함에, 그들은 매양 경연에서 임금을 모시고 한 장(章)을 진강(進講)하고는 의리를 인용하여 비유하고 경서를 두루 끌어내어 미묘한 이치를 캐었는데, 아침에 강론을 시작하면 해가 기울어서야 파하므로 임금이 몸이 피로하고 괴로워서 하품을 하고, 기지개를 펴고 고쳐 앉기도 하고 때로는 용상(龍床)에서 통 하는 소리를 내기도 하니, 남곤과 심정 두 사람이 임금의 뜻에 선비들을 싫어하는 기색이 있는 것을 짐작하고 드디어 꾀를 내어 일을 꾸미기 시작했다.[1]

위의 기록에서 보듯이 경연을 통해 쉴 새 없이 자신을 몰아붙이는 조광조에 대한 중종의 불만은 점점 쌓여 갔다. 경연은 횟수를 거듭할수록 강도가 세졌고, 오고 가는 대화도 거침이 없었다. 경연관들은 왕에게 조언을 했을 뿐만 아니라 왕이 저지른 잘못에 대해서도 신랄하게 비판했다. 조광조는 천재지변이 없는 해가 없다며 이는 하늘의 뜻에 닿으려는 임금의 정성이 부족한 것이라고 따지는가 하면, 이런 재앙은 하늘이 임금의 부덕을 꾸짖고 훈계하기 위한 것이니 지난 잘못을 반성하고 덕을 쌓는 일에 더욱 매진하라는 주문까지 할 정도였다.

조광조는 중종 대의 주요 정치 현안인 소격서 혁파 문제에 있어서도 경연의 힘을 빌리고자 했다.

경연은 지극히 중한 것인데 사도(邪道) 때문에 경연을 폐하기에 이르렀으니 경중을 안 것이 아닙니다. 지금 대간이 사직하였으니 이는 조정에 대간이 없는 것입니다. 전일 신자(臣子)들이 전하에게 믿었던 것이 이에 이르러 의심이 없지 않습니다" 하니, 전교하기를, "조종조에서 혁파하지 못한 일을 스스로 내가 잘난 체하여 고치는 것은 진실로 불가하다" 하매, 조광조 등이 아뢰기를, "조종 때의 일이라도 일시에 잘못된 일은 자손이 고쳐야 하고, 또한 전대의 공렬을 더 빛낼 수 있습니다. 더구나 이는 다만 전조(前朝)의 구습을 답습하였을 뿐이니, 조종 때의 일이라고 할 수 없는 것입니다. 그리고 전조의 잘못을 조종께 돌리는 것도 불경한 일입니다. 지금 혁파하더라도 스스로 잘난 체하여 고치는 것이 아니니, 이 분부는 평탄하고 정대한 왕자(王者)다운 말씀이 아닌 듯합니다" 하였다.[2]

조광조는 소격서 혁파에 대해 중종이 미온적인 입장을 보이고 경연을 거부하려는 움직임을 보이자, 이를 강하게 비판했다. 이처럼 경연을 통해 왕을 압박하는 방식은 소격서 혁파와 같은 사안에서만 그치지 않았다. 당시 조광조가 구상한 정치 개혁 내용의 대부분이 경연 석상에서 언급되었다. 조광조는 경연을 사림파의 정치적 입지를 강화하는 수단으로 활용했던 것이다.

지진의 발생과 조광조의 인식

조광조의 개혁정치를 이해하는 데 있어서 중요한 변수 중 하나는 이 시기에 유달리 큰 지진이 많이 일어났다는 사실이다. 지진은 천재지변이었지만, 조광조를 중심으로 한 사림파는 지진의 발생 원인을 군주의 수신(修身) 부족에서 찾았다. 즉 군주가 수신을 하지 않음으로써 지진과 같은 천재지변이 발생했다면서 중종으로 하여금 더욱 경연에 열심히 참여하고 신하들의 의견을 수용할 것을 주장했다. 다음의 기록을 살펴보자.

유시(酉時, 오후 6시경)에 세 차례 크게 지진이 있었다. 그 소리가 마치 성난 우렛소리처럼 커서 인마(人馬)가 모두 피하고, 담장과 성첩(城堞)이 무너지고 떨어져서, 도성 안 사람들이 모두 놀라 당황하여 어쩔 줄을 모르고, 밤새도록 노숙하며 제 집으로 들어가지 못하니, 고로(故老)들이 모두 옛날에는 없던 일이라 했다. 팔도가 다 마찬가지였다. (…) 상이 이르기를, "오늘의 변괴는 더욱 놀랍고 두렵다. 내가 사람을 쓰는 데 항상 잘못이 있을까 두려워하고 있는데, 친정(親政)이 끝나자 곧 변이 일어났고 또 오늘의 친정은 보통 때의 친정과는 다른데도 재변이 이와 같으니 이 때문에 더욱 두려운 것이다" 하였다. 얼마 있다가 또 처음과 같이 지진이 크게 일어나 전우(殿宇)가 흔들렸다. 상이 앉아 있는 용상은 마치 사람의 손으로 밀고 당기는 것처럼 흔들렸다. 첫번부터 이때까지 무릇 세 차례 지진이 있었는데 그 여세가 그대로 남아 있다가 한참 만에야 가라앉았다. (…) 영의정 정광필이 아뢰기를, "지진은 전에도 있었지만은 오늘처럼 심한 적은 없었습니다. 이것은 신 등이 재직하여 해야 할 일을 모르기 때문에 이와 같은 것입니다." [3]

위의 기록은 1518년(중종 13년) 5월 15일, 서울을 비롯한 전국에 큰 지진이 일어났음을 보여준다. 실록뿐만 아니라 조광조의 문집인 『정암선생문집』에도 "(1518년) 5월 16일에 상이 친히 정사를 보는데 지진이 세

번 일어났다. 전각 지붕이 요동을 쳤다"라는 문장이 나온다. 『조선왕조실록』에 기록된 지진에 관한 기록들을 살펴보면, 진도(震度)가 극히 약한 경우에는 지진이 발생한 지역만 언급하는 것이 일반적이지만, 지진의 정도가 심한 경우에는 지진이 발생한 지역과 시간, 소리의 크기, 피해 정도까지를 상세히 서술하고 있다. 지진에 대한 당시의 대응은 어떠했을까? 중종 대에 일어난 지진에 대한 보고와 함께 조정의 대응을 실록의 기록을 중심으로 한번 살펴보자.

（중종이） 전교하기를, "이번에 있은 지진은 실로 막대한 변괴라 내가 대신들을 불러 보고자 하니 시종은 그들을 부르라" 하였다. (…) 예조판서 남곤 등이 먼저 입시하니, 상이 이르기를, "요즈음 한재가 심한데 이제 또 지진이 있으니 매우 놀라운 일이다. 재앙은 헛되이 일어나는 것이 아니요, 반드시 연유가 있는 것인데, 내가 어둡고 미련해서 그 연유를 알지 못하겠노라" 하매, 남곤이 아뢰기를, "신이 처음 들을 때에 심신이 놀랐다가 한참 만에 가라앉았으니, 상의 뜻에 놀랍고 두려우실 것은 더구나 말할 것이 없습니다. 요즈음 경상·충청 두 도의 서장(書狀)을 보니 모두 지진이 있었다고 보고하였는데, 서울의 지진이 이렇게 심한 것은 뜻밖입니다. 옛날 사서를 보면 한나라 때 농서(隴西)에 지진이 일어나 1만여 인이 깔려 죽은 일이 있었습니다. 이것이 늘 큰 변괴라고 생각하고 있었는데, 이번 지진도 가옥을 무너뜨린 일이 있지 않습니까? 땅은 고요한 물건인데, 그 고요함을 지키지 못하고 진동하니 이보다 큰 변괴가 없습니다. 상께서 즉위하신 뒤로 사냥이나 토목 공사나 성색(聲色)에 빠진 일이 없고, 아랫사람이 또한 성의(誠

意)를 받들고 모두 국사에 마음과 힘을 다하여 '태평 시대'라고는 할 수 없어도 '소강(小康)'이라 할 수는 있습니다. 그런데 재변이 하루하루 더 심각하니, 신은 고금과 학문에 널리 통하지 못하여 재변이 일어나는 원인을 알 수 없습니다." [4]

앞의 기록에서 중국에서 일어난 역대의 대지진을 언급한 점과, 지진이 발생한 원인을 정치에서 찾으려 한 점을 주목해볼 필요가 있다. 남곤의 보고에 대해 중종은 "오늘의 변괴는 더욱 놀랍고 두렵다. 내가 사람을 쓰는 데 항상 잘못이 있을까 두려워하고 있는데, 친정이 끝나자 곧 변이 일어났고 또 오늘의 친정은 보통 때의 친정과는 다른데도 재변이 이와 같으니, 이 때문에 더욱 두려운 것이다"라며, 왕이 정치를 잘못한 것이 지진의 원인은 아닌지 전전긍긍하는 모습을 보인다.

이와 유사한 반응은 이후 왕들에게서도 찾아볼 수 있다. 일례로 임진왜란이 한창 진행 중이던 1594년(선조 27년), 서울에 지진이 일어나자 선조는 왕세자인 광해군에게 왕위를 물려줄 뜻을 내비치기도 했다. 선조는 지진의 원인을 자신의 부덕의 소치라고 생각하고 하늘의 꾸짖음으로 받아들이려 했던 것이다. 현종 대에 대기근이 닥치자, 현종은 "가엾은 우리 백성들이 무슨 죄가 있단 말인가. 아, 허물은 나에게 있는데 어째서 재앙은 백성들에게 내린단 말인가"라는 교서를 내리고 널리 직언을 구하기도 했다.

성리학을 국시로 한 조선에서는 가뭄, 홍수, 지진과 같은 천재지변이나 전염병과 같은 재앙이 일어나면 왕이 먼저 반성하고 수신을 해야 한다는 논리가 강했다. 조선의 왕은 재변이 발생하면 반성하는 뜻을 분명히 했다. 재변의 발생을 왕의 덕과 연결시키는 것은 중국 한나라 때의 학자 동중서(董仲舒)가 주장한 천인감응설(天人感應說)에 기원을 두고 있다. 한마디로 왕이 정치를 잘못하면 하늘이 재앙을 내린다는 것으로서, 그 이론적 근거는『서경(書經)』「홍범(洪範)」편의 '구징(咎徵)'과 '휴징(休徵)'이다. 하늘이 벌을 내릴 징조인 '구징'과 상을 내릴 징조인 '휴징'의 원리는 자연현상이 순리대로 돌아가면 하늘이 상을 내리고, 그렇지 못하면 벌을 내리는 것이다.

　사림파는 중종 대에 이르러 지진이 빈번하게 일어난 것을 두고 왕의 치세에 문제가 있다고 연결시켰다. 군주의 반성을 촉구함으로써 자신들의 정치적 우위를 확보하려는 방편으로 활용했다. 실제로 중종 대에 빈번하게 발생한 지진은 사림파가 자신들의 개혁정책을 적극적으로 추진하는 데에 긍정적인 영향을 미쳤다. 천재지변의 잦은 발생은 백성들로 하여금 왕을 불신하게 만드는 커다란 요소였던 만큼, 중종은 조광조로 대표되는 사림파 대신이나 대간들의 여론을 보다 적극적으로 수용했던 것으로 보인다. 1518년 대지진 이후, 소격서의 혁파나 현량과의 실시, 정국공신 개정 작업 등이 단행된 것으로 보아 재난과 개혁정책 추진의 연관성이 일정 부분 발견된다고 할 수 있겠다.

┌─┤ **옛 문헌에 기록된 지진** ├─

　1392년(태조 1년)부터 1863년(철종 15년)까지 472년간『조선왕조실록』에 기록된 지진 건수는 무려 1,967건에 이른다. 이는 1년에 4번 꼴로 지진이 일어난 것으로, 삼국시대나 고려시대와 견줬을 때 조선시대의 지진 발생 빈도가 훨씬 높은 편이었다. 이것은 조선시대에 들어서 지진 발생이 비약적으로 증가했다기보다는 지진에 대한 관측이 정밀해지고 보고 체계가 전국적으로 확대되었기 때문이라고 해석해야 한다. 조선시대에는 중앙에 천문 현상과 지변을 관측하는 관상감(觀象監)이라는 관청을 두었고, 관상감에서는 천재지변에 관한 사항을 정리하여 『관상감일기(觀象監日記)』를 기록했다. 실록을 편찬할 때, 사관들이 쓴 사초와 함께 각 관청의 업무일지인 시정기를 참고했는데, 관상감의 시정기인 『관상감일기』에 기록된 지진 관련 내용이 실록에 포함되어 지금까지 전해진다.

우리나라의 옛 문헌 중 지진에 관해 체계적인 내용을 담은 최초의 책은 『삼국사기(三國史記)』다. 그러나 『삼국사기』에 담긴 지진에 대한 기록은 매우 간단하고, 그 발생 건수도 107건으로 비교적 적은 편이다. 1년에 평균 약 0.1회 꼴로 지진이 발생한 것이다. 그렇다고 해서 삼국시대가 후대에 비해 지진이 적게 일어난 시기라고 보기는 어렵다. 『삼국사기』에는 신라의 경주, 백제의 위례성과 부여, 고구려의 국내성과 평양 등 삼국의 수도에서 일어난 지진만 기록했다. 이는 이 시대의 지진 관측이 전국적으로 실시되지 못했음을 의미한다. 따라서 삼국의 전 영토 안에서 일어난 지진의 횟수는 『삼국사기』의 기록보다 훨씬 더 많았을 것으로 추정된다. 『삼국사기』의 지진 관련 기록을 통해 우리는 삼국시대부터 국가적으로 지진 발생에 대한 관심이 매우 컸음을 짐작할 수 있다.

고려시대의 지진에 관한 기록은 조선 전기에 편찬된 역사서인 『고려사(高麗史)』와 『고려사절요(高麗史節要)』에 나타나 있다. 두 문헌에 나타난 지진의 발생 건수는 475년간 약 194건으로 1년 평균 약 2.4회 발생한 것으로 보고된다. 이는 삼국시대의 지진 발생 빈도보다는 높은 편이다. 앞에서도 이야기했듯이 고려시대에 이르러서는 삼국시대보다 체계적으로 지진을 관측했기 때문이다.

『고려사』에서 천문 현상을 기록한 「오행지(五行志)」보다도 왕실의 정치를 기록한 「세가(世家)」 부분에서 지진 발생에 대한 기록이 많은 것은 주목할 만한 부분이다. 이는 자연재해의 발생을 정치와 연관시켜 보았던 당대인들의 시각을 드러낸다.

2

소격서 혁파,
왕도정치의 첫걸음

조광조는 성리학의 이념에 입각한 도덕정치의 실천을 위해 우선시해
야 할 것으로, 소격서의 혁파를 추진했다. 소격서는 원래 도교의 제천 행
사를 주관하던 관청으로 나라에 천재지변이 있을 때 일월성신(日月星辰)
을 향해 제사를 지내는 공간이었다. 소격서는 조선 태조 때 경복궁 바로
옆에 건립되었는데, 일시 폐지된 적도 있었지만 1592년(선조 25년) 임진왜
란으로 사라질 때까지 200여 년간 도교의 제천 행사를 주관했다. 조선 후
기 서울 지도에 '소격동'이라는 표시가 있고, 지금도 서울 종로구에 '소격
동길'이라는 지명이 남아 있는 것은 소격서의 옛 자취를 보여준다. 조선
은 유교적 이념을 지향했지만 16세기까지도 소격서를 비롯하여 도교적
제의의 전통이 남아 있었다. 또한 민간에는 산천과 성황당에 관련된 토
속적 샤머니즘도 여전히 존속하고 있었다.

조광조를 비롯한 사림파에게 있어서 유교적 의례를 기준으로 사회를
통합해 가는 일은 무엇보다 중요했다. 따라서 전통적인 제의는 어떠한
형태로든 정리될 필요가 있었다. 조광조가 주장한 소격서 혁파는 이러한
배경에서 비롯되었다. 조광조가 관직에 진출한 1515년(중종 10년) 이후부
터 소격서 논쟁이 격화되기 시작한 1518년(중종 13년)에 이르기까지 조광

조는 성리학 이념의 정착이라는 시대적 과제 해결에 진력했다. 그중에서도 소격서 논쟁처럼 적극적이고 지속적으로 정책을 추진한 사례는 일찍이 없었다. 소격서 논쟁은 국왕 중종과의 치열한 이념 논쟁으로 발전했다. 소격서 논쟁은 조광조와 중종 개인 사이의 논쟁을 넘어 왕권과 신권의 대립을 강하게 보여준 사건이었다.

소격서의 역사

본격적으로 조광조와 중종 사이에 벌어진 소격서 논쟁을 이야기하기에 앞서, 소격서의 역사를 간략하게 살펴보도록 하자. 성리학을 개국 이념으로 삼은 조선에서는 개국 초기에 고려시대까지 전국에 산재해 있던 도교의 궁관(宮觀), 전당(殿堂)들을 거의 대부분 혁파했다. 그러나 조선 건국 이후에도 소격전과 대청전(大淸殿)은 그대로 존속했다. 1396년(태종 5년) 수도 한양에 새로 소격전이 조성되었으며, 삼청전도 건립되어 성신(星辰) 초제(醮祭)가 그대로 시행되었다. 세조 때인 1466년(세조 12년)에는 관제를 정비하면서 소격전을 소격서라고 칭했다.

조선 건국 초기 소격전에서는 역대 왕이 초제와 기우제(祈雨祭)를 주로 지냈다. 『경국대전』「이전(吏典)」에 따르면 소격서는 종5품 아문으로 '삼청성신(三淸星辰)에 대한 초제를 맡는다. 제조(提調) 1인, 별제(別提) 2인으로 영(令), 별제는 모두 문관으로 쓴다'라고 기록되어 있다. 소격서가 국가에서 공인한 관청임을 명시한 것이다. 여기에서 삼청은 옥청(玉淸), 상청(上淸), 대청(大淸)의 삼부성신(三府星辰)을 말하며, 이는 각기 성경(聖境), 진경(眞境), 선경(仙境)을 의미했다. 도교에서는 삼청을 선인(仙人)이 살고 있는 성좌(星座)로 여겼다. '초제'의 '초(醮)'는 제명(祭名)으로 야

간에 성신 밑에서 초포병이(醮脯餠餌, 건어물과 떡)의 폐물을 진설하고 천황태일(天皇太一) 또는 오성열수(五星列宿)에 제사하는 것을 가리킨다. 이때 청사(淸詞)라고 일컫는 제문을 꾸며 의식에 따라 옥황상제에 상주(上奏)하는 제식(祭式)을 거행했다. 이러한 제사 의식을 했던 까닭은 홍수나 가뭄 등의 재난을 당했을 때나 왕이나 왕비가 병에 걸렸을 때 이에 대한 기복을 하기 위함이었다.

중종, 소격서 혁파에 동의하다

유교적 이념을 바탕으로 한 조선 사회와 일정 부분 어긋나 있던 소격서에 대해 본격적인 비판이 제기된 것은 사림파가 권력의 중심에 들어서면서부터다. 1518년(중종 13년) 7월 27일, 대사헌 이항(李恒)과 사간 김희수(金希壽) 등 언관직에 있던 관리들이 중심이 되어 도교의 소격서와 불사에 대하여 비판한 상소문을 보자.

사헌부 대사헌 이항·사간원 사간 김희수 등이 합사(合司)하여 상소했다. (…) "대저 도교는 이단의 하나입니다. 황망 괴탄하여 세상을 속이고 하늘을 욕보이니, 오도(吾道)를 해치는 것 중에 심한 것이므로 조금만 식견이 있어도 누군들 그 근본을 끊어버리려 하지 않겠습니까? 그런데 쇠퇴하는 세대의 임금은 선을 행하는 데에 스스로 부지런히 힘쓰지 못하고 욕심이 움직이고 사정이 앞서 화복(禍福)에 끌리니, 그 길흉과 사정(邪正)의 사이에는 어둡고 전도되어 지킬 바를 모르고 현허(玄虛, 심오하여 엿볼 수 없고 허무하여 무위한 것)만 일삼아서 쇠란(衰亂)과 위망(危亡)의 화를 초래합니다. 그런데 이른바 도력(道力)과 신공(神功)

이란 것이 끝내 이를 구하지 못하니 송나라의 도군(道君) 같은 이에게서 거울 삼을 만합니다. 지금의 소격서도 역시 고려의 폐습을 따라서 혁파하지 못한 것입니다. 혁파하지 못할 뿐만 아니라 그를 위해 관직을 두고 또 재신(宰臣)을 보내어 해마다 향과 폐백을 드리며, 매양 수재나 한재나 재변을 당하게 되면 곧 경건히 고하고 기도하여 그들이 말하는 복리(福利)를 구하는 일이 있으니 이것이 과연 이치에 맞는 일입니까? 성종 대왕께서 우뚝하게 정도(正道)를 행할 것을 자임하고 뜻을 왕자의 학문에 집중하여, 밝게 이치를 통촉하시고 간사함을 의심 없이 버리시어 축수재(祝壽齋)를 혁파하였습니다. 또 도교를 정리하고 혁파하여 정학(正學)의 단서를 크게 보이고 사도(邪道)의 근원을 크게 끊어서 일대의 정맥을 부식하려 하셨습니다. 그런데 당시 대신 한명회가 재주와 식견이 밝지 못하여 그 아름다운 뜻을 봉행하지 못하여 그 의논이 드디어 중지되었습니다. 그래서 정도가 널리 펴지지 못하고 사교(邪敎)가 다시 의논하는 데가 있게 되어, 지금도 식자들이 통한이 여기지 않는 사람이 없습니다. 전하께서 용흥(龍興)하신 처음에 대간과 시종이 일찍이 이런 것을 여러 번 아뢰었으나 끝내 윤허를 받지 못했습니다. 전하께서 비록 예전 폐습을 그대로 따르려 하시지만 성종의 유의(遺意)는 생각하지 않으십니까?

앞의 기록에서 보듯이 이항과 김희수 등은 성종이 본격적으로 소격서 혁파를 추진했지만 한명회 등의 반대에 의해 무산되었음을 중종에게 상기시켰다. 1518년 8월 1일에는 홍문관 부제학 조광조가 나선다. 조광조는 상소문을 통하여 "소격서를 설치한 것은 도교를 펴서 백성에게 사도

(邪道)를 가르치는 것인데, 기꺼이 따라 받들고 속임수에 휘말려서 밝고
밝은 의리에는 아득하고 탄망(誕妄)한 형상에는 밝습니다. 이는 실로 임
금 마음의 사(邪)와 정(正)의 갈림길이요, 정치 교화의 순수하고 잡스러
움의 원인이요, 상제(上帝)의 기뻐하고 성냄의 기미이니, 왕정(王政)으로
서는 끊고 막아야 할 것입니다"라면서 소격서 철폐를 강력히 주장했다.
조광조의 주장을 더 깊이 따라가보자.

　　도(道)가 전일하면 덕이 밝지 않음이 없고, 정치가 순수하면 나라가
다스려지지 않음이 없습니다. 도가 전일하지 못하고 정치가 순수하지
못하면 도와 정치가 둘로 갈라져서 어둡고 잡스러워 어지럽게 되는
데, 전일하고 순수함과 갈라지고 잡스러워지는 것이 모두 이 마음에
근원하지 않음이 없습니다. 그러므로 그 근원이 바르면 은미한 것에
통하고 나타난 것도 넓게 알아 능히 그 좌표를 일정하게 하여 정교가
순수해지며 덕이 나타나고 나라가 창성하지만, 그 근원이 흐리면 그
른 것이 성하고 용렬하게 되어 그 마음이 두세 갈래로 흔들려서 정교
가 잡스러워지며 덕이 없어지고 나라가 망합니다. (…) 소격서를 설치
한 것은 도교를 펴서 백성에게 사도를 가르치는 것인데, 기꺼이 따라
받들고 속임수에 휘말려서 밝고 밝은 의리에는 아득하고 탄망한 형상
에는 밝습니다. 이는 실로 임금 마음의 사와 정의 갈림길이요, 정치 교
화의 순수하고 잡스러움의 원인이요, 상제의 기뻐하고 성냄의 기미
이니, 왕정으로서는 끊고 막아야 할 것입니다. 이 도교를 신봉하는 것
이 민간에서 성행한다 하더라도 임금 된 이로서는 진실로 예를 밝히
고 의리를 보여 대도를 천명하여 바른 방향으로 나아가 끝까지 정도

를 보전해야 하는데, 도리어 사도를 존숭하여 관사를 두어 받들고 초제를 거행하여 섬기며, 마치 당연히 제향(祭享)해야 할 신처럼 공경하고, 축수와 기도가 더욱 빈번하여 음귀(陰鬼)가 간악을 빚어냅니다. 이는 곧 임금의 계책에 법이 없어서이니 아래 백성들이 어디에서 본받겠습니까? 비록 상전(常典)과 같이 봉행하여 나라에 모범을 보이더라도, 어리석어서 사리를 알지 못하고 기호가 서로 다른 것이 백성들의 상정(常情)이라 감화시키기 어려운데, 하물며 허탄한 교(敎)로 인도하여 온 세상을 궤괴(詭怪)한 지경으로 몰고가는 것이겠습니까?

이어서 조광조는, "제왕이 교화를 독실하게 하고 풍속을 아름답게 하여 민중을 거느리고 선을 행하는 것은 공론을 따르고 하정(下情)을 빼앗지 않는 데에 불과합니다. 더욱 공경하게 마음을 가지고 백성을 대수롭게 여기지 말아야 하며 민첩하고 용맹하고 과단하게 해서 물정(物情)을 힘써 따르소서"라면서 중종이 조정의 공론과 백성들의 민심을 따를 것을 주장했다. 조광조는 "고려 말엽에 교화가 밝지 못하여 사람들이 이교(異敎)를 믿고 그 그릇된 풍속을 답습하여 오늘날에 이르렀다"라고 하면서 중종이 빨리 이를 극복해야 함을 강조했다. 조광조는 상소문의 말미에서도 자신이 신념처럼 강조한 왕도정치의 중요성을 거듭 강조하면서 소격서의 철폐를 주장했다.

아, 왕도는 전일하지 않을 수 없고, 왕정도 순수해야 합니다. 전일하고 바르면 백성의 뜻이 정해지고, 순수하고 간편하면 백성이 따르기 쉽습니다. 천지의 도는 순수하고 전일한 데 근본하여, 사시(四時)를 운행하고 만화(萬化)를 형통하게 함이 일기(一氣)가 아닌 것이 없습니다. 이러므로 성왕(聖王)은 천도를 공경하고 본받아 전일한 데에 도를 쌓고 순수한 데에 정치의 큰 근본을 세워서 응접(應接)하고 시행하는 것이 한 이치로 관통되어야 황극을 세울 수 있습니다. 원하옵건대 전하께서는 학문으로 마음을 밝히시고 밝음으로 정일(精一)하게 하셔서, 이단(異端)에 미혹하지 말고 궤설(詭說)에 빠지지 마시며, 순일한 덕을 따라 백성을 바른 데로 교화하시면, 왕도에 매우 다행하겠습니다.

앞의 상소문에서 알 수 있듯이 조광조의 소격서 혁파 주장은 왕도정치의 실천에 가장 큰 주안점이 있었다. 중종이 소격서 혁파에 거듭 미온적인 입장을 취하자 조광조는 연이어 상소를 올리는 것으로 맞대응했다. 1518년 8월 30일의 상소에서는, "신 등은 생각하건대, 일은 오래지 않아서 회복되는 것이 좋으니, 전하께서는 특별히 소격서를 혁파하시고 빨리 자신을 책하고 뉘우치는 교서를 내려서 여러 사람의 마음을 시원하게 하시고 선비의 기개를 펴도록 하신다면 국가가 심히 다행하겠습니다"라고 했다. 거듭된 상소에도 불구하고 중종이 여전히 같은 입장을 취하자, 9월 2일에는 "비록 한 고을의 수령일지라도 한 고을의 민정(民情)에 거슬리는 것이 없어야 한 고을의 정사를 보전할 수 있는데, 더구나 임금이 나라에 있어서 어찌 공론을 버리고 군정(群情)을 어기고 정치를 할 수 있겠습니까? 요즈음 유생이 비를 무릅쓰고 궐문 밖에 서서 봉소(封疏)를 올리는데도 듣지 않으시니, 천의(天意)가 어떠하신지 모르겠습니다. 만약 인정이 크게 어그러져서 그릇된 뒤에는 구하려 해도 되지 않을 것입니다"라면서 강경한 입장을 재차 피력했다.

1518년 9월 3일, 조광조를 비롯한 대간들의 거듭되는 집요한 요청에 중종은 마침내 소격서의 혁파를 결정했다. 1518년 9월 3일, 실록의 기록을 보자.

영의정 정광필, 좌의정 신용개, 우의정 안당, 우찬성 최숙생, 좌참찬 조원기 등이 부름을 받고 와서 아뢰기를, "신 등은 다 이의가 없습니다. 여러 사람의 심정을 아셨으니 속히 혁파하여야 합니다" 하니, 전교하기를, "소격서는 좌도(左道, 유교에 어긋나는 모든 사교)임을 모르는 것이 아니지만, 그 유래가 오래되었으므로 혁파할 수 없다고 여겼다. 지금 여정(輿情)을 보면 모두 혁파하고자 하니 여정을 따라야겠다. 단 혁파를 명하면 그 제사는 절로 지낼 수 없게 된다. 진설한 기구는 반드시 처치할 것이니, 위판 같은 물건도 꼭 묻어버릴 것은 없다. 경성 안의 사찰도 처음에는 모두 처치하게 하지 않았으나 지금은 다 절로 폐지되었다. 또 방금 공청(公廳)을 짓고 있으니, 버려두고 구처하지 않으면 반드시 걷어다가 쓸 것이다" 하니 정광필 등이 아뢰기를, "소격서의 노비는 불가불 계품(啓稟)하여 구처해야 하니 해사(該司)에서 스스로 적의하게 처치할 것이나, 사우(祠宇)의 위판 같은 물건은 버려두고 구처하지 않으면 이웃의 광패(狂悖)한 아이들이 반드시 다 훔쳐갈 것입니다. 그 위판을 깨끗한 곳에 묻도록 하소서. 또 소격서를 혁파하는 일은 곧 대간에게 하유하시고 빨리 서경(署經)하도록 하는 것이 좋습니다" 하니, 전교하기를, "노비 및 쓰던 물건 등은 부득이 처치해야 좋다. 그러나 그 사우는 헐지 않고 공해(公廨, 관아의 건물)로 삼게 하는 것이 좋다" 하였다.

중종은 '소격서가 좌도임을 모르는 것이 아니지만, 그 유래가 오래되었으므로 혁파할 수 없다고 여겼으나, 여론이 모두 혁파하고자 하니 이에 따르겠다'는 논리로 소격서 혁파에 동의했다. 중종은 소격서의 사우를 헐지 않고 관청 건물로 삼게 하는 등 완전 혁파에 따른 부작용을 막는 대책을 지시하기도 했지만, 신하들의 논리에 밀려서 소격서 혁파에 동의하고 말았다. 이어 중종은 소격서의 은, 놋쇠, 사기 그릇들을 호조로 하여금 성균관 · 사학(四學) · 독서당에 나누어 주게 하라고도 지시했다. 도교의 제천 행사를 주관하던 기관의 주요 기물이 성균관, 독서당 등 유학 교육을 전파하는 기관으로 넘어간 일은 이 시기에 이루어진 도교의 쇠퇴와 유교의 진흥을 상징적으로 보여준다고 할 수 있다.

소격서는 이때 혁파된 이후, 10여 년이 지난 1525년(중종 20년) 복설되었다가 다시 폐지되는 등 여러 차례의 변화를 겪는다. 조광조의 소격서 혁파에 대해서 이황은 "공은 천품이 매우 높았으나 학력은 깊은 경지에 이르지 못한 듯하다. 그가 소격서를 없애자고 논한 한 가지 일로도 볼 수 있다"면서 비판했다. 이황은 조광조의 사림파적인 지향점을 계승했지만, 조광조가 소격서를 철폐한 일에 대해서는 비판적인 입장을 취한 것이다. 조광조가 실각한 이후에 소격서가 다시 설치된 것을 보면, 소격서의 혁파와 조광조의 개혁정치는 그 운명을 같이한 것으로 파악할 수가 있다.

3

『소학』과 향약 보급,
성리학적 질서의 확립

　조광조는 성리학의 이념을 실천하는 구체적인 방안으로서 『소학』과
향약(鄕約)의 보급에도 전력을 다했다. 지방 구석구석까지 성리학의 이
념을 담은 『소학』과 같은 책자를 보급하고, 사림들이 향촌을 이끌 수 있
는 자치규약인 향약을 실시하게 함으로써 향촌에서 자신들의 입지를 강
화하는 한편, 사림파가 주도하는 유교질서의 확산에 힘을 쏟았던 것이
다. 향약은 철저하게 성리학 이념을 지향한다는 점에서 시대적인 의미가
있었다. 향약은 시행 시기나 지역에 따라 다양한 내용을 담고 있었으나,
기본적으로 유교적인 예속(禮俗)을 보급하고, 농민들을 향촌 사회에 긴
박시켜 토지로부터의 이탈을 막고 공동체적으로 결속시킴으로써 체제
의 안정을 도모하려는 목적에서 실시되었다.

　16세기 들어 농업 생산력의 증대와 이에 따른 상업의 발달 등 경제적
조건의 변화로 인해 향촌 사회가 동요하고, 훈구파의 향촌 사회에 대한
수탈과 비리가 심화되었다. 이에 조광조를 비롯한 사림파는 훈척들의 지
방통제 수단으로 이용되던 경재소(京在所), 유향소(留鄕所) 등의 철폐를
주장하고 그 대안으로서 향약의 보급을 제안했다. 이것은 소농민경제의
안정을 바탕으로 한 중소지주층의 향촌 지배질서 확립을 위한 것이었다.

사림파가 정권을 장악한 선조 대에 이르러서는 각 지방의 여건에 따라 서원이 중심이 되어 자연촌, 즉 리(里)를 단위로 향약을 시행했다.

조광조가 모델로 삼은 것은 중국 송나라 때 주자가 실시한 『여씨향약(呂氏鄕約)』이었다. 여씨향약의 기본적인 4대 강령인 '덕업상권(德業相勸, 좋은 일은 서로 권한다)', '과실상규(過失相規, 잘못은 서로 바로잡아준다)', '예속상교(禮俗相交, 예속을 서로 권장한다)', '환난상휼(患難相恤, 어려운 일이 있으면 서로 돕는다)'의 취지는 조선 사회에도 그대로 적용되었다. 선조 대에 이이에 의해 창안된 『해주향약(海州鄕約)』의 규약을 통해 조선에서 향약이 어떤 방식으로 운영되었는지를 구체적으로 살펴볼 수가 있다.

一. 처음 향약을 정할 때 약문(향약문서)을 동지(뜻을 같이하는 사람)에게 두루 보이고 그 마음을 바로잡고, 몸을 단속하고, 착하게 되고, 허물을 고치기 위해 향약계에 참가하고자 하는 사람을 가려 서원에 모아놓고 약법을 의논하여 정하고 도약정(都約正), 부약정(副約正) 및 직

『소학제가집주』. 주자의 제자 유자징이 주자의 지시로 편찬한 『소학』에 이이가 주석을 단 책이다. 조광조의 스승 김굉필은 '소학동자'라고 불릴 만큼 일생 동안 『소학』을 손에서 놓지 않았고, 조광조도 중종에게 『소학』 보급을 적극적으로 역설했다.

월(直月, 총무), 사화(使貨, 회계)를 선출하여 정한다.

一. 무리는 나이와 덕망과 학술이 있는 한 사람을 추대하여 도약정으로 삼고, 학문과 덕행이 있는 두 사람을 부약정으로 추대한다. 향약 내에서는 돌아가며 직월과 사화를 맡는데 직월은 반드시 노복(奴僕)이 있어 사령이 가능한 사람으로 삼고 사화는 반드시 서원 유생으로써 삼는다. 도약정과 부약정은 사고(특별한 사정이나 사고)가 있지 않으면 번갈아 하지 않는다. 직월은 매번 모임 때마다 돌아가며 번갈아 하고 사화는 1년씩 번갈아 한다.

一. 세 가지 장부를 두어 무릇 향약에 들어오기를 원하는 사람을 하나의 장부에 기록하고, 덕업이 가히 볼 만한 사람을 하나의 장부에 기록하며, 과실이 가히 경계할 만한 사람을 하나의 장부에 기록하여 직월이 맡았다가 매번 모임에 약정에게 고함으로써 그 차례를 매긴다.

一. 처음 규약을 정할 때 서원에 모여서 선성(先聖, 옛날의 성인)과 선사(先士, 전대의 현인)의 지방(지방문의 신주)을 설치하고 향을 피우며 두 번 절하고는 직월이 맹세를 고하는 글을 가지고 도약정의 왼쪽에 꿇어앉고 도약정 및 자리에 있는 자가 모두 꿇어앉으며, 직월이 고하는 글 읽기를 마치면 약정 및 자리에 있는 자가 모두 두 번 절한다. 만약 후에 뒤를 따라 향약에 참여하고자 하는 자가 있으면 역시 모일 때에 선성과 선사에게 예를 마치고 새로 들어온 자는 두 계단 사이의 조금 서쪽에 꿇어앉고 직월은 또 고문을 가지고 그 왼편에 꿇어앉아서 읽는다. 읽기를 마치면 처음 들어온 자는 두 번 절한다.

향약 보급 운동은 사림파의 입지 강화라는 정치적 목적을 위해 실시된 측면도 크다. 즉 훈신, 척신 등 훈구파 권신들이 유향소 및 경재소를 통해 각지에서 부의 축적을 위해 수탈을 행하던 현실과 그로 인해 야기된 향촌 사회의 불안을 해소하기 위한 방안으로 추진되었다. 그런 까닭에 향약 보급 운동은 일반 백성들로부터 커다란 호응을 받았다. 그러나 안타깝게도 조광조 등 사림파가 적극 추진한 향약 보급 운동은 이후 벌어진 기묘사화로 말미암아 그동안의 성과가 전면적으로 혁파되는 것으로 종결되었다. 기묘사화 이후 향약 반대론자들이 향약의 죄악으로 '아랫사람이 윗사람을 능멸하는 것', '천한 사람이 귀한 사람을 능멸하는 것'을 가장 큰 문제로 삼았던 것을 보면 향약 시행에 대한 하층 백성들의 호응이 매우 컸음을 짐작할 수 있다. 조광조 등이 국문(鞠問)을 당할 때 광화문 밖 5부 방리에 있던 향약의 무리들이 몰려와 중종에게 상언(上言)을 올려 그들을 구하고자 했을 뿐만 아니라 결장(決杖, 죄인에게 곤장을 치는 형벌을 집행하는 것) 때에는 의금부에 몰려와 곤장을 치는 자가 손을 올릴 수 없는 상황이 벌어질 정도였다.

향약 시행에 관한 논의는 그 후 20여 년의 시간이 흐른 뒤인 1543년(중종 38년) 7월에 검토관 김인후가 『소학』의 보급과 함께 향약을 시행할 것을 제의하면서 다시 대두했다. 김인후는 16세기 호남을 대표한 사림파 학자이기도 하다. 그리고 같은 해 11월 중종은 몸소 서울과 지방에서 향사례(鄕射禮), 향음주례(鄕飮酒禮), 향약 등이 거행되지 않고 있는 현실을 지적하면서 삼공(三公)들에게 이 문제를 의논하여 보고하라는 지시를 내렸다. 이에 삼공은 조정에서 정령(政令)을 내려 시행을 강요하기보다 각 향촌에서 개별적으로 실시하는 것이 좋겠다는 의견을 올린다.

16세기 후반에 이르면 사림 사회는 16세기 초 기묘사화 전의 사림파가 보여준 급진적인 개혁 의지와 강력한 추진력을 보여주지 못한다. 중앙정부의 통제력이 각 고을의 수령을 매개로 향약에 깊숙이 침투하기 시작했으며, 향약에 대한 인식도 주자학적 교화를 의미하는 권선적(勸善的)인 성과에 만족하는 경향을 보였다. 그나마도 이이가 "향약 실시는 아직 이르다", "양민(養民)을 먼저 한 다음에 교민(教民)을 하는 것이 옳다"는 주장을 폄으로써 획일적인 시행이 중단되었다. 이후 1574년(선조 7년)을 고비로 향약을 전국적으로 실시하던 흐름이 중단되고, 각 향촌마다 특수성을 반영한 개별 향약들이 다수 등장한다.

4

현량과 실시,
개혁의 후원군을 얻다

조광조는 개혁정치를 추진하면서 무엇보다 자신과 손발이 맞는 세력을 원했다. 기존의 과거제도를 통해서는 자신이 진정 원하는, 도덕성으로 무장한 인재를 찾기 힘들었다. 중국의 경우, 과거제도와 더불어 인재 등용의 대표적인 방법으로 천거(薦擧)가 있었다. 천거는 한자 뜻 그대로 능력 있는 인재를 추천하여 관직에 등용하는 제도로서, 과거 시험이라는 절차를 거치지 않고 인재를 뽑을 수 있었다.

조선왕조는 건국 초기부터 지방에 묻혀 지내는 인재들을 발탁하기 위해 노력했다. 당시 조선 개국에 반대했던 학자들은 이후 지방으로 내려가 은거의 삶을 살아가기로 선택한다. 1453년의 계유정난 및 1455년 수양대군의 집권과 1456년의 단종 복위 운동, 네 차례의 사화 등 정치적 격랑을 겪으면서 지방 사회를 중심으로 현실 비판적인 일군의 학자층, 사림이 형성되었다. 조정의 입장에서 이들은 지방에 숨어 있는 인재, 즉 유일(遺逸)로 인식되었다. 유일이란 '유일지사(遺逸之士)' 또는 '산림유일지사(山林遺逸之士)'의 줄임말로 뛰어난 학문과 덕행을 지니고 있으면서도 초야에 은거하고 있는 미입사자(未入仕者)를 뜻했다. 유일은 은일(隱逸) 또는 일민(逸民)이라고도 일컬어졌다. 정도전의 『조선경국전(朝鮮經

國典)』에는 유일의 인재들을 발탁하여 국정에 활용하고자 했던 건국 초기 조선 조정의 모습이 담겨 있다.

　　선비로서 초야에 묻혀 있는 사람들 중에는 도덕을 지니고 있으면 서도 세상에 알려지지 않았거나, 혹은 재능을 품고 있으면서도 발탁 되지 못한 사람도 있다. 진실로 위에 있는 사람이 정성스럽게 구하고 근면하게 찾지 않으면 그들을 나오게 하여 등용할 수 없다. 그러므로 후한 예로 부르고 높은 관작으로 대접하는 것이니 옛날의 현명한 왕 들이 지치(至治)를 일으킨 것도 이러한 까닭이다. 전하는 즉위 초에 유 사(有司)에 명하기를 "경명행수(經明行修, 경서에 밝고 행실이 바름)와 도덕 을 겸비하여 가히 스승의 모범이 될 만한 사람, 식견이 시무에 능통하 고 재주가 경제에 맞아서 가히 일에 공을 베풀 사람, 문사(文辭)에 익 숙하고 필찰(筆札)이 정교하여 문한(文翰)의 직임에 합당한 사람, 법률 과 산학(算學)에 정밀하고 이치(吏治)에 통달하여 백성을 다스리는 일 에 합당한 사람, 지모나 도략(韜略)이 깊고 용기가 삼군에 가히 장수 가 될 만한 사람, 사어(射御, 활쏘기와 말타기)에 능숙하고 돌멩이를 던지 는 일에 솜씨가 있어 군무(軍務)를 담당할 만한 사람, 그리고 천문·지 리·복서(卜筮, 길흉을 점치는 일)·의약 중 혹 한 가지 재주를 가진 사람을 자세히 찾아서 조정에 보내라" 하였으니, 이것으로써 전하의 어진 이 를 사랑하는 아름다운 뜻을 볼 수 있다.[5]

　　위의 기록에서 문무의 재주를 가진 사람, 각종 기술을 가진 사람, 천 문·지리 등에 해박한 사람 등 다양한 능력을 소지한 사람을 두고 '유일'

이라고 지칭한 것에 주목해야 한다. 16세기 사림파가 지방 사회에서 중심적인 역할을 하면서 유일의 천거 논의가 보다 적극적으로 전개되었다. 중종은 즉위 초반부터 유일의 천거 문제에 관심을 보였다. 1507년(중종 2년) 10월 28일, 중종은 한 무제가 시행한 효렴(孝廉) 인재의 천거를 떠올리면서, 성균관에 있는 생원과 진사 중에 경서에 밝고 품행이 단정한 사람 및 초야에 묻혀 있는 선비를 서용하라는 전교를 내렸다. 『중종실록』 1510년(중종 5년) 9월 26일의 기록에도 "유일의 선비를 천거하라고 명하였다"라는 기록이 보인다. 그러나 1511년(중종 6년) 4월 16일 시강관 송호의(宋好義)가 "근래 여러 번 천거하라는 전교를 내리셨으나, 아직도 누가 천거로 서용되었다는 말을 듣지 못했습니다. 또 요행히 관직에 보임된 자가 있어도 모두가 미관(낮은 직책)으로부터 올라가므로 품은 뜻을 펴지 못합니다"라고 보고한 데에서 알 수 있듯이, 왕의 지시에도 불구하고 유일 천거가 제대로 이루어지지 못했던 정황을 짐작할 수 있다.

조광조는 경연에서 유명무실한 천거제를 제대로 실시해야 한다는 점을 강조했다. 1518년(중종 13년) 3월 11일의 조강에서는 한나라의 현량과와 방정과(方正科)를 계승하여 본격적으로 천거제를 실시할 것을 건의했다.

외방(지방)의 경우는 감사와 수령, 경중(서울)의 경우는 홍문관, 육경, 대간이 모두 재행(才行)이 있어 임용할 만한 사람을 천거하여, 대정(大庭)에 모아 놓고 친히 대책(對策)하게 한다면 인물을 많이 얻을 수 있을 것입니다. 이는 조종이 하지 않았던 일이요, 한나라의 현량과, 방정과의 뜻을 이은 것입니다. 덕행(德行)은 여러 사람이 천거하는 바이므로 반드시 헛되거나 그릇되는 것이 없을 것이요, 또 대책에서 그가 하려고 하는 방법을 알게 될 것이요, 두 가지가 모두 손실이 없을 것입니다.

조광조는 서울과 지방의 숨은 인재를 천거하여 논술 시험에 해당하는 대책을 시험하면 덕행과 학문적 능력을 겸비한 인재를 뽑을 수 있다고 보았다. 이어서 조광조는 서얼과 사천(私賤, 사가에서 부리던 종이나 노비)을 등용하지 않아 안 그래도 인재 등용의 폭이 좁은 현실에서 유일 등용은 꼭 필요한 정책임을 역설했다. 조광조의 천거제 실시 주장에 대해 영의정 정광필이 천거제가 과거제를 대체할 수 없다며 반대 의견을 분명히 개진하면서, 조정에서는 과거제와 천거제 양론이 팽팽하게 맞섰다.

이에 좌의정 신용개(申用漑), 우찬성 안당 등은 절충안을 제시했다. 천

경복궁 근정전. 조선 역사에서 처음이자 마지막으로 현량과가 실시되었던 1519년(중종 14년) 4월 13일, 중종은 경복궁 근정전에 나아가 친히 문제를 냈다. 조광조는 현량과 실시를 통해 김식, 김정 등 개혁의 든든한 후원군을 얻었다.

거제에 따르는 부작용이 과거제로 인한 부작용 못지않음을 역설하며, 천거의 방법과 절차를 매우 정밀하게 해야만 능력 있는 인재를 선발할 수 있다고 했다. 오늘날에도 국회의원 공천을 할 때, 영향력 있는 정치인의 개인적인 추천이라 하여 문제가 되는 경우가 많다. 이를 방지하기 위해 천거제 안에 여러 항목을 만들어 최대한 객관적으로 공천하는 방식을 취하고자 했다.

조광조가 추진한 천거제에 가장 강하게 반발했던 인물은 이조판서 남곤이었다. 남곤은 천거를 하는 추천자에 대한 검증도 필요하며, 무엇보다 과거제가 잘 시행되고 있는 마당에 천거제를 시행하는 것은 문제가 있다고 강조했다. 조광조는 자신이 주장하는 천거제는 과거제를 대체하는 제도가 아니라 과거제와 병행하는 제도로서, 성균관 유생 가운데 천거제에 떨어진 사람도 식년시에 응시할 수 있다고 주장했다. 안당 역시 식년시를 시행하는 것을 전제로 하고 현량과와 방정과를 별시 형식으로 운영하면 천거제를 시행할 만하다고 보았다.

당시 조광조가 워낙 중종의 신임을 얻고 있던 시기였기 때문일까? 중종은 천거제를 시행하기 위한 절목 마련을 지시했다. 특히 주목할 점은 1518년(중종 13년) 6월 3일, 서울에 큰 지진이 있었는데 중종은 다음날인 6월 4일, 죄수의 석방과 함께 "의정부와 해조(該曹)가 함께 의논한 천거인(薦擧人)을 시취(試取, 시험을 보아 인재를 뽑음)하는 일에 대해서는, 다만 육조와 한성부, 성균관에서만 천거하게 하면 그 범위가 넓지 아니하니, 널리 천거하여 시취하게 하라"고 지시한 점이다. 지진이라는 국가적 재난 상황을 목도하고 천거제를 통해 널리 인재를 뽑는 것이 중요하다고 판단했던 것이다. 6월 5일에는 중종의 지시에 의해 천거제의 기본안이 마련되었다. '재행(才行)을 겸비하여 쓸 만한 사람을 중앙과 지방에서 명(名)과 실(實)을 잘 살피어 추천을 하는데, 성균관에서 이를 관장하여 예조에 전보(轉報)한다. 중추부(中樞府)와 육조, 한성부, 홍문관에서 역시 인재를 천거하여 예조에 이문(移文, 관아 사이에 공문서를 주고받는 것)하게 한다. 지방에서는 유향소가 본읍 수령에게 추천하고, 수령은 이를 관찰사에게 보고하고, 관찰사는 다시 심사하여 예조에 이문하게 한다. 예조에서는 서울과 지방에서 천거한 인재를 모두 합해서 그 성명과 행실을 적어 의정부에 보고하여 아뢴다. 이때 천거자의 이름도 적어 후일에 생길 수도 있는 잘못을 막는다'는 것이 천거제의 구체적인 실시 절차였다. 중종이 조광조의 강력한 천거제 실시 주장을 수용하면서, 이제 천거제의 실시는 목전을 앞두고 있었다. 그러나 1519년 4월, 현량과가 실시되기까지 10개월의 시간이 더 필요했다.

실시 원칙은 정해졌지만 여전히 조정의 대소신료들 사이에서 천거제 실시에 대한 우려가 제기되면서, 1518년 한 해가 다 지나도록 천거제는 실시되지 못했다. 1519년 2월 11일에는 건춘문(建春門)에 익명의 서한을 매단 화살이 날아와 박히는 사건도 일어났다. 후일 이 사건은 현량과 실시에 반대하는 세력들이 주도한 사건으로 파악되었다. 3월에는 서얼로서 정국공신이 된 강윤희(康允禧)가 같은 정국공신인 김우증(金友曾)의 고변을 알리는 사건이 일어났다. 김우증의 진술에 따르면 '현량과 출신이 조정을 장악하면 정국공신을 다 제거할 것이니 그전에 먼저 그들을 제거하자고 제의했다'는 것이었다. 이와 같은 모반 사건은 그 진위 여부를 떠나 현량과 실시에 반발하는 세력이 존재했음을 보여준다. 그러나 역설적으로 강윤희의 고변 사건으로 인해 오히려 천거제 실시는 힘을 얻게 되었다. 그리고 1519년 4월 13일, 우리 역사상 처음이자 마지막으로 현량과가 실시되었다. 중종은 경복궁 근정전에 나아가 친히 문제를 출제했다. 응시자는 모두 120명이었으며, 1차로 58명을 선발했고, 최종 28명이 합격했다. 당시 출제 문제, 즉 책문은 다음과 같았다.

> 왕이 이렇게 말한다. 덕이 적은 내가 조종께서 물려주신 어렵고도 큰 업을 이어받아 늦게 자고 일찍 일어나 부지런히 하여 오직 책임을 다하지 못할까 두려워하며 상하가 마음을 같이 하여 요순 임금의 다스림에 이르고자 애쓴 지도 이제 14년이 되었다. 그러나 다스림의 효과는 나타나지 않고 인심은 점점 경박해지고 백성들은 날로 곤궁해지니 내가 적이 가슴 아프게 여긴다. 그 이유를 찾아보면 반드시 그 까닭이 있을 것이니 분명하게 말할 수 있겠는가? 백성을 편안케 하고 물자를 넉넉하게 하고 좋은 풍속을 일으켜 요순의 다스림으로 돌아가려면 그 길은 무엇이겠는가? 제왕의 도가 땅에 떨어지지 않고 사람에게 있다. 그대들은 반드시 그 대책을 알 것이니, 각각 평소에 간직한 바를 다 드러내라. 내 친히 보겠다.[6]

현량과 합격자 28명은 김식, 김정 등 모두가 조광조의 당여(黨與, 한편이 되는 당류)로 파악된 인물이었다. 현량과 급제자를 중심으로 조광조는 자신이 구상한 개혁정치를 더욱 강하게 밀어붙일 수 있었다. 정국공신들을 향해 겨눌 개혁의 칼끝을 더욱 날카롭게 벼릴 든든한 후원군의 확보는 조광조에게 엄청난 힘으로 다가왔다. 그러나 현량과의 추진은 조광조가 정치적으로 세력화하는 것을 반대하는 세력들을 결집시키는 계기가 되었고, 결국 조광조의 몰락을 재촉하는 원인이 되었다. 이이는 『석담일기』에서 "청류를 많이 끌어 조정에 세워놓고 근대의 상투적 관습을 혁신하여 옛날 철왕의 법도를 준행하려고 하니, 시속 대신들이 좋아하지 않으면서도 감히 말은 못했다"고 적으며, 현량과 추진이 기존 세력에게 큰 불만을 불러일으켰음을 증언했다.

4장

기묘사화,
개혁의 정점에서 추락하다

개혁의 완성,
정국공신 개정

흔히 1498년의 무오사화, 1504년의 갑자사화, 1519년의 기묘사화, 1545년의 을사사화를 조선을 움직인 4대 사화라고 한다. 사화는 훈구파와 사림파가 정치적으로 충돌한 사건으로 이해되지만, 사실 사화의 가장 큰 주역은 왕이라는 점을 간과해서는 안 된다. 무오사화와 갑자사화는 대간들이 왕을 비판하는 것에 염증을 느끼고, 능상에 대해 진저리를 쳤던 연산군이 주도한 사화였다. 기묘사화의 경우에도 조광조로 대표되는 개혁 사림파들이 보수 훈구파의 반격을 받아 좌초한 구도를 보이지만, 그 중심에는 중종이 있었다. 을사사화 역시 명종을 대신한 문정왕후(文定王后)와 윤원형(尹元衡)으로 대표되는 외척 세력들이 자신의 기득권을 지키기 위해 사림파를 희생양으로 삼은 사건으로 볼 수 있다.

그렇다면 자신이 그토록 총애하며 개혁정치를 추진하기 위한 최상의 파트너로 삼았던 조광조를 전격적으로 체포하여 처형에까지 이르게 한 중종의 정치적 속셈은 무엇이었을까? 중종의 의중에 맞추어 조광조 제거에 적극 나섰던 남곤, 심정, 홍경주의 정치적 계산서에는 어떤 항목들이 들어 있었을까? 1519년의 기묘사화는 기승전결 없이 '기'와 '결'로만 구성된 사건으로 보일 만큼 전격적으로 추진되었다. 『중종실록』을 살펴보면 1519년(중종 14년) 10월 25일까지만 해도 조광조는 정국공신 개정 요구를 통해 개혁의 칼끝을 최정점에서 겨누고 있었다. 그러나 이후 조광조가 체포, 유배, 처형을 당하는 일련의 과정은 사건의 파도가 갑자기 솟아올랐다가 수직으로 낙하하는 느낌마저 들게 한다. 1519년 11월의 그날, 도대체 무슨 일이 있었던 것일까?

소격서 혁파, 향약의 실시에 이어 현량과까지 추진하면서 개혁에 탄력을 받은 조광조는 중종이 자신을 절대적으로 신임한다고 판단했다. 개혁 추진에 자신감을 얻은 조광조는 드디어 기득권 세력에게 치명적인 타격을 주는 조치를 취한다. 1519년 10월 25일, 대사헌으로 있던 조광조는 정국공신의 전면적인 개정을 요구하고 나섰다. '나라를 바로잡은 공신'이라는 의미의 정국공신은 1506년 중종반정에 공을 세워 공신으로 책봉된 사람들로서, 반정으로 즉위한 중종의 집권 정당성을 상징했다.

조선왕조는 건국 과정에서부터 공신 책봉을 단행했고, 왕의 즉위나 역모 사건 진압 등 주요한 사건이 마무리될 때마다 공신을 책봉하여 왕에게 충성을 유도하는 장치로 삼았다. 태조 대의 개국(開國) 공신(52명), 태종 대 1차 왕자의 난 진압 후의 정사(定社) 공신(29명), 태종 즉위 후의 좌명(佐命) 공신(46명), 1453년 계유정난 이후 단행된 정난(靖難) 공신(43명), 세조가 왕위에 오른 후의 좌익(佐翼) 공신(46명), 세조 대 이시애의 난 평정 이후의 적개(敵愾) 공신(45명), 예종 즉위 후의 익대(翊戴) 공신(39명), 성종 즉위 후의 좌리(佐理) 공신(75명) 등 성종 대까지 총 여덟 번의 공신 책봉이 이루어졌다.[1] 그런데 중종 대에 단행된 정국공신 책봉은 일단 그 숫자가 120여 명으로 가장 많았다.[2] 공이 없으면서도 친인척이거나 줄을 잘 대서 공신이 된 인물이 많았기 때문이다. 조광조는 정국공신 2등과

3등 중에 개정될 인물이 많으며, 4등으로 책봉된 50명 대부분은 공이 없으면서도 공신에 올랐다고 주장했다. 당시 조광조가 대사간 이성동(李成童) 등과 함께 올린 상소문의 내용을 보자.

정국공신은 세월이 오래 지나기는 하였으나, 이 공신에 참여한 자에는 폐주(廢主, 연산군)의 총신(寵臣)이 많은데, 그 죄를 논하자면 워낙 용서되지 않는 것입니다. 폐주의 총신이라도 반정 때에 공이 있었다면 기록되어야 하겠으나, 이들은 또 그다지 공도 없습니다. 대저 공신을 중히 여기면 공을 탐내고 이(利)를 탐내어 임금을 죽이고 나라를 빼앗는 일이 다 여기서 말미암으니, 임금이 나라를 잘 다스려지게 하려면 먼저 이의 근원을 막아야 합니다. 성희안은 그때에도 그렇게 하지 않으려 했으나, 유자광이 자신의 자제, 친척을 귀하게 하려고 그렇게 하였으니, 대저 이것은 소인이 모의에 참여하여 만든 일입니다. 지금 상하가 잘 다스려지기를 바라는 때에 이를 앞세워 이 일을 개정하지 않는다면 국가를 유지할 수 없을까 걱정스럽습니다. 아래는 2등과 3등3 중에서 더욱 개정할 만한 자이므로 서계(書啓)합니다. 4등은 50여 인인데, 다 공이 없어 함부로 기록된 자입니다. 이우(李堣) 등은 다 이미 훈적에서 삭제하여 제거했으니 이들도 삭제하기가 무엇이 어렵겠습니까? 면대(面對)를 허가하시면 하정(下情)을 죄다 아뢸 수 있습니다.4

조광조는 "강혼(姜渾)은 지극히 간사한 사람인데 문장으로 세상에 빌붙었습니다. 유순(柳洵)은 반정 때에 어쩔 줄 몰라 했던 꼴 때문에 이제껏 사람들이 다 웃습니다. 구수영(具壽永)[5]은 죽어도 남는 죄가 있는데도 오히려 공을 누릴 수 있었으니 무슨 까닭입니까? 권균(權鈞) 등은 다 도성 문밖에 있으면서 공을 얻었습니다"라고 하면서, 각 인물별로 공신에서 삭제되어야 하는 이유까지 구체적으로 제시했다.

중종은 조광조의 면대에 응하면서도, "공이 있는지 없는지는 모르겠으나, 작은 공이라도 이미 공을 정하고서 뒤에 개정하는 것은 매우 옳지 않다. 이익의 근원을 막아야 한다고 논한 일은 번번이 경연에서 아뢰었는데, 그 뜻은 매우 착하나 이익의 근원은 차차 막아 가야 한다. 어찌하여 갑자기 이것으로 이익의 근원을 막을 수 있겠는가?"라면서 공신 개정에 대해 반대의 뜻을 피력했다. 그러나 이미 조광조 세력이 포진해 있던 승정원이나 홍문관, 사간원에서는 공신 개정을 거듭 요구했고, 이들은 자신들의 주장이 받아들여지지 않자 전원 사직을 요청하는 강수를 두었다.

그럼에도 불구하고 중종이 계속 답을 피하자, 의정부, 육조, 한성부, 홍문관을 가리지 않고 거듭 공신 개정의 일을 논했다. 이에 중종은 일단 절충안을 제시하는 것으로 후퇴했고, 한번 불붙은 공신 개정 논의는 이후에도 계속 이어졌다. 1519년 11월 8일, 중종이 의정부, 육조의 당상과 판윤(判尹) 및 사헌부, 사간원, 홍문관의 장관(長官)을 인견한 자리에서 신하들을 대표하여 안당 등이 다시 공신 개정의 불가피성을 건의하자, 중종은 "70여 인을 어찌 죄다 개정할 수 있겠는가? 그중에서 공의(公議)가 시끄러운 자라면 개정해도 되겠다"라고 하면서 공신 일부의 개정만을 허락했다.

그러면서도 중종은 거론된 공신에 대한 미련을 버리지 않았다. 한 명 한 명의 이름에 황표(黃標)를 붙여가며, 반정에 공이 있다고 이들을 옹호

했지만, 조광조는 초피(貂皮)로 뇌물을 써서 공신이 된 자도 대여섯 명이 있다면서 공신 개정의 근거들을 제시해 나갔다. 중종은 노기(怒氣)를 띠면서 자신의 뜻은 "뚜렷이 드러난 자만을 개정하자는 것"이라고 거듭 밝혔다. 종종과 신하들 사이의 힘겨루기 끝에 1519년 11월 11일, 정국공신에서 빼야 할 인물들의 명단이 최종 발표되었다. 정국공신들 중 상당수가 문제가 있는 인물임을 공표하는 것은 반정으로 즉위한 중종으로서는 매우 난감한 일이었다. 왕으로서의 정통성 문제까지 제기될 수 있는 상황과 맞닥뜨려야 했기 때문이다. 중종은 버틸 수 있을 때까지 버텼지만 다수 신하들의 요구에 굴복하는 꼴이 되었다. 이날이 11월 11일로, 기묘사화가 일어나기 꼭 4일 전이었다. 당시 중종이 의정부에 내린 전교의 내용은 아래와 같다.

정국공신을 개정하는 일로 전지(傳旨)하기를, "예전부터 임금이 대위(大位)에 오를 때에는 크게 보좌하는 신하가 있어 천명을 도와 공훈을 세운다. 그래서 공로를 보상하되 오직 함부로 베풀지 않고 지나치게 받지 아니하여, 위에서는 법대로 이행하고 아래에서는 감히 분수에 넘치게 바라지 않아야 인양(仁讓)의 도리가 통달하고 공리(功利)의 풍습이 구원할 것이다. 전에 어려운 시국을 당하여 종묘가 위태로웠으나, 덕이 없는 나로서는 감히 스스로 구제하지 못하는데, 우리 두세 충신이 힘을 합쳐 거사에 분주한 신하들과 능력을 발휘하여, 우리 사직(社稷)을 붙들고 우리 백성을 건져서 어려움을 널리 구제하고, 나를 후사로 추대하여 선왕의 유업(遺業)을 잇게 하니, 내가 감히 그 공을 적다 할 수 없으므로 훈적(勳籍)에 기록하여 영구히 남기도록 명하였다. 그러나 초창(草創) 때에 일이 황급하여 원대한 계책에 어두웠으므로, 바르게 결단하지 못하고 녹공(錄功)을 분수에 넘치게 하여 우리 현저한 공신까지 흐리게 했으니 이것이 어찌 거의 나라를 탐욕으로 향하는 길로 이끌어가는 것이 아니겠는가? 이 때문에 여론이 거세게 일어나 갈수록 울분이 더해 가니 또한 내가 어찌 감히 '함께 허물이 있다' 하지 않을 수 있겠는가?"

중종은 일부 공신들의 녹공이 분수에 넘치게 결정된 점을 인정하면서, 공훈 없이 기록된 것을 바로잡겠다고 선언했다.

아, 하늘과 조종께서 나에게 어렵고 큰 기업(基業)을 주셨으니, 이제 기본을 크게 정돈하여 국맥을 세우고 천명에 보답하지 않고서 '아직 뒷날이 있다' 하겠는가? 그러나 지금 습속이 퇴폐하여 사람들이 의(義)를 버리고 이(利)를 향하며 어버이를 버려두고 임금을 뒤로 미루어 거의 못하는 짓이 없으니, 장차 어떻게 나라를 다스리겠는가? 내 마음이 아프다. 내 고굉(股肱, 팔다리)과 이목(耳目)이 되는 어진 신하들이 원대한 계책으로 구제하는 정성을 다해서 나를 계도(啓導)하여 참람한 과실을 징계하고 공리(功利)의 근원을 막아서 의(義)를 이(利)로 삼아 우리 국운을 장구하게 하려 하니, 내가 어떻게 감히 좇아서 오래 쌓인 때를 씻지 않을 수 있겠는가? 크게 밝은 하늘이 환히 굽어보고 만백성은 분명히 상성(常性)을 가졌으므로, 예전부터 대업을 세우고 대통을 잇는 임금은 모두가 하늘이 살피고 뭇사람이 보는 바이니, 내가 어질지 못하더라도 감히 하늘을 속이고 백성을 속일 수 없다. 내 어찌 공훈 없이 헛되이 기록된 것을 국시(國是)로 결단하지 않을 수 있겠는가?[6]

중종의 결단 속에 바로잡을 공신의 명단이 발표되었다. 운수군(雲水君) 이효성(李孝誠), 유순, 김수동(金壽童), 김감, 운산군(雲山君) 이계(李誡), 이계남(李季男), 구수영, 덕진군(德津君) 이활(李潘), 장온(張溫), 이석번(李碩蕃), 신준(申浚), 정미수(鄭眉壽), 박건(朴楗), 송일(宋軼), 강혼, 한순(韓洵), 이손(李蓀), 유경(柳涇), 김수경(金壽卿), 윤탕로(尹湯老), 변준(卞儁), 변사겸(邊士謙), 한숙창(韓淑昌), 박이검(朴而儉), 유영(柳濚), 성희옹(成希雍), 윤형(尹衡), 홍경림(洪景霖), 강지(姜漬), 윤금손(尹金孫), 유응룡(柳應龍), 윤탄(尹坦), 신수린(申壽麟), 조세훈(趙世勛), 한세창(韓世昌), 이맹우(李孟友), 윤여필, 안현군(安賢君) 성동(盛同), 이종의(李宗義), 허광(許礦), 이한원(李翰元), 유홍(柳泓), 이기(李蘷), 성율(成瑮), 조원륜(趙元倫), 김선(金瑄), 민효증(閔孝曾), 김극성(金克成), 황맹헌(黃孟獻), 성몽정(成夢井), 이세응(李世應), 장한공(張漢公), 한사문(韓斯文), 김임(金任), 조계은(曺繼殷), 수안군(遂安君) 이당(李塘), 박이온(朴而溫), 이성언(李誠彦), 신은윤(辛殷尹), 윤희평(尹熙平), 강윤희, 이창(李敞), 최유정(崔有井), 채수(蔡壽), 우정(禹鼎), 문치(文致), 서경생(徐敬生), 김계공(金繼恭), 김숙손(金叔孫), 김은(金銀), 임원산(任元山), 권균(權鈞), 김준(金俊), 김무(金球), 반우형(潘佑亨), 이곤(李坤) 등 그 숫자만 해도 76명에 달했다. 정국공신의 숫자 120명을 고려하면 76명은 거의 전체 숫자 3분의 2에 달했다. 이는 공신 대부분의 자격을 박탈하는 것으로서 왕인 중종의 정통성에도 치명타를 가하는 조처였다. 신권의 대변자였던 조광조의 승리는 중종의 왕권에 깊은 그림자를 드리웠다.

　조광조 세력이 개혁의 완성으로 파악했던 정국공신 개정은, 개정을 강하게 반대했던 중종과의 줄다리기 끝에 결국 실현되었다. 조광조가 10월 25일 정국공신 개정을 본격적으로 건의한 날로부터 따지자면 16일 만에 얻은 개혁파의 승리였다. 그러나 중종은 정국공신 개정을 지시한 날부터 이들을 제거할 구상을 했던 것으로 보인다. 승리감에 도취되었던 조광조 세력은 4일 후, 중종의 대대적인 역습이 시작될 줄은 전혀 예상하지 못했던 것 같다. 4일 후에 전개될 '중종의 역습'을 조금이라도 예상했다면, 조광조는 과연 중종과의 타협 없이 이런 '무모한 개혁'을 추진했을까?

11월 15일 밤,
중종의 역습

    1519년(중종 14년) 11월 15일 밤. 여러 사람들의 발자국 소리와 함께 급박한 지시가 오가는 등 궁궐 안이 소란해졌다. 경복궁의 정전인 근정전에는 청의(靑衣)를 입은 군졸들이 좌우로 정렬했고, 서문인 영추문(迎秋門)에도 군졸들의 삼엄한 경계가 이루어졌다. 경연청(經筵廳)은 대낮처럼 등불이 밝혀져 있었다. 이 삼엄한 분위기를 만든 장본인은 바로 중종이었다. 승지 윤자임(尹自任), 공서린(孔瑞麟) 등이 허둥지둥 나가보니, 합문 밖에는 병조판서 이장곤, 호조판서 고형산(高荊山), 화천군(花川君) 심정, 병조참지 성운(成雲)이 앉아 있었다. 윤자임은 "공(公)들은 어찌하여 여기에 오셨습니까?"라고 물었고, 이장곤 등은 왕이 표신(標信, 궁중에 급변을 전하거나 궁궐 문을 드나들 때 쓰던 문표)으로서 불러서 온 것이라고 답했다. 실록은 당시의 『승정원일기』를 인용하여, "왕이 편전에서 홍경주, 남곤, 김전, 정광필을 비밀리에 불렀고 이장곤, 안당은 뒤에 도착했는데, 조광조 등을 의금부의 옥에 내릴 것을 의논했다"라고 기록하고 있다. 중종이 이미 조광조 세력에 대한 체포를 계획한 후 이장곤 등을 불렀음을 알수 있다. 윤자임이 승정원을 거치지 않고 표신을 낸 것에 대해 이의를 제기하자, 승전색 신순강(辛順强)이 나와서 성운에게 "당신이 승지가 되었으니 곧 들어가 전교를 들으시오"라고 했다. 어이가 없는 상황에 윤자임이 다시 항의했지만, 성운이 왕을 면대하고 나온 후에 쪽지를 보여주었다. 그 쪽지에는 의금부에서 하옥시킬 인물의 명단이 적혀 있었는데, 바로 승정원에 직숙(直宿)하던 윤자임, 공서린, 주서(注書) 안정(安珽), 한림이구(李構) 및 홍문관 응교 기준(奇遵), 부수찬 심달원(沈達源) 등으로 이들 대부분은 조광조 세력이었다. 중종은 윤자임 등을 옥에 가둔 후에 의금부에서는 우참찬 이자(李耔), 형조판서 김정, 대사헌 조광조, 부제학 김구, 대사성 김식(金湜), 도승지 유인숙(柳仁淑) 등을 체포할 것을 지시했다. 그야말로 하룻밤 사이에 이루어진 전격 체포 작전이었다.

이들이 의금부에 갇히던 날 밤, 모두가 죽임을 당할 것으로 생각했다. 이들은 빈 마당에 늘어앉아서 서로 술을 따르며 이별했는데, 유독 조광조만이 통곡하며 중종을 만나고 싶다고 했다. 서로 위로하면서, "조용히 의(義)로 죽어야지 어찌 울기까지 하는가?" 하자, 조광조는, "조용히 의롭게 죽어야 할 것을 내가 어찌 모르겠는가만, 우리 임금님을 만나고 싶을 뿐이다. 우리 임금이 어찌 이렇게까지 하는가" 하며 밤새 통곡했다고 한다. 그러나 이튿날, 사형에 처한다는 말을 들은 후에는 다시 태연함을 찾았다고 한다.[7] 이러한 기록으로 미루어 짐작하건대 조광조는 체포되어 투옥되는 순간까지도 중종을 확고하게 믿었던 것으로 보인다. 우리의 임금이 도저히 이런 일을 할 수가 없고, 만나서 이야기를 나누면 모든 오해가 풀리리라고 믿었던 것이다. 정치적으로 성장하던 때부터 개혁정치를 진두지휘하던 과정을 두루 조망했을 때, 조광조를 형용할 수 있는 또 다른 표현은 '순수', '청정'과 같은 단어가 떠오를 만큼, 조광조는 중종을 너무 순진하게 믿었다.

전격 체포령을 내린 것에 이어서 중종은 다음 날 새벽, 영의정 정광필 등 의금부 당상들을 소집했다. 정광필, 안당, 김전, 남곤, 이장곤, 홍숙, 성운 등이 입시(入侍)한 자리에서 중종은 조광조 등의 처벌 문제를 논의하도록 했다. 조광조를 제거하고자 하는 중종의 의중을 파악한 신하들은 일단 조광조의 죄목을 정리해 아뢰었다. 그 내용을 요약하면 다음과 같다.

'조광조 등을 보건대, 서로 붕당(朋黨)을 맺고서 저희에게 붙는 자는 천거하고 저희와 뜻이 다른 자는 배척하여, 성세(聲勢)로 서로 의지하여 권력 있는 요직을 차지하고, 위를 속이고 사정(私情)을 행사하되 꺼리지 않고, 후진을 유인해 비정상적이고 과격함이 버릇이 되게 하고, 젊은 사람이 어른을 능멸하고 천한 사람이 귀한 사람을 방해하여 국세(國勢)가 전도되고 조정이 날로 글러가게 하므로, 조정에 있는 신하들이 속으로 분개하고 한탄하는 마음을 품었으나 그 세력이 치열한 것을 두려워하여 아무도 입을 열지 못하며, 두려워서 곁눈으로만 보며, 두려워서 발을 포개어 섭니다. 사세가 이렇게까지 되었으니 한심하다 하겠습니다. 유사(有司)에 붙여 그 죄를 분명히 바로 잡아야 합니다.'

조광조의 가장 큰 죄목은 붕당을 형성한 죄였다. 당시 조선에서 붕당을 형성한 죄는 사형에 처해도 되는 중죄였다. 신하들의 건의에 힘을 받은 중종은 빨리 이들의 죄를 정하도록 했다. 조광조의 처형이 결정될 수도 있는 위기의 순간에 그나마 기지를 발휘한 인물은 정광필이었다. 정광필은 시간을 벌기 위해 "한 사람이 중의(衆意)를 모아서 죄안(罪案)을 만드는 것이 좋겠습니다"라고 건의했고, 중종은 남곤에게 의견들을 수합하도록 지시했다. 정광필과 안당 등은 중종이 조광조를 옹호하고 그의 말을 경청했기 때문에 붕당죄가 될 수 없다는 점을 주지시켰다. 조광조에게 붕당죄를 적용하면 왕인 중종 역시 여기에서 자유로울 수 없다는 논리였다. 당황한 중종은 조광조를 붕당죄로 처형해야 한다는 것은 자신의 뜻이 아니라 조정의 책임 있는 대신들의 청이 있었기 때문이라고 한 발짝 물러섰다. 정광필 등은 중종의 변명에 모순이 있음을 강조하면서 조광조를 지원했다. 정광필 등은 조광조에게 붕당죄를 적용하여 중죄에 처하게 한 주체가 중종인지, 홍경주나 남곤과 같은 인물인지를 분명하게 해달라고 요구했다.

임금께서 분부하시기를 '조정이 청했다' 하셨으나, 이는 매우 온편치 못합니다. 신 등이 왔을 때에 먼저 와 있던 사람(먼저 와 있던 사람이란 홍경주, 남곤, 심정, 김전, 고형산 등을 말한다)이 말하기를, '임금께서 죄를 청하라고 시키셨으니 이것은 다 임금의 뜻이다' 하였는데, 임금께서는 이렇게 분부하시니, 참으로 신은 알 수 없습니다. 신이 대내(大內)에 들어와서도 이렇게 아뢰었거니와, 만약에 굳이 조정의 일을 그르쳤다고 한다면 임금께서 호오(好惡)를 명시하셔야 합니다. 신 등은 저 사람들에게 죄가 없다는 것이 아니라, 조정이 죄주기를 청했다고 한다면 옳지 않다는 것입니다. 신이 부름을 받고 달려오니 이미 청죄 단자(請罪單子)가 만들어져 있었습니다. 이번 추고 전지(推考傳旨)는 인심에 합당하게 여겨지지 않을 것이므로 반복하여 아룁니다.[8]

당시 사관은 정광필이 중종에게 당당하게 맞서 조광조를 논리적으로 변호한 점을 높이 평가했다.

조광조를 죄주기 하루 전에 남곤이 갓을 쓰고 밀지(密旨)를 가지고
서 밤에 정광필을 만나러 갔는데 정광필이 막연히 접대하지 않았으
며, 합문 밖에 모였을 때에 정광필이 남곤을 쏘아보니 남곤이 무안해
했고, 정광필이 질문하면 남곤이 스스로 대답하지 못하고 번번이 이
장곤을 보고 '그대가 말씀드리시오' 하였다. 정광필이 이처럼 엄중했
고, 임금 앞에서 혹 미사(微辭)로, 또는 정론(正論)으로 힘껏 아뢰어 감
오(感悟)를 바랐는데, 이것이 어찌 한갓 조광조의 무리를 위해서였겠
는가! 국가를 위해서였다. 참으로 이른바 사직신(社稷臣)이다.[9]

정광필의 논리에 중종은 일단 후퇴했고, 조광조의 처형을 미룰 수밖에
없었다.

조광조를 둘러싼 공방

이후에도 중종과 정광필을 비롯한 대신들 사이의 공방은 계속되었다. 정광필은 "저 사람들은 임금께서 다 뽑아서 요직의 반열에 두고 말을 다 들어주셨는데 하루아침에 죄를 주면 함정에 빠뜨리는 것과 비슷합니다"라며, 조광조 등에게 죄를 주면 중종에게도 책임이 있음을 거듭 언급했다. 안당도 정광필의 주장에 가세하여 조광조에게 붕당의 명목으로 죄를 주는 것의 부당함을 강조했다. "임사홍이 한 짓과 같다면 참으로 매우 간사하니, 죄주는 것이 과연 마땅하나, 조광조 등은 바른 도(道)로 임금을 섬기려다가 이렇게 된 것인데, 붕비(朋比)라고 하는 것은 옳지 않은 듯합니다." 정광필, 안당 등 정승들의 반론이 만만치 않자, 중종은 "살리기를 좋아하고 죽이기를 싫어하는 것이 임금의 마음인데, 저 사람들은 시종으로 오래 있었으니 내가 어찌 죄주고 싶겠는가? 과연 조정의 일로 보아, 이렇게 죄주지 않으면 더욱 그르쳐질 것이므로 그러지 않을 수 없는 것이다"라며 구차한 변명으로 일관했다.

공방이 이어지는 와중에 중종의 편을 드는 세력들이 속속 나타났다. 김전, 홍숙, 이장곤 등은 "조광조, 김정, 김식, 김구 등은 서로 붕비를 맺어, 저희에게 붙는 자는 천거하고 저희와 뜻이 다른 자는 배척하여, 성세

(聲勢)로 서로 의지하여 권요(權要)의 자리를 차지하고, 후진을 유인해 궤격(詭激)이 버릇이 되게 하여, 국론이 전도되고 조정이 날로 글러가게 하여, 조정에 있는 신하들이 그 세력이 치열한 것을 두려워하여 아무도 입을 열지 못했으니, 그 죄는 다 참(斬)하고 처자를 종으로 삼고 재산을 관에 몰수하는 데에 해당합니다"라면서 중종의 입장에 동조하고 나섰다. 이에 의정부, 육조, 한성부에서는 붕비의 증거가 없는데 죄를 준다면 왕에게도 누가 될 것이고, 최소한 이들이 변명할 기회를 줄 것을 청했다. "서로 붕비를 맺었다는 말을 저들이 승복하지 않고 증험도 없는데, 이 율로 죄주면 성덕(聖德)에 크게 누가 될 것입니다. 면대하여 친계(親啓)하게 하여 주십시오." 이제 논점은 조광조가 붕비, 즉 붕당을 결성하여 자신의 세력을 확대해 나가려고 했는지 여부를 판가름하는 것으로 모아졌다.

정광필과 안당은 조광조에게 잘못이 없음을 피력했으나 중종은 조정에서 죄주기를 청했다는 논리로 일관하면서, 조광조, 김정은 사사하고, 김식과 김구는 장 1백에 처하여 절도(絶島)에 안치할 것, 윤자임, 기준, 박세희, 박훈은 고신(告身)을 빼앗고 외방에 부처(付處)하도록 할 것을 지시했다. 의정부를 비롯한 조정의 대신들 대부분이 조광조를 죄주는 것에 신중을 기해달라는 요청을 했음에도 불구하고, 중종은 오히려 "조정에서 죄줄 것을 청했다"라는 말을 하며 자신에게 유리한 여론만을 취합해 조광조를 참형에 처할 것을 밀어붙였다. 죄를 줄 것을 청한 사람들의 실체는 모호했고, 중종 스스로가 소수 측근의 목소리를 마치 전체 여론인 것처럼 호도해나가는 분위기였다.

조광조와 김정의 처형이 결정된 후, 가장 조직적으로 반발한 집단은 성균관 유생들이었다. 조선 시대에는 정치적 고비가 있을 때마다 성균관 유생들이 집단행동에 나섰다. 이를테면 명종 때 문정왕후가 불교 중흥 정책을 추진하자, 유생들은 권당(捲堂, 수업 거부)과 공관(空館, 동맹 휴학)으로 맞섰다. 광해군 때에는 대북의 영수 정인홍(鄭仁弘)이 주도하여 자신의 스승인 조식을 문묘에 종사하기 위해 이언적(李彦迪)과 이황의 출향(黜享)을 추진하자 집단행동으로 저항했다. 유생들은 성균관의 학적부와 같은 『청금록(靑衿錄)』에서 정인홍의 이름을 삭제하기까지 했다.

이약수(李若水)를 소두(疏頭, 연명하여 올린 상소문에서 맨 먼저 이름을 적은 사람)로 한 성균관 유생 150여 명은 궐하(闕下)에서 상소하고 궐문을 밀고 난입했다. 그러고 나서 곧바로 합문 밖에 가서 통곡을 하자, 중종은 승지에게 상황을 물었다. 보고를 들은 중종은 괴수 5~6인을 곧 의금부에 가둘 것을 지시하면서, 조정이 다 죄주기를 청하여 정리가 된 상황인데 성균관의 유생들이 이와 같은 집단행동을 해서는 되겠냐며 이들을 크게 질타했다. 그러나 정광필, 안당 등 대신들의 간곡한 호소에 이어 성균관 유생들까지 집단행동을 하자, 중종의 기세는 주춤한다. 조광조를 처형함에 있어 한 단계 물러서는 조치를 취한 것이다. 중종은 다음과 같이 하명한다. "조광조 등의 죄는 조율(照律)로 보면 과연 사사해야 하겠으나, 깊이 생각하고 또 대신의 말을 반복해서 생각하니 사사하면 놀랄 듯하다. 조광조 등 4인은 감사(減死)하여 고신을 박탈하고 장 1백에 처하고 원방(遠方)에 안치하며, 윤자임 등 4인은 고신을 박탈하고 장 1백을 속(贖)하고, 외방에 부처하라."

조광조를 위한 구명 운동의 효과로 일단 조광조는 사사를 면하고 유배를 가는 것으로 결정되었다. 『중종실록』과 『연려실기술』 등의 기록에 의하면 이 모든 사건이 1519년 11월 16일 하루 사이에 일어난 일이다. 한국 현대사의 1979년 12월 12일의 그날 밤처럼, 우리 역사에서 가장 긴박했던 하루로 기억될 만한 날이었다.

4

중종의
진심

조광조 등의 처벌을 둘러싸고 긴박한 공방이 오갔던 11월 16일 하루
가 끝나고, 11월 17일의 아침이 밝았다. 중종은 편복(便服)으로 비현합(丕
顯閤)에 나아가 승지 성운을 불러서 자신의 입장을 전하게 했다.

조광조, 김정 등을 뜰에 데려다가 내 뜻을 전하기를 '너희들은 다
시종하는 신하로서 경연에 출입하며 상하가 한 마음으로 지치를 보기
를 바랐는데, 너희들은 인물이 어질지 않다고 할 수 없으나, 근래 모든
일에 과격하여 평상(平常)하지 못하게 하므로 조정의 일이 많이 그르
쳐졌다. (…) 너희들의 죄를 율(律)대로 결단한다면 여기서 그칠 것이
아니나 너희들이 사심을 가진 것이 아니라 다만 나라의 일을 위하고
과격한 줄을 몰랐던 것이므로 형을 감하여 죄를 주는 것이며, 여느 죄
수라면 이런 분부를 하지 않을 것이다. 너희들은 시종의 자리에 오래
있었으니 내가 어찌 너희들의 마음을 모르겠는가! 이제 나라의 일을
그르쳤으므로 이런 뜻을 보이는 것이다.[10]

조광조 등의 어진 뜻을 이해하지만 그 방식이 너무 과격하여 일을 그

르쳤고, 그럼에도 불구하고 오랜 시종신이었기 때문에 벌을 감해준다는 것이 주요 내용이었다. 대신, 대간, 성균관 유생들의 뜻에 밀려, 조광조에 대한 처벌의 수위를 낮추었으면서도 중종은 자신의 너그러움에서 비롯된 감형인 양 스스로 생색을 냈다. 중종의 조금은 유연해진 태도에 힘을 얻었기 때문이었는지 집의 윤세림(尹世霖), 사간 오결(吳潔), 장령 이겸(李謙), 지평 조광좌(趙廣佐) 등 사헌부와 사간원 소속 대간들은 조광조에 대한 처벌을 강행한다면 대간인 자신들은 사직을 하겠다며 배수진을 쳤다.

> (조광조 등을) 이처럼 신임하시다가 하루아침에 죄주어서 버리시니 그 연유를 모르겠으며, 전대간(前臺諫)을 까닭 없이 모두 교체하셨으니 이것도 그 연유를 모르겠습니다. 신 등은 감히 관직에 나아갈 수 없으며, 반드시 조광조 등을 다시 서용한 뒤에야 직사(職事)를 돌볼 수 있습니다. 10여 년 동안 성학(聖學)의 공이 전혀 없으므로 신 등이 관직에 나가더라도 할 수 있는 일이 없으니 사직을 청합니다.[11]

중종이 거듭 조광조 등에게 죄를 준 상황을 되돌릴 수는 없다고 하자, 대사헌, 승지, 성균관 유생 등 여러 경로에서 조광조의 처벌을 반대하는 논의가 올라왔다. 대사헌 유운(柳澐)과 승지 김근사(金謹思), 성운, 윤은필(尹殷弼) 등도 힘을 모아 조광조 등을 처벌하는 것의 부당함을 강하게 지적했고, 이날에는 다시 성균관 유생 임붕(林鵬) 등 240여 인이 상소하여 조광조의 억울함을 아뢰고 자신들이 감옥에 가겠다고 청했다. 조광조의 억울함을 호소하는 여론이 거세지자 중종은 당황했다. 그러나 여기에서 물러서면 왕의 권위가 그대로 흔들릴 수 있다는 판단에서 중종도 물러서지 않았다. 대간과 성균관 유생으로 대표되는 조광조 지지 세력과 중종 사이의 한 치의 양보도 없는 힘겨루기가 계속되는 상황이었다.

왕과 대간 사이에 팽팽한 긴장이 거듭되자, 11월 18일 대간들은 중종이 홍경주 등에게 내린 밀지까지 공개하며 중종을 압박했다. 대간은 조광조 등에게 죄줄 만한 일이 있더라도, 광명정대하게 그 사람들을 모아서 분부하셔야 하는데, 홍경주에게 비밀리에 "조광조 등의 우익(羽翼, 보좌하는 일 또는 그 일을 하는 사람)이 이미 이루어졌다. 당초 현량과를 두고자 할 때에 나도 좋다고 생각했었는데, 이제 와서 생각하니 실로 우익을 심은 것이므로 죄다 제거하려 했으나, 경의 사위 김명윤(金明胤)도 그 가운데에 있으므로 하지 않았다"라고 하셨는데, 이 말이 이미 밖에 퍼졌다고 하면서, 왕이 어두운 밤에 밀지를 내려서 체포령을 내린 것은 큰 문제임을 지적했다. 대간들이 강경하게 왕을 압박하자, 중종은 승정원을 거치지 않은 것은 잘못이지만 자신이 밀지를 내린 것은 부인하며 변명했다.

이것은 대간이 잘못 들은 것이다. 나도 말하여 조정이 시원히 알게 하려 했다. 당초에 홍경주가 남곤, 송일, 김전 등의 집에서 들으니 무사 30여 인이 문사들을 제거하려 한다고 하더라 한다. (…) 조광조 등의 마음은 옳더라도 그 잘못되고 과격함이 버릇되어 이렇게까지 되었으니, 조정으로 하여금 그 사습(士習)을 바로잡게 하면 마땅한 처치가 될 것이다. 그러므로 육경(六卿)과 협의하여 아뢰었던 것이다. 승정원에 이르지 않은 것은 잘못인 듯하며, 나도 그것이 그른 줄 스스로 안다. 비밀로 지시했다는 것은 잘못 들은 것이다.[12]

홍경주와 남곤을 불러들인 것은 조광조의 우익 세력이 커서 이를 제거하기 위한 것이며 육경과 합의가 있었던 점도 강조했다. 중종은 "이 일이 이렇게까지 된 것은 오로지 조정에서 미리 제재하지 않았기 때문이다. 이렇게 하지 않으면 아마도 큰 변이 일어날 것이므로 부득이 먼저 죄준 것이다. 이제 죄준 것이 오히려 가볍고, 빠져서 죄를 받지 않은 젊은 사람이 많으므로, 무인들이 제 뜻에 시원치 않아서 감히 그러는 것이다"라면서 조광조 세력에게 선제적으로 죄를 주지 않으면 무인들의 변란이 일어났을 것이라며 자신이 취한 조치가 정당했음을 언급했다. 조광조를 반대하는 무인 세력들이 반발하기 전에 자신이 미리 조광조를 제거했다는 말인데, 이러한 변명은 무능한 왕의 전형을 보여준다. 남곤은 "오늘 아침에 들으니, 조광조 등을 죄준 것이 아직 시원하지 못하기 때문에 무인들이 모의 맺고 거사하려 한다 합니다" 하면서 중종의 입장에 힘을 실어주었다. 『기묘당적보(己卯黨籍補)』의 기록에는 이때의 밀지에 담겼던 구체적인 내용이 나오는데, 그 내용을 살펴보면 중종이 조광조 세력을 매우 위험하게 여겼음을 알 수 있다.

언문으로 쓴 밀지에 이르기를, 조광조 등이 정국공신을 삭제할 것을 청하는 것은 신하가 임금을 폐하지 못한다는 강상(綱常)을 중하게 하는 것이라 하여, 먼저 공이 없는 자를 삭제한 뒤에 겨우 20여 명의 이름을 남겨서 연산을 폐한 죄를 성토하고 보면 경 등은 어육(魚肉)이 될 것이요, 그다음에는 나에게 미칠 것이다. 주초(走肖)의 무리가 간사하기가 왕망(王莽, 한나라를 무너뜨리고 기원후 8년 신나라를 세움)이나 동탁(董卓)과 같아서 온 나라 인심을 얻어서 백료들이 우러러보는 바가 되었으니, 하루아침에 송 태조 때 황포(黃袍)를 몸에 덮어 입히는 변이 있게 되면 비록 조광조가 사양하고자 하나 그만둘 수가 있겠는가. 조광조가 현량과를 설치하자고 청한 것도 처음 생각에는 인재를 얻기 위해서인 줄 알았더니, 지금 생각해보니 반드시 저들의 우익을 심으려 했던 것이다. 이들을 잘라 없애려 하나 경의 사위 김명윤이 그 속에 있으니 이것이 한스럽다. 내 심복이 몇 사람이나 있는가? 정광필은 왕실에 마음을 둔 자이나 이장곤은 처음부터 그렇지 않았다. 이제 소인배에게 붙었으니 믿을 수가 없다. 심정은 근래 비록 논박을 입었으나 재간이 있으니 가히 신임할 만하다. 내가 이들을 제거하려는 뜻을 딴 사람에게 번거롭게 말하지 말고 남곤과 심정에게 묻는 것이 어떠한가. 유용근과 한충과 김세희는 모두 무예가 있다고 자부하니 두려워할 만하다. 조정에서 이 무리들을 제거한다면 저녁에 죽더라도 근심이 없겠다. 지난번에 경연에서 기준이 말하기를, "조광조 같은 자는 정승 자리에 합당하다" 했으니, 벼슬을 명하는 것이 모두 이 무리들에게서 나오는 터이니 나를 반드시 임금으로 여기지 않는 것이요, 한갓 그 이름만 지키고 있을 따름이다. 조광조는 말이 공손하고 온순하여 옳은 사람같이 보이나 수년 사이에 벼슬을 뛰어서 높이 썼으니 내가 마침내 주초의 꾀 속에 떨어진 것이다. 명백하게 이들을 죄주고 싶으나 대간과 홍문관과 육조와 유생들이 모두 불가하다고 말하면 내가 어찌할 수가 없는 것이니, 어떻게 처리해야 할지 몰라 요즘에는 먹어도 맛을 알지 못하고 자도 자리가 편안치 못하여 파리한 뼈가 드러났다. 내가 이름은 임금이나 실상은 아무것도 알지 못한다. 옛날에 유용근이 거만하게 나를 보았으니 반드시 임금으로 여기지 않는 마음을 가졌을 것이다. 경들은 먼저 그를 없앤 뒤에 보고하라.

　위의 기록에서도 나타나듯이, 정승인 정광필과 안당을 비롯하여, 사헌부와 사간원의 수장들과 대간들에 더하여 성균관 유생들까지 나서 모두 조광조 처벌의 부당성을 말했지만, 중종은 자신이 조광조 세력에게 당할 수도 있다는 위기감에 빠져 있었다. "내가 마침내 주초의 꾀 속에 떨어진 것이다. 명백하게 이들을 죄주고 싶으나 대간과 홍문관과 육조와 유생들이 모두 불가하다고 말하면 내가 어찌할 수가 없는 것이니, 어떻게 처리해야 할지 몰라 요즘에는 먹어도 맛을 알지 못하고 자도 자리가 편안치 못하여 파리한 뼈가 드러났다"라는 구절을 보면, 이 무렵 중종은 자신의 안위에 대한 불안감에 심신이 극도로 불안정했음을 짐작할 수 있다.

　당시 '조씨가 왕이 된다'라는 뜻의 '주초위왕(走肖爲王)'이라는 글씨가 나뭇잎에 새겨지면서, 이 말이 궁중을 중심으로 널리 유포되었다. '주초위왕' 이야기를 유포시킨 주동자는 홍경주와 남곤, 그리고 홍경주의 딸인 희빈(熙嬪) 홍씨였다. 『연려실기술』에는 『기묘당적보』를 인용한 다음과 같은 기록이 남아 있다.

　남곤과 심정이, 홍경주가 일찍이 찬성이 되었다가 논박을 받아 파면되어 항상 분함을 품고 있는 것을 알고 드디어 서로 통하여, 홍경주로 하여금 그의 딸 희빈을 시켜서, "온 나라 인심이 모두 조씨(趙氏)에게로 돌아갔다" 하고, 밤낮으로 임금께 말하여 임금의 뜻을 흔들었다. 또 산 벌레가 나무 열매의 감즙(甘汁)을 먹기 좋아하니 일부러 그 즙으로 '주초위왕' 네 자를 금원(禁苑, 궁궐)의 나뭇잎에 써서 산 벌레가 갉아먹게 하여 자국이 생겼는데, 글자가 마치 부참서(符讖書, 뒷날에 벌어질 일을 미리 알아 해석하기 어렵게 적어놓은 글)와 같았다. 이것을 따서 임금께 아뢰니 임금이 듣고 의혹했다. 심정이 또 경빈(敬嬪) 박씨의 문안비(問安婢)를 꾀어서 말하기를, "조씨가 나라를 마음대로 하매 사람들이 모두 칭찬한다" 하여 마치 여염 사이의 보통 말처럼 만들어서 궁중에 퍼트려 임금의 마음으로 하여금 두렵고 위태롭게 여기게 했다. 그렇게 한 뒤에 홍경주가 언문 편지를 가지고 밀지라 일컬으면서 불평을 가진 정승들에게 말하여 시일을 정해 모이게 하니, 지중추 안윤덕(安潤德)은 대답하기를, "신은 능히 하지 못할 일입니다" 하고, 권균은 지위가 낮다고 사양했으며, 여성부원군(礪城府院君) 송일은 병이 있어 일어나지 못한다고 사양했다.

요즈음으로 보면 당연히 유언비어 내지 가짜뉴스로 볼 수 있겠지만, 중종이 '주초'라는 말을 언급한 것에서 조광조의 정치적 성장에 상당한 부담을 느끼고 있었음을 알 수 있다. 정치적 변란의 시기에 참언 또는 비어(蜚語)가 유행하는 것은 고금을 관통하는 현상이다. 일례로 조선 건국 초에는 '목자위왕(木子爲王)' 설이 유행했고, 1589년 정여립 역모 사건 때에는 '이씨가 망하고, 정씨(鄭氏)가 왕이 된다는 뜻의 '목자망(木子亡) 전읍흥(奠邑興)'이라는 말이 세간에 널리 유포되기도 했다.

중종은 그나마 자신을 돕는 홍경주, 남곤, 심정 등 소수 측근들의 지지를 무기로 삼았다. 여론을 무시하고 독선적으로 정국을 운영해 나가던 중종의 모습은 반정으로 즉위한 후 경연을 자주 베풀고 신하들의 의견을 청취했던 임금의 모습이 아니었다. 중종은 완전히 다른 두 얼굴을 가진 왕이었다. 기묘사화는 두 얼굴의 소유자 중종이 가장 반대쪽의 얼굴을 가진 시점에서 발생한 사건이다. 『중종실록』 1519년 11월 18일의 기록에는 사관이 이때까지의 상황을 언급하고 자신의 의견을 피력한 내용이 나온다. 이 기록에는 기묘사화를 당해 조광조가 유배되는 과정, 홍경주, 남곤, 심정 등 기묘사화 핵심 주동자들의 구체적인 모습이 잘 정리되어 있다.

　　사신은 논한다. 조광조가 옥에 갇혔을 때에 죄를 얻게 된 까닭을 모르고 간신이 개입해서 한 것이라고 생각했다. 조광조가 귀양을 가고 나서, 신상, 유운 등이 상의하기를 "조광조가 모르고 떠났으니 일러주지 않을 수 없다" 하여, 마을의 유생을 시켜 과천까지 쫓아가서 "남곤, 홍경주, 심정 등이 남곤의 집에서 회의하여 먼저 참설(讒說, 거짓으로 꾸며 남을 헐뜯어 윗사람에게 고하여 바침)로 임금의 마음을 요동하고, 거사하던 날 저녁에는 신무문(神武門, 경복궁의 북문)[13]으로 들어가 임금을 추자정(楸子亭)에 모시어 의논하고, 의논이 끝나고서 도로 나와 연추문(延秋門, 경복궁의 서문인 영추문)으로 들어가 합문 밖에서 대신들을 불러 그 이름을 열거하여 써서 마치 조정에서 죄주기를 청해서 죄를 준 것처럼 했다"는 시말을 자못 자세하게 알렸더니, 조광조가 말하기를 "임금께서 어찌 그렇게 하려 하셨겠는가. 조금도 의심할 것이 없다" 하였다. 남곤이 늘 "조광조 등이 총애를 받기는 하나 임금의 마음은 쉽게 바꿀 수 있다" 하더니, 이제 참설로 요동했으니 그 술수가 높다. 조광조가 교화를 힘쓰고 형벌을 줄이니 소민(小民)이 그 인자함에 감복했으나 간교한 무리는 인심을 모으는 것이라고 했다. 그러므로 죄를 받던 날 대소 사류가 다들 상소하여 구제했고 궐정에 들어가 곡하는 자까지 있었으나, 임금은 그 참소를 더욱 믿었었다. 조광조는 종실도 훈구(勳舊)의 신하도 아니고 한낱 유생인데, 어찌 그런 혐의가 있겠는가. 조광조 등은 관작과 봉록으로 제 집을 풍족하게 하려던 것이 아니라 임금을 올바르게 인도하고 백성을 구제하려 했을 뿐이니, 임금에게 불편해 보이는 성색(聲色)이 있다면 곧 물러갔어야 할 것이다. 이보다 앞서, 황효헌(黃孝獻)이 홍문관 박사로 있을 때에 유독 말하기를 "임금이 선(善)을 좋아하시기는 하나 곧은 말에 대해서 반드시 자세를 고치고 얼굴빛을 바꾸시니 나는 매우 의심스럽게 여긴다" 했는데, 이제 그 말이 과연 옳았다. (…) 처음에는 임금이 발탁하여 신임했으나, 마침내 그 붕당이 성하고 권세가 중한 것으로 의심하여 비밀리에 모의하여 제거하기에 이르매, 그 화가 당고(黨錮)보다 참혹하였으니 아깝다.

사관의 기록을 통해 조광조는 중종에 대한 믿음을 계속 보였지만, 조광조 세력의 성장에 부담을 느낀 중종의 갑작스러운 변심에 의해 기묘사화가 일어났음을 알 수 있다.

기묘사화의 주동자 3인방과 조광조의 악연

① 기묘사화의 3인방 - 홍경주, 남곤, 심정

기묘사화의 최종 기획자는 중종이다. 그러나 워낙 조광조의 지지 세력이 우세한 상황에서 조광조를 제거해야 했던 만큼 중종에게는 일시적이라도 자신의 측근이 될 수 있는 인물들이 필요했다. 이전부터 조광조와 악연이 있었던 홍경주, 남곤, 심정은 중종의 의중을 정확하게 파악하고, 전격적으로 조광조 세력의 제거라는 성과를 이루어냈다. 이 사건이 훗날 기묘사화로 지칭되면서, 이를 주도한 3인방의 이름은 역사상 최고의 간신들로 손꼽히며 불명예스럽게 남았다.

『연려실기술』은 이이의 『석담일기』와 『기묘당적보』를 인용하여 홍경주, 남곤, 심정과 조광조의 악연을 기록하고 있다. 『석담일기』에는 남곤과 심정이 조광조가 대사헌이 된 것을 못마땅해하는 장면이 기록되어 있다.

이때 남곤과 심정이 심술궂게 남을 해치기를 좋아하는 것으로 사림들에게 죄를 얻었는데, 그들이 면목을 고쳐 청류들에게 의탁하려 했으나 사림들이 끝내 받아주지 않았기 때문에 분함을 품고 드러내지 않았다. 조광조가 대사헌이 되자 법을 다스리기를 공정하게 하니, 사람들이 모두 감동하고 복종하여 매양 저자에 나가면 사람들이 모여들어 말 앞에 엎드려 말하기를, "우리 상전이 오셨다" 하니, 남곤 등이 그가 인심을 얻었다고 은근히 유언비어를 만들어냈다.

또한 『기묘당적보』에는 심정과 남곤이, 홍경주가 일찍이 찬성이 되었다가 논박을 받아 파면되어 항상 분함을 품고 있는 것을 알고 드디어 서로 통하여, 홍경주로 하여금 그의 딸 희빈을 시켜서, '주초위왕'의 네 글자를 유포시켰음이 기록되어 있다.

조광조가 처형된 후, 남곤과 심정은 연이어 정승에 올라 국정을 주도했다. 1527년(중종 22년) 심정이 우의정이 되던 날, 사관들은 "심정은 성품이 간사하고 남을 해치는 마음이 있었다. 지난 기묘년에 남곤 등과 은밀히 모의해서 조광조 등을 함몰시킨 뒤로는 사림이 두려워하여 감히 똑바로 바라보지 못했다. 정승에 임명되자 여론이 있긴 했었지만, 그의 아들 사손(思遜), 사순(思順)이 함께 현요직(顯要職)에 올라 권세가 말할 수 없이 치성했기 때문에 끝내 말하지 못했다"[14]라고 기록하여, 조광조 제거 후 심정이 정승 자리에 올라 그 아들들과 함께 권세를 휘둘렀음을 기록하고 있다.

② 남곤과 조광조의 악연

중종의 참모라고 하면 대부분 조광조의 이름을 먼저 떠올리지만, 조광조는 '한때' 중종의 총애를 받았으나 결국에는 중종으로부터 사약을 받고 생을 마감한 인물이다. 중종의 입장에서 보면 기묘사화 때 그의 뜻을 받들어 조광조 제거에 핵심 역할을 했던 남곤이 최고의 참모였을 것이다. 『중종실록』의 영의정 남곤의 졸기에는 "기묘년에 남곤이 심정 등과 뜻을 얻지 못한 자들과 더불어 유감을 품고 함께 모의하여 신무문으로 들어가 임금의 마음을 움직였다"고 하여 남곤이 심정과 더불어 기묘사화를 주도한 핵심 인물임을 기록하고 있다.

1506년(중종 1년) 중종반정이 일어나자 연산군 시대에 유배를 당한 것이 남곤에게는 오히려 훈장이 되었다. 1507년(중종 2년) 김공저, 박경, 조광보 등이 주도한 역모 사건을 고변한 뒤로는 중종의 측근으로 자리 잡을 수 있었다.

1509년(중종 4년)에는 황해도 관찰사에 올랐으며, 1511년(중종 6년) 4월에는 대사헌이 되었다. 중종 대에 그에 대한 평가는 "학문이 심오하고 문장도 연원이 있어 사장(師長)에 매우 합당하다"라거나, "문한(文翰)이 제일"이라는 표현에서 알 수 있듯이 문장에 관한 한 당대 최고의 인물로 여겨졌다. 남곤은 정국공신은 아니었으나, 뛰어난 문장력과 정치적 감각으로 중종의 신임을 받았다. 이후 대제학, 이조판서 등을 지냈고 미래의 정승감으로 떠올랐다. 이러한 남곤의 순탄한 행보에 강력한 정치적 라이벌이 등장했으니, 그가 바로 조광조다. 중종은 조광조와 남곤 사이에서 결국에는 남곤의 손을 들어주게 된다.

1515년 조광조가 정국에 등장하면서, 성리학 이념에 입각한 도덕정치의 실현을 위한 다양한 개혁정책들이 수행되었다. 중종의 신임을 바탕으로 한 현량과 실시와 정국공신에 대한 위훈삭제 사건은 기득권 세력에게 커다란 위협으로 다가왔다. 남곤은 이러한 국면을 바라만 보고 있지 않았다. 그는 동갑내기 친구인 심정을 규합하고, 중종의 즉위에 공을 세운 정국공신의 상징이자 중종의 후궁 희빈 홍씨의 아버지인 홍경주까지 포섭했다. 이들은 중종과의 잦은 면담을 통하여 조광조의 전횡을 연속적으로 아뢰었고, '주초위왕'과 같은 글을 세간에 유포시켰다.

실록이나 『연려실기술』 등 거의 모든 기록은 남곤이 기묘사화의 주모자임을 적시하고 있다. "중종이 조광조와 같은 선비들을 싫어하는 기색이 있는 것을 짐작하고 드디어 꾀를 내어 일을 꾸미기 시작했다"고 한 것이나, "기묘년의 변은 남곤이 실상 그 일을 주장한 것인데, 그 뒤에 나이 젊은 축들이 난잡한 무리를 모아서 왕의 좌우를 숙청한다는 명목으로 서로 계속하여 일어나 잇달아 죽음을 당하여도 그칠 줄을 몰랐다"고 한 기록들은 '조광조 제거'라는 중종의 의중을 파악한 남곤이 결국 해결사로 나선 정황을 보여준다. 사화의 주모자 남곤은 기묘사화 이후 1년여 동안 밤이면 미복(微服) 차림으로 은밀히 남의 집으로 옮겨 다니면서 자다가 새벽이 되어서야 다시 집으로 돌아왔다고 한다. 그만큼 신변의 위협을 느꼈던 것이다.

남곤은 자신이 중종을 위해 조광조를 제거한 것이라고 항변할지 모르지만 당대와 후대의 평가는 그를 한결같이 '간신'으로 보고 있다. 더욱 아이러니한 것은 남곤이 『유자광전(柳子光傳)』을 저술하면서, 간신의 전형인 유자광의 죄악을 극진하게 드러낸 바 있는데, 정작 자신이 유자광과 같은 꼴이 되어버린 것이다. 남곤의 처신은 2020년 〈교수신문〉이 발표한 올해의 사자성어 아시타비(我是他非)와도 닮아 있다.

남곤이 기묘사화의 사실상의 주동자였음에도 일선에서 물러나는 모습에 대한 기록도 있다. 『기묘당적보』의 기록에 따르면 남곤은 기묘사화의 주모자이면서 이를 은폐하려는 모습을 보였다. "이날 남곤을 불러 정사를 하라고 명했으나, 병을 핑계대고 들어오지 않아 명을 보류했다. 당시에 화를 꾸민 남곤이 스스로 물러나 두 번이나 불러도 조용히 움직이지 않은 것은 그 꾀가 교묘하나 일을 주동한 간계를 어찌 숨길 수 있겠는가."

남곤은 기묘사화를 주도한 공을 인정받아, 1522년(중종 17년) 좌의정을 거쳐 1523년(중종 18년) 영의정에 오른다. 1527년(중종 22년) 남곤이 사망하자 중종은 깊은 애도를 표시했다.

뜨거웠던 감자, 현량과의 폐지

1519년(중종 14년) 11월 19일, 이약수 등을 비롯한 성균관 유생 300명의 상소가 올라왔다. 성균관 유생들의 입장에서는 성균관에서 배출된 '스타' 선배 조광조가 이토록 허망하게 사라지는 상황을 결코 좌시할 수 없었다. 상소문의 내용은 다음과 같았다.

어떤 사람이 앞장서 어떤 참소(讒訴)를 하여 맨 먼저 붕비와 궤격을 죄로 삼으셨다 합니다. 아, 이것이 과연 전하께서 스스로 의심한 데에서 나온 것입니까? 오늘날의 참소가 붕비라고 지칭하는 것은 선류(善類)가 많기 때문이고, 괴이하고 궤격하다고 무고하는 것은 충직한 말이 심하기 때문입니다. 저 참인(讒人)이란 어찌 이쯤만 하는 것이겠습니까? (…) 바라건대, 허심(虛心)으로 반성하여 사방 신민(臣民)의 울분을 위안하소서.

성균관 유생들은 상소문에서 중종이 조광조의 행적을 스스로 의심한 것이 아니라 참소에 의한 것이라고 주장하면서 중종의 진심이 무엇인지를 다시금 물어보았다. 그러나 중종의 대답은 확고했다. 중종은 기묘사화가 일어난 그날만큼은 결코 우유부단한 군주가 아니었다. 무엇에 쫓겨서였는지 그의 대답은 확고부동했다. 중종은 조광조가 시의를 헤아리지 않고 날뛰었기에 죄를 주었다고 대답했다.

조광조 등의 당초의 뜻이 어찌 나라의 일을 그르치려는 것이었겠는가? 위에서도 지치를 기다려 보았다. 그러나 이들은 고서(古書)만을 알고 시의(時宜)를 헤아리지 않아서 과격한 일이 많았으므로 부득이 죄주었으며, 대신의 뜻도 조정을 안정시키려고 그런 것이요, 참사(讒邪)로 말미암아 군자를 배척한 것이 아니다.

『연려실기술』에는 이날의 일을 두고 "드디어 조광조를 능주(綾州)로, 김정을 금산(錦山)으로, 김구를 개녕(開寧)으로, 김식을 선산(善山)으로, 박세희를 상주(尙州)로, 박훈을 성주(星州)로, 윤자임을 온양(溫陽)으로, 기준을 아산(牙山)으로 귀양보냈다"라고 기록하고 있다.

다음 날인 11월 20일, 중종은 공신 개정에 관한 일을 재논의할 것을 지시했다. 조광조가 실각하게 된 가장 큰 원인 중 하나였던 정국공신 개정이 없던 일로 되돌아가는 순간이었다. 이날 안당을 좌의정으로, 김전을 우의정으로, 남곤을 좌찬성 겸 이조판서로, 이장곤을 우찬성 겸 병조판서로, 심정을 겸 지의금부사(兼知義禁府事)로, 한형윤(韓亨允)을 형조참판으로, 이빈(李蘋)을 사간원 대사간으로 임명하는 인사도 단행되었다. 이날 이루어진 인사의 핵심은 조광조의 가장 큰 정치적 적수였던 남곤과 심정을 각각 이조판서와 겸 지의금부사로 임명한 것이었다. 남곤과 심정을 조정의 요직에 전진 배치함으로써 조광조의 정치적 생명은 더욱 단축되었다.

11월 21일, 중종은 다음과 같은 전교를 내린다. "조광조, 김정, 김식, 김구 등은 원방에 안치하고 윤자임, 기준, 박세희, 박훈 등은 외방에 부처한다. 각각 죄에 따라 죄주는 것이니, 이것을 내가 그만둘 수 있겠는가! 중외에 포고하여 모두가 내 뜻을 알게 하라." 중종은 이날 정국공신 개정에 대한 논의를 하지 말 것을 전교했는데, 영의정 정광필은 이에 대해 반대 의견을 개진했다. 이에 중종은 거듭 개정 불가를 지시했고, 남곤과 김전 등의 지원 속에 "이제 대신들의 말을 들건대 다들 그대로 두고 개정하지 않기를 바라며, 또 녹훈(錄勳)한 지가 이미 오래되었으니 추후에 개정할 수 없다. 전교를 받들어 실시하라"라고 지시했다.

『중종실록』의 기록으로만 보면 1519년 11월 22일부터 30일까지는 조광조와 관련한 별다른 언급이 없다. 폭풍이 한차례 휩쓸고 지나간 다음의 고요함이라고나 할까? 그러나 열흘이 지난 12월 2일, 현량과 폐지 문제가 거론되면서 조광조가 추진했던 개혁의 흔적을 지우는 작업이 다시 전개되기에 이른다. 12월 2일, 대간에서는 "근래 조종의 법을 변란한 것이 많은데, 이를테면 현량과는 변란한 것 중에서도 심한 것입니다"라고 지적하면서, 조종조로부터 행해 왔고 가장 공평한 제도인 과거를 대신했던 현량과의 혁파를 주장했다. 여기에 더하여 세 아들이 현량과에 천거된 안당의 삭탈관직을 건의했다. 불과 20일 전까지만 해도 조광조의 구명 운동을 주도했던 대간들이 그때와는 완전히 다른 정치적 입장을 표명한 것이다. 오늘날에도 정권이 교체되면 정부 부처나 언론기관의 사업 방향이 완전히 달라지고는 하는데, 이러한 일이 비단 오늘날만의 일이 아님을 실감하게 하는 역사의 한 장면이 아닐 수 없다.

중종은 자신의 가려운 곳을 대신 긁어주는 대간의 목소리에 "현량과는 내가 특별히 설치한 것이지만, 과거는 중요한 일이므로 파할 수 없으니 현량과 출신을 현직(顯職)에 서용하지 않는 것이 옳을 것이다"라고 화답했다. 현량과 출신을 관직에 등용하지 말라는 중종의 절충론에 대해, 대간은 현량과의 혁파를 거듭 주장했다. 12월 14일까지 현량과 혁파 문제는 조정의 가장 큰 정치적 쟁점으로 떠올랐다. 이 과정에서 현량과를 처음 추진한 조광조의 죄가 다시금 부각되었다. 12월 10일에는 조광조가 공초를 받을 때 술에 취해 불손한 일을 많이 했다면서 그의 품성에 대한 문제가 제기될 정도였다. 12월 14일에는 생원 황이옥(黃李沃)과 유학 윤세정(尹世貞)이 조광조 세력을 참할 것을 주장하는 상소를 올렸다. 이들은 중종보다 우위에 서 있었던 조광조와 김식, 김정에 대한 울분을 토로했다.

무리를 나누고 당을 합하여 궤습(詭習)을 격렬히 양성하여, 아비를 비평하는 아들을 곧다 하고 형을 비평하는 아우를 공정하다 하였습니다. 위로는 조종의 법을 고치고 가운데로는 전하의 조정을 흐리게 하고 아래로는 우리나라의 윤리를 무너뜨렸으니 신하로서 이런 큰 죄를 졌는데 목 베지 않고서 무엇을 기다리겠습니까? 『춘추』는 성인의 형서(刑書)인데 신하로서 반역할 마음을 가진 자는 『춘추』가 죽였거니와, 신 등이 목 베어야 한다는 까닭은 이 때문입니다. (…) 당시에 부형은 입을 다물어 감히 자제를 가르치지 못하고 조정은 치열한 세력을 두려워하여 감히 전하께 고하지 못했으니 조야(朝野)가 조광조, 김식, 김정 등이 있는 것만을 알고 전하께서 계신 것은 몰랐던 것입니다.[15]

이들은 "신민이 비로소 생살여탈의 권력이 전하에게서 나오는 것을 보고서 전하께서 계신 줄 알았습니다. 그러나 8인의 신하의 죄는 죽여야 마땅한데 특별히 안치하고 부처하셨으니, 전하께서 간사한 자의 뜻에 대하여 매우 환히 아시지는 못하는 듯합니다"라면서 조광조 등의 처형을 강력히 주장했다. 직급이 낮은 유생들의 상소였지만, 당시 중종의 마음을 가장 잘 대변해주는 간언이었다. 이를 두고 당시 사관은 중종의 의중을 정확하게 꿰뚫은 자들의 선제적인 상소로 인해 조광조가 결국에는 사사에 이르렀다고 적어두었다.

조광조가 귀양간 지 한 달 남짓 되어도 임금의 노여움은 아직 풀리지 않았으나, 죽이자고 청하는 사람이 없으므로 쾌하게 결단하지 못했다. 생원 황이옥이 이를 알아차리고 이내, 윤세정 두 사람과 함께 상소하여, 조광조를 극심하게 헐뜯고 사류(士類)를 많이 끌어내었다. 이들을 조아(爪牙), 우익(羽翼), 응견(鷹犬)이라 지칭하니, 임금이 소를 보고 곧 조광조 등에게 사사하고, 따라서 이옥 등을 칭찬하여 술을 공궤(供饋)하라고 명하였다.[16]

12월 15일에는 조광조 무리로 파악된 12인을 더하여 총 35인에 대한 처벌을 주장하는 대간의 상소가 올라왔다. 중종은 조광조에게 이미 죄를 주었다고 한 발짝 물러섰으나, 12월 16일에 이르러서는 다시 강경 모드로 돌아섰다. 대간들이 거듭 조광조 세력의 죄를 청하자, 중종은 "대간이 논계(論啓)한 사람들은 대신들과 함께 그 경중을 의논하여 그 중에서 중한 자를 뽑아서 죄주어야 하겠다"라고 하면서, "조광조, 김구, 김정, 김식 등 4인은 사사하고, 윤자임, 박훈, 박세희, 기준 등 4인은 절도(絶島)에 안치하라"는 전교를 내렸다. 중종은 마치 조광조의 처형을 주장하는 대간들의 논의를 기다리고 있었다는 듯이, 전격적으로 조광조의 처형을 명했다. "인자하고 공검한 것은 천성에서 나왔으나, 우유부단하고 아랫사람들에게 이끌렸다"[17]는 평가를 받았던 중종의 모습은 도무지 찾아볼 수가 없었다. 기묘사화의 시작에서부터 조광조의 처형에 이르기까지의 과정을 비교적 상세하게 기록한 실록의 내용을 토대로 살펴보았을 때, 조광조를 죽음으로 이끈 가장 큰 변수는 중종의 변심이었다는 인상을 지울 수가 없다. 조광조의 처형을 단행하는 와중에 보여준 신속함과 과감함은 예의 중종에게서 찾아볼 수 없는 모습이었다. 기묘사화의 몸통은 중종이었다.

6

조광조,
개혁가의 최후

1519년(중종 14년) 12월 16일, 조광조를 사사하라는 중종의 명이 떨어졌다. 어명을 받은 금부도사가 유배지 능주에 도착한 때는 12월 20일이었다. 『연려실기술』에는 『연보(年譜)』, 『당적보(唐籍譜)』, 『동각잡기(東閣雜記)』의 내용을 합하여 기록한 조광조 최후의 모습이 전해진다. 조광조가 생의 마지막 순간, 자신에게 그토록 가혹했던 중종에게 끝까지 충성을 다하는 장면은 많은 이들에게 안타까움을 더해준다.

이때 조광조는 능성(綾城, 지금의 전라남도 화순 지역)에 귀양 가 있었는데, 북쪽 담 모퉁이를 헐고 앉을 때에는 반드시 북쪽을 향하여 임금을 생각하는 회포를 폈다. 얼마 안 되어 사사하라는 명이 내리자 조광조가 말하기를, "임금이 신에게 죽음을 내리니 마땅히 죄명이 있을 것이다. 공손히 듣고서 죽겠다" 하고, 뜰 아래 내려가 북쪽을 향해 두 번 절하고 꿇어앉아 전지를 들었다. 전례에는 무릇 정승을 사사할 적에는 어보(御寶, 국가 문서에 사용하던 임금의 도장)와 문자 없이 다만 왕의 말씀만 받들어 시행하는데, 조광조가 묻기를, "사사하라는 명만 있고 사사하는 문자는 없는가?" 하니, 도사 유엄(柳渰)이 조그만 종이에 쓴 것을 보였다. 조광조가 말하기를, "내 일찍이 대부의 반열에 있었는데, 이제 사사하면서 어찌 다만 종이 쪽지를 도사에게 주어 죽이게 하는가. 만일 도사의 말이 아니었다면 믿지 않을 뻔했다. 국가에서 대신을 대접하는 것이 이같이 초라해서는 안 되니, 그 폐단이 장차 간사한 자로 하여금 미워하는 이를 함부로 죽이게 할 것이다. 내가 상소하여 한 말씀 드리고 싶지만 하지 않겠다" 하고, 이어서 묻기를, "임금의 기체 후는 어떤가?" 하고, 다음으로 묻기를, "누가 정승이 되었으며, 심정은 지금 무슨 벼슬에 있는가?" 하니, 유엄이 사실대로 고하자, 조광조가 말하기를, "그렇다면 내가 죽는 것이 의심 없다" 하고, 또 묻기를, "조정에서 우리들이 어떻다고 하는가" 하니, 유엄이 말하기를, "왕망(王莽)의 일과 같다고 말하는 이가 있는 듯하다" 하자, 조광조가 웃으면서 말하기를, "왕망은 사사로운 짓을 한 자이다" 하고, 목욕하고 새 옷으로 갈아입은 다음 집에 보내는 글을 쓰는데 한 자도 틀리게 쓰는 것이 없었다. 한나라를 멸망시킨 반역자 왕망을 자신과 비교하는 처사에 대해 조광조는 깊이 상심했을 것이다. 조광조가 조용히 죽음에 나

문정공 조광조 묘 및 신도비. 조광조는 현량과 실시, 정국공신 개정 등을 통해 자신이 원하던 개혁정치의 실현에 가까이 갔지만, 이는 중종과 훈구파의 강한 반발을 불러와 결국 기묘사화가 발생했다. 개혁의 중심에 있던 조광조도 1519년(중종 14년) 12월 20일 유배지 능주에서 사망했다.

가면서, 시자(侍者)에게 부탁하기를, "내가 죽거든 관은 모두 마땅히 얇게 하고 두껍고 무겁게 하지 말라. 먼 길을 돌아가기 어려울까 염려된다" 하였다. 유엄이 죽음을 재촉하는 기색이 있자 조광조가 탄식하기를, "옛날 사람이 임금의 조서를 안고 전사(傳舍, 일정한 돈을 받고 손님을 묵게 하는 집)에 엎드려서 운 이도 있는데, 도사는 어찌 그리 사람과 다른가" 하고, 시를 읊기를,

임금 사랑하기를 아비 사랑하듯 하니   愛君如愛父
하늘 해가 붉은 충성을 비추어주리   天日照丹衷

혹은 "임금 사랑하기를 아비 사랑하듯 하고 / 나라 근심하기를 집 근심하듯 하도다 / 밝은 태양이 땅에 임했으니 / 밝고 밝게 충성을 비추어주리" 하고 드디어 약을 마셨는데, 그래도 숨이 끊어지지 않자 금부의 나졸들이 나가 목을 조르려 했다. 조광조가 말하기를, "성상께서 하찮은 신하의 머리를 보전하려 하시는데, 너희들이 어찌 감히 이러느냐" 하고 더욱 독한 약을 마시고 드러누워 일곱 구멍으로 피를 쏟으며 죽으니, 바로 12월 20일로, 듣는 자가 눈물을 흘리지 않는 이가 없었다.[18]

조광조의 시신을 담은 관은 소가 끄는 수레로 운반되어, 이듬해 봄에 선산이 있는 용인 심곡리(深谷里)에서 장례가 치러졌다. 성수침(成守琛), 홍봉세(洪奉世), 이충건(李忠楗) 등이 장지로 달려왔고, 이연경(李延慶)도 와서 제사를 지내고 잔을 올렸다. 조광조의 연보에는 이날의 장면이 다

음과 같이 전해진다.

　　이날 흰 무지개가 해를 둘러싸되 동서쪽으로 각각 두 둘레, 남북
쪽으로 한 둘레가 있었는데, 남북으로 둘러싼 것 외에 각각 두 줄기
무지개가 마치 큰 띠를 드리운 듯 하늘에 뻗쳤고, 또 남서쪽에 따로
한 줄기 무지개가 있어 길이가 한 길 남짓했는데, 모두 한참 만에야
없어졌다.

5장

조선 최고의 유학자로
기억되다

중종, 조광조를 끝까지
부정하다

조광조 사후, 그의 복권을 요청하는 상소문이 계속 올라왔지만, 중종
은 이를 허락하지 않았다. 조광조를 죽음에 이르게 한 장본인이었던 중
종에게 있어서 조광조의 복권은 자신의 존재 자체를 부정해버리는 행위
였기 때문이리라. 기묘사화 이후 20여 년의 시간이 흐른 때인 1544년(중
종 39년) 4월 7일, 그동안 금기시되었던 조광조와 기묘인에 대한 복권을
청하는 홍문관 부제학 송세형(宋世珩) 등의 상소문이 올라왔다.

> 전하께서 근년 이래로 허물이나 잘못을 깨끗이 씻어주기를 생존한
> 사람이나 죽은 사람이나 차이가 없게 하셨으니, 호오(好惡)의 공정함
> 이 사람들의 마음이나 눈을 흡족하게 하였는데, 기묘년 사람들에게
> 베푼 그처럼 큰 은덕도 유독 한두 사람에게는 미치지 못했으니 어찌
> 성조(聖朝)의 애석한 일이 아니겠습니까.

1537년(중종 32년)에 중종은 권신 김안로를 처형한 후 기묘년의 사람들
을 모두 조정으로 소환하고, 이미 죽은 사람에게는 작첩(爵牒)을 추급(追
給)하는 조치를 취했다. 중종판 '역사 바로 세우기'가 시행되었고, 이 과

정에서 다수의 기묘사화 관련 피해자가 명예를 회복했다. 그러나 중종은 유독 조광조, 김정, 기준에게만 작첩을 복구해주지 않았다. 송세형 등은 상소에서 조광조의 복권을 강력히 요청했다.

> 만일 그때의 사정을 논하기로 한다면 소란하고 촉박하게 했었으니 비록 죄가 없을 수는 없으나 역시 추종하는 사람들이 더러 적임자가 아니어서, 자신에게 간절한 학문은 힘쓰지 않고 한갓 괴이하고 과격한 버릇을 숭상하였던 것입니다. 그중에 조광조와 같은 사람은 평소에도 언어와 행실에 흠이 없었고 죽음에 임해서도 심지(心志)가 변하지 않아서 불의(不義)는 비록 강박을 당하여도 하지 않았었는데, 지금까지 지하에서도 원통함을 씻지 못하고 있습니다.

중종은 이에 대하여, 조광조의 잘못을 조목조목 지적하며 조광조의 복권은 허락할 수 없다는 입장을 밝혔다.

> 조광조의 일은 내가 시말을 모두 알고 있다. 당초에는 과연 취할 만한 일이 있기도 했지만 마침내는 기구신(耆舊臣)들을 배척하고 옛법을 변란시켰으며, 심지어 과거는 지극히 공정한 것인데 스스로들 사람을 추천하여 이름을 천과(薦科)라 했고, 과거를 보인 다음에 조정의 공론이 그르게 여겨 혁파(革罷)하기를 청하면, 자기 뜻대로 안 된다는 것 때문에 반란(反亂)을 꾀하는 자가 있기까지 했다.

1544년(중종 39년) 5월 29일에는 성균관 생원 신백령(辛百齡) 등이 상소하여 조광조의 신원을 청했다. 성균관 유생들은 중종이 조광조를 처형할 때에도 가장 적극적으로 반대한 세력이었다. 신백령 등은 먼저 『춘추』의 필법으로 말한다면 남곤과 심정은 죄악의 괴수라고 표현하면서 조광조의 신원을 요청하였다. "터무니없는 죄에 빠져 끝내 변명하여 밝히지 못하고 있는 신하 2, 3명이 있는데 신들은 감히 가장 우수한 신하 하나의 이름을 말한다면 조광조가 바로 그 사람입니다"라면서 조광조의 억울함을 호소하였다. 이어서 "조광조의 죽음이 진실로 비간(比干)[1]이나 정몽주와 다르기는 하지만, 그의 평소의 기절은 서로 상하를 겨룰 만하니, 신들이, 주무왕(周武王)이나 우리 세종께서 포정(襃旌)하시는 법을 전하께서 하시기 바라는 것이 또한 그럴 만한 것이 아니겠습니까" 하면서, 중국의 역대 왕들의 사례뿐만 아니라 세종, 성종 시대의 인재 등용법까지 언급하며 중종을 압박했다. 그러나 중종의 입장은 요지부동이었다.

1544년(중종 39년) 11월 15일, 창경궁 환경전(歡慶殿) 소침(小寢)에서 57세의 나이로 중종이 승하했다. 중종의 치세 기간 가장 큰 이슈였던 조광조에 대한 복권은 해결되지 않은 상태로 생을 마감한 것이다. 대개 죽음에 임박해서는 사건의 원인 제공자가 자신이 야기한 정치적 문제로 화를 입은 상대에게 화해를 청하는 경우가 많은데, 중종은 죽는 순간까지도 한때 최고의 파트너였던 조광조를 인정하지 않았다. 『중종실록』에는 중종의 승하를 두고 서로 다른 사신의 평 네 건이 수록되어 있다. 왕의 승하에 대해 다양한 사신의 평가가 있는 것은 매우 이례적이다. 그 전문은 아래와 같다.[2]

[가]

　　사신은 논한다. 상은 인자하고 현명하여 세상에 뛰어난 자질로 혼암(昏暗)한 폐조(廢朝)의 시대를 당하여 효도와 우애를 독실히 하고 신하의 도리에 극진하였다. 폐주(廢主)의 난정(亂政)이 더욱 혹독하여 백성들이 도탄에 빠지자 황천(皇天)의 돌보심으로 천명(天命)이 돌아오게 되었다. 신민의 추대를 사양할 수가 없어 드디어 임금의 자리에 오르니 귀신과 사람이 모두 기뻐하고 종묘와 사직이 의탁할 곳이 있게 되었다. 중흥한 공적은 너무도 높아서 어떻게 이름지을 수 없다. 즉위한 이래 학문에 있어서는 정일(精一)의 묘리(妙理)를 궁구했고, 뜻은 당(唐)·우(虞)의 다스림에 간절하여 백성을 언제나 불쌍히 여겼고 간언(諫言)을 따르는 데 어김이 없었다. 재위 39년 동안에 치도(治道)를 이루기 위해 근심하고 괴로워한 것이 모두가 하늘을 두려워하고 백성

성균관 대성전. 조광조는 사후 91년 만인 1610년(광해 2년)에 김굉필, 정여창, 이언적, 이황과 함께 문묘인 대성전에 종사되었다. 이는 당대에는 용납받지 못했던 조광조의 사상이 조선 성리학의 정통으로 인정받게 되었음을 보여주는 상징적인 장면이다.

을 사랑하는 정사였으니 진실로 세상에 드문 현주(賢主)라 할 수 있다. 애석하게도 인자하고 온화함은 넉넉했으나 과단성이 부족하여 진퇴(進退)시키고 용사(用捨)하는 즈음에 현불초(賢不肖)가 뒤섞이게 하는 실수를 면하지 못했다. 그래서 군자와 소인이 번갈아 진퇴함으로써 권간(權奸)이 왕명을 도둑질하여 변고가 자주 일어났고 정치가 조금도 나아지지 않았으며, 재변이 중첩해서 일어나 삼한(三韓)의 신민이 끝내 다시는 삼대(三代)의 정치를 볼 수 없게 되었으니, 임금은 있으나 신하가 없다는 탄식이 어찌 한이 있겠는가. 이와 같이 옛것을 좋아하고 선을 즐기는 정성으로 만일 함께 일을 할 만한 신하를 얻어서 일을 맡기고 소인이 그 사이에 끼어들지 못하게 하였다면 군신이 덕을 함께 하고 시종 서로 신임하여 완성된 미덕을 이루었으리니, 그 치적이 융성함과 공업의 성대함이 어찌 여기에 그칠 뿐이었겠는가.

'가'의 사신 평은 중종이 왕이 되기 이전의 모습에 대한 평으로, 연산군이 폭정하던 시기에 그 대안으로 중종이 왕이 된 과정부터 서술하고 있다. '가'의 사신은 중종이 왕으로 재위했던 39년간 전반적으로 "하늘을 두려워하고 백성을 사랑하는 정사"를 편 현명한 군주로 평하고 있다. 그러나 "인자하고 온화함은 넉넉했으나 과단성이 부족하여 진퇴시키고 용사하는 즈음에 현불초가 뒤섞이게 하는 실수를 면하지 못했다"라고 지적하며 중종의 정치적 한계를 언급했다.

[나]

사신은 논한다. 신은 상고하건대, 중종 대왕은 공검(恭儉) 인자(仁

慈)하시어 재위 40년 동안에 안으로는 성색(聲色)을 즐기는 일이 없었고, 밖으로는 사냥하며 즐기는 데 빠진 적이 없었다. 즉위한 이래로 힘써 치도(治道)를 강구하여, 조야(朝野)가 모두 바라보고 태평을 기약했는데 신하의 보좌를 받을 즈음에 적합한 사람을 얻지 못하여, 처음에는 기묘년에 징계되고 나중에는 정유년에 실수하여³ 조정이 조용하지 않고 붕당을 지어 서로 모함함으로써 드디어는 어진 이를 좋아하고 선행을 즐기는 마음이 잠시 열렸다가 끝내 닫혀지고 말았다. 이는 다름이 아니라, 조광조 등이 옛것을 사모한다는 이름만 있었고 옛것을 사모하는 실상은 없이 한갓 번잡하게 고치는 것만 일삼았으며 점차로 개선해 나가는 방도를 생각하지 않고, 오직 배척만을 힘써 자신의 흉중에 품은 생각을 대폭적으로 실행하려 한 데서 말미암은 것이니, 삼대의 정치가 진실로 이러한 것인가. 그 후로는 비록 아름다운 말과 착한 행실을 누가 혹 앞에서 진술하더라도 전후로 징계된 바 있어 허심탄회한 마음으로 청납(聽納)하는 일이 없었으니, 이것이 이른바 '아무리 슬기 있는 사람도 뒤끝을 잘 맺기 어렵다'는 것이다. 그러나 그 잘못을 추구해보면 모두가 기묘년 사람들이 단서를 열어놓은 것이다. 그러나 인후한 성덕으로 부지런하고 공손하게 상국을 정성으로 섬기고, 오랑캐를 도로써 통솔하며, 백성들의 질고를 잘 알아 크고 작은 고통을 어루만져 구휼함에 힘입어 나라 안이 소생되고 원망이 없어졌으니, 참으로 중흥의 성군이라고 할 만하다. 묘호(廟號)를 중종(中宗)이라 하였으니 그 또한 이 때문인가 보다.

'나'의 사신은 중종의 정치적 잘못에 대한 지적을 하면서도, 이것은

"기묘년 사람들이 단서를 열어놓은 것"이라 하여 조광조의 잘못을 더욱 크게 부각시키고 있다. 그리고 사대교린을 기본 방향으로 하는 조선의 외교 정책을 중종이 잘 실천한 점을 강조하고, 중흥의 군주라는 뜻의 '중종'이라는 묘호가 어울린다고 평가하고 있다.

[다]

사신은 논한다. 상은 인자하고 유순한 면은 남음이 있었으나 결단성이 부족하여 비록 일을 할 뜻은 있었으나 일을 한 실상이 없었다. 좋아하고 싫어함이 분명하지 않고 어진 사람과 간사한 무리를 뒤섞어 등용했기 때문에 재위 40년 동안에 다스려진 때는 적었고 혼란한 때가 많아 끝내 소강(小康)의 효과도 보지 못했으니 슬프다.

'다'의 사신은 "어진 사람과 간사한 무리를 뒤섞어 등용했기 때문에 재위 40년 동안에 다스려진 때는 적었고 혼란한 때가 많아 끝내 소강(小康)의 효과도 보지 못했다"라며 중종이 특히 인재 등용에 실패한 점을 강하게 비판했다.

[라]

사신은 논한다. 인자하고 공검한 것은 천성에서 나왔으나 우유부단하여 아랫사람들에게 이끌리어 진성군(甄城君)을 죽여 형제간의 우애가 이지러졌고, 신비(愼妃)를 내치고 박빈(朴嬪)을 죽여 부부의 정이 없어졌으며, 복성군(福城君)과 당성위(唐城尉)를 죽여 부자간의 은의(恩義)가 어그러졌고, 대신을 많이 죽이고 주륙(誅戮)이 잇달아 군신의 은의가 야박해졌으니 애석하다.

'라'의 사신은 중종이 단경왕후를 폐하고, 경빈 박씨와 아들인 복성군 그리고 그 사위까지 처형한 사실에 대해, 군신의 은혜와 의리가 야박해졌다고 비판했다. 전체적으로 중종이 승하한 후에 그에 대한 사신들의 평가는 긍정과 부정이 교차한다는 인상을 준다. 중종을 긍정적으로 평가한 사신도 중종의 한계나 문제점을 지적하고 있다.

중종에 대한 사신들의 평가 중 특히 '나' 사신의 평가는 조광조에 관한 내용이 있어 주목된다. "조광조 등이 옛것을 사모한다는 이름만 있었고 옛것을 사모하는 실상은 없이 한갓 번잡하게 고치는 것만 일삼았으며 점차로 개선해 나가는 방도를 생각하지 않고, 오직 배척만을 힘써 자신의 흉중에 품은 생각을 대폭적으로 실행하려 한 데서 말미암은 것이니, 삼대의 정치가 진실로 이러한 것인가"라고 적은 대목에서는 조광조의 개혁 정치에 한계가 많았음을 지적하는 입장도 상당했음을 볼 수 있다.

인종, 조광조를
복권시키다

　조광조의 복권은 중종의 뒤를 이어 왕위에 오른 인종(仁宗) 대에 이루어졌다. 인종은 6세에 세자로 책봉이 되어 25년간 세자 생활을 하면서 준비된 왕의 면모를 보였으나, 재위 기간은 8개월(1544년 11월~1545년 7월)에 불과하여 조선의 역대 왕들 중에서 가장 짧다. 이러한 사례는 8세에 세자로 책봉되어 29년간 세자 생활을 했지만, 정작 왕으로서는 2년 남짓한 시간을 보낸 문종의 경우와도 유사하다. 짧은 재위 기간에도 불구하고 인종은 왕세자 시절부터 성리학의 숭상과 기묘사화로 희생된 사림파의 명예 회복에 관심을 기울였다. 그 결과, 조광조, 김정, 기준 등 기묘인들의 복권이라는 당대의 정치적 숙원 사업이 인종 대에 이르러서 실현될 수 있었다.

　인종은 세자 시절 사림파를 중용했는데, 그중에서도 인종의 스승으로 활약을 한 대표적인 인물은 김인후(金麟厚)였다. 김인후의 자는 후지(厚之), 호는 하서(河西)·담재(湛齋), 본관은 울산이다. 김인후는 22세이던 1531년(중종 26년) 사마시에 합격하여, 성균관에 들어갔다. 이때 이황과 함께 공부했는데, 이황은 "더불어 교유한 자는 오직 김인후 한 사람뿐이다"라고 회상할 정도로 김인후에게 돈독한 우의를 표시했다. 1540년(중종 35년)에는 31세의 나이로 별시 문과에 급제하여 관직에 진출했다.

1541년(중종 36년)에는 사가독서(賜暇讀書, 조선시대에 유능한 젊은 문신들을 뽑아 휴가를 주어 독서당에서 공부하게 하던 일)를 했으며, 이어 홍문관 저작(著作) 및 박사, 시강원(侍講院) 설서, 홍문관 부수찬 등을 지냈다.

관직 생활을 하면서 1519년(중종 14년) 기묘사화 때 죽임을 당한 조광조 등의 명예 회복을 위해 노력했으며, 1543년(중종 38년) 4월 시강원 설서가 되어 당시 왕세자로 있던 인종을 보필하면서 그에게 학문적으로 큰 영향을 끼쳤다. 인종 대 이후에는 주로 고향인 장성에 은거하면서 후학 양성에 힘을 기울였다. 김인후는 조광조 등 기묘사림(己卯士林)의 학맥을 이으면서 그 한계를 극복하는 노력을 게을리하지 않았고, 당시 '영남에 이황이 있다면 호남에 김인후가 있다'고 일컬을 정도로 명성이 높았다. 기대승(奇大升)과 정철(鄭澈) 등 호남 출신 학자들 다수가 그의 제자임을 자처했다는 사실에서 김인후가 16세기 호남을 대표하는 학자였음을 알 수 있다.

인종과 김인후의 관계는 각별했는데, 이를 잘 보여주는 일화가 있다. 어느 날 인종은 김인후에게 주자의 성리학이 집대성된 『주자대전(朱子大全)』 한 질과 직접 먹으로 대나무를 그린 〈묵죽도〉를 하사했다. 이에 김인후는 인종에게 답례의 시를 지어 올렸다. '뿌리 가지 마디 잎새 모두 정미롭고 / 굳은 돌은 벗인 양 주위에 둘러 있네 / 성스러운 님 조화를 짝하시니 / 천지랑 함께 뭉쳐 어김이 없으시다.' 김인후는 이 시에서 대나무를 인종에 비유하고, 대나무 주변의 돌은 자신과 같이 충성스러운 신하로 비유했다.

1543년 6월, 김인후는 기묘년에 희생된 사림파의 신원을 요청하는 차자(箚子, 일정한 격식을 차리지 않고 사실만을 적어 올린 상소문)를 올렸는데, 인종은 스승인 김인후의 차자를 깊이 염두에 두고 있다가 왕으로 즉위한 이후 이를 적극 수용한 것으로 보인다. 중종의 뒤를 이어 즉위한 인종에게 주어진 시대적 과제 중 하나는 조광조를 비롯한 기묘사림에 대한 정당한 평가와 명예 회복이었다.[4] 인종 즉위 직후, 조광조와 기묘사림에 대한 신원 상소가 성균관 유생, 사헌부, 홍문관 등 곳곳에서 올라왔다. 조광조 신원의 당위성을 알면서도 선왕인 중종의 처분을 쉽게 바꿀 수 없었기에 인종은 고민했다. 그 과정에서 인종의 병은 깊어졌고, 인종은 죽기 직전에도 이 문제에 대해 신하들이 검토할 것을 거듭 당부했다. 1545년(인종 1년) 6월 29일의 『인종실록』에는 인종이 조광조의 복직과 현량과의 회복을 유언으로까지 남겼음을 알 수 있는 기록이 남아 있다.

> 또 윤임 등을 돌아보며 "조광조를 복직시키고 현량과를 부용(復用)하는 일은 내가 늘 마음속으로 잊지 않았으나 미처 용기 있게 결단하지 못하였으니, 참으로 평생의 큰 유한(遺恨)이 없지 않다" 하자, 윤임이 말리며 아뢰기를 "상께서 어찌하여 잡언(雜言)을 많이 하십니까. 병환이 빨리 나으면 무엇을 하고자 하여도 수행하지 못하시겠습니까" 하니, 상이 다만 혀를 차면서 탄식할 뿐이었다.

인종이 유언으로까지 남긴 조광조의 복권과 현량과의 회복은 인종의 승하로 그 빛을 보지 못했다. 인종 사후, 1545년 명종이 즉위하고 대윤(大尹) 세력이 권력을 잡은 후에는 을사사화가 일어나면서 인종의 유언은 실현되지 못했다. 을사사화 이후, 문정왕후와 대윤 집권기에는 조광조라는 이름 석 자가 다시 금기시되는 분위기였다. 조광조의 완전한 복권은 명종 대 척신정치의 횡행이라는 동토(凍土)의 시기를 지나, 1567년 선조 즉위 후 사림정치가 본격적으로 열리는 때에 이르러서야 가능했다.

3

선조 대, 유생들의
문묘 종사 청원

조선의 제14대 왕 선조(宣祖)에 대해서는 서로 다른 평가가 엇갈린다. '목릉성세(穆陵盛世, 선조가 이끈 학문과 문화의 전성기)'라는 표현으로 대표되듯이 학문과 문화의 전성기를 이끈 군주라는 평가도 있지만, 임진왜란이 일어나자마자 도성을 버리고 자신의 안위에만 급급했던 군주라는 부정적인 평가도 많다. 특히 최근에는 이순신과 유성룡을 주인공으로 한 사극의 영향 때문인지 아들 광해군을 끊임없이 견제하고 전쟁 영웅 이순신의 공을 시기했던 편협한 군주로 인식되는 경향이 크다. 거기에다가 1575년(선조 8년) 동서분당으로 전개된 당쟁의 시작, 1589년(선조 22년) 기축옥사(己丑獄事)와 같은 대형 정치 참극 시 보여준 방관자적인 태도, 1592년(선조 25년) 임진왜란 때 보여준 무능한 군주의 모습 등이 겹쳐 선조를 둘러싼 평가는 여전히 여러 시각들이 혼재한다.

선조 대는 사림파가 본격적으로 중앙 정치에 참여하면서 당쟁이 시작되는 시대이기도 했다. 선조 대 학계의 중심이 된 대표적인 인물들로는 이황, 조식, 이이, 이준경(李浚慶), 유성룡(柳成龍), 정철, 윤두수(尹斗壽), 이산해(李山海), 이원익(李元翼), 이항복(李恒福), 이덕형(李德馨), 신흠, 이수광 등을 손꼽을 수 있는데, 이들의 뿌리는 사림파였다. 선조 대에는 사림파의 정신을 바탕으로 한 쟁쟁한 학자들이 동시다발적으로 배출되어 학문의 진흥이 이루어졌으며 사림파 학자들의 중앙 정치 참여 기반이 조성되었다. 가히 사림정치의 전성기라고 할 수 있겠다.

선조는 사림정치의 본격적인 전개라는 시대적 흐름 속에서 1567년, 명종의 뒤를 이어 즉위했다. 선조는 명종 대에 이루어진 문정왕후의 수렴청정과 외척정치의 횡행으로 문란해진 정치 기강을 바로잡는 데 힘을 기울였다. 인종 대에 잠시 복권에 대한 논의가 이루어졌다가, 외척정치의 세도 속에 정당한 지위를 회복하지 못한 조광조에 대한 재평가 작업도 선조 대의 중요한 과제였다. 1568년(선조 1년) 4월 4일, 사간원에서 조광조의 관직을 복구하고 문묘(文廟)에 종사(從祀)하기를 청한 것은 조광조 복권 사업의 신호탄이었다. 4월 17일에는 조광조를 영의정에 추존했고, 1570년에는 문정(文正)이라는 시호를 내리면서 그 결실을 보았다.

조광조 추존의 대미를 장식하는 사업은 바로 문묘 종사였다. 공자의 위패를 모신 성균관 문묘에 배향되는 것은 조선의 유학자에게 주어지는 최고의 영예였다. 1570년(선조 3년) 4월 23일, 성균관 유생들이 대궐에 엎드려 상소를 올려 김굉필, 정여창, 조광조, 이언적의 문묘 종사를 청했다. 상소의 내용은 다음과 같았다.

국가가 기묘년에 사림을 제거한 뒤로 또 을사년의 화를 겪었는데 아직 국시(國是)가 정해지지 않아서 사기(士氣)가 꺾여서 학문을 하는 것에 대해 아직도 의구심을 품고 검신(檢身)을 오히려 해괴하고 이상히 여기고 있습니다. 삼가 전하께서는 더욱더 도(道)를 중히 여기는 성의를 가지시고 선비를 높이는 예를 더하시어 위의 네 신하의 문묘 배향을 허락함으로써 한편으로는 그들의 공에 보답하고 한편으로는 이 세상을 권면 장려한다면, 사람들이 높일 바를 알아서 학술이 모두 바른 데에서 나오게 될 것입니다.

이에 선조는 "말이 간절하고 뜻이 정대해서 세 번 반복하여 감탄했다. 다만 일이 매우 중대하니 어찌 용이하게 조처할 수 있겠는가. 전에도 이 점에 대해 이미 어렵다는 뜻을 알렸는데, 이것이 바로 많은 선비들의 소망에는 부응하지 못하는 이유이다" 하면서 그 취지에는 공감하면서도 바로 추진하기는 어렵다는 뜻을 밝혔다.

1573년(선조 6년) 8월 28일에는 유생들이 상소하여, 기존의 김굉필, 정여창, 조광조, 이언적 이외에 이황을 포함하는 오현의 문묘 종사를 청했다. 선조는 이번에도 "문묘에 종사하는 것은 일이 가볍지 않으므로 쉽사리 거행할 수 없으니, 청한 것을 윤허하지 않는다"라고 답했다.

1576년(선조 9년) 4월 24일에 성균관 유생들은 김굉필, 정여창, 조광조, 이언적, 이황의 문묘 종사를 다시 청했다. 성균관 유생들은 김굉필 등을 개인별로 문묘에 종사해야 하는 이유에 대해 상소하였는데, 당시 상소문에서 조광조를 배향해야 하는 이유에 대해 아뢴 내용을 보자.

조광조는 영오(穎悟)함이 남보다 뛰어났고 타고난 천품이 도(道)에 가까웠는데, 김굉필의 문하에 나아가 도학의 묘리를 많이 듣고부터 자신을 더욱 엄격히 다스리고 뜻을 더욱 확고히 가다듬어 진리를 알고 실천함으로써 마침내 대유(大儒)가 되었습니다. 중종 때에는 깊은 신임을 받아 임금을 요순(堯舜)처럼 만들기를 기약하였고 폐해를 고치는 데는 교화를 우선으로 삼았으며, 소자(小子)들을 제도함에 있어서는 『소학』의 가르침을 밝혔고 야박한 습속을 도탑게 함에 있어서는 향약의 조항을 시행하여 '기월(期月)의 화(化)'[5]에 이를 것을 기대할 수 있었습니다. 그런데 참인(讒人)들의 모함에 의해 훌륭한 뜻을 지닌 채 죽음에 나아갔습니다. 그 자신이 태평한 시대를 이룩하지는 못했지만 그가 남긴 혜택은 사람들에게 남아 있어 오래도록 없어지지 않고 있으니, 이는 그가 작성한 공이 후세에까지 파급된 것입니다.

그러나 몇 년에 걸쳐 거듭된 문묘 종사 청원에 대해 선조의 대답은 여전히 유보적이었다. 성균관 유생들이 중심이 된 문묘 종사 청원은 선조대 후반까지 계속되었다. 1606년(선조 39년) 1월 18일에 올라온 청원 상소에 대해서도 선조는 "상소의 내용은 잘 알겠다. 이 일은 전에도 이미 하유했으니 알고 있을 것이다. 뒷날을 기다려 보는 것이 좋겠다"라고 답했다. 오현의 문묘 종사 청원에 대한 선조의 대답은 이처럼 한결같았다. 당시 사관은 "오현의 종사는 실로 온 나라의 공동의 논의이다. 진유(眞儒)를 표창하여 사문(斯文)을 부지하는 일은 오늘날의 급선무인데도 지연시키고 시행하지 않으면서 우선 뒷날을 기다려 보라고 한다면, 이것이 어찌 성세(聖世)의 일대 흠이 아니겠는가"라면서 선조의 조치를 비판했다. 결국 선조는 오현의 문묘 종사에 대해 명확한 답을 주지 않은 채, 1608년 2월 승하했다.

4

광해군 대,
문묘에 종사되다

1608년, 광해군이 즉위한 후에도 오현의 문묘 종사 청원은 계속 이어 졌다. 그리고 마침내 광해군 대에 이르러 그 결실을 맺게 된다. 1610년(광 해 2년) 9월 광해군이 오현의 문묘 종사를 마침내 허락한 것이다. 이제 조 광조는 김굉필, 정여창과 같은 선배 유학자와 이언적, 이황과 같은 후배 유학자와 함께 학자로서 최고의 반열에 오르게 되었다. 1610년 9월 5일, 광해군이 중외(中外)의 대소 신료와 기로(耆老), 군민(軍民), 한량인(閑良 人) 등에게 오현의 문묘 종사를 허락하면서 내린 전교의 내용은 다음과 같다.

하늘이 대현(大賢)을 낸 것은 우연치 않은 일로서 이는 실로 소장(消 長)의 기틀에 관계되는 것이다. 덕이 있는 자에게 상사(常祀)를 베풀어 야 함은 의심할 나위가 없는 일이니 존숭하여 보답하는 전례(典禮)를 거행하는 것이 마땅하다. 이에 반포하여 귀의할 바가 있게 한다. 우리 동방을 돌아보건대 나라가 변방에 치우쳐 정학(正學)의 종지(宗旨)를 전수받은 일이 드물었다.

기자(箕子)에 의해 홍범구주(洪範九疇)의 가르침이 펼쳐져 예의의 방도를 알고 있었다. 하지만 신라 시대의 준재들도 사장(詞章)의 누습(陋習)을 벗어나지 못했고, 고려 말에 이르기까지 천 년 동안에 겨우 포은(圃隱, 정몽주) 한 사람을 보게 되었을 뿐이었다.

그러다가 우리 조종께서 거듭 인덕(仁德)을 베푸시는 때를 만나 참으로 문명을 진작시키는 운세를 맞게 되면서 김굉필, 정여창, 조광조, 이언적, 이황과 같은 다섯 신하가 나오게 되었는데, 이들이야말로 염락관민(濂洛關閩)의 제자(諸子)가 전한 것을 터득하고 격물(格物)·치지(致知)·성의(誠意)·정심(正心)의 공을 이룩한 이들로서 그 법도가 매한가지이니, 참소하고 질시하는 무리들을 그 누가 끼어들게 할 수 있겠는가. 포부를 펴고 못 펴는 것은 시대 상황과 관련이 있는 것으로서 설령 한 시대에 굴욕스러운 일을 당했다 할지라도 시비는 저절로 정해지는 것이니 어찌 오랜 세월을 기다려야만 알 성질의 것이겠는가.

광해군은 고려 말까지 정몽주만이 문묘에 종사된 이래, 김굉필, 정여창, 조광조, 이언적, 이황과 같은 다섯 신하가 나오게 된 것은 중국에서 송나라 시대에 주돈이, 정호·정이 형제, 장재, 주자를 계승한 사례라고 기뻐했다. 이어서 광해군은 오현의 문묘 종사를 통하여 후대의 전범으로 삼겠다는 의지를 거듭 밝혔다.

내가 왕위를 계승함에 이르러 그들과 같은 시대에 있지 못함을 한탄하며 전형(典刑)이 나에게 있어주기를 바랐으나 구천에서 다시 일으킬 수 없는 것을 어찌 하겠는가. 이에 문묘에 종사하여 제사를 받들면서 백세토록 사표(師表)로 삼게 하는 동시에, 40년 동안 고대했던 사람들의 마음에 응답하고 천만 세에 걸쳐 태평의 기업을 열 수 있도록 하리라 생각하였다. 이는 대체로 이만큼 기다릴 필요가 있어서 그러했던 것이니, 어찌 하늘이 아니고서야 그 누가 이렇게 하겠는가.

이에 금년 9월 4일에 증(贈) 의정부 우의정 문경공(文敬公) 김굉필, 증 의정부 우의정 문헌공(文獻公) 정여창, 증 의정부 영의정 문정공(文正公) 조광조, 증 의정부 영의정 문원공(文元公) 이언적, 증 의정부 영의정 문순공(文純公) 이황 등 다섯 현신을 문묘의 동무(東廡)와 서무(西廡)에 종사하기로 하였다. 아, 이로써 보는 이들을 용동시키고 새로운 기상을 진작시키려 하는데, 이 나라의 어진 대부들은 그 누구나 모두 상우(尚友, 옛 현인을 벗으로 삼음) 하는 마음을 가질 것이고 우리 당(黨)의 문채나는 소자(小子)들은 영원히 본보기로 삼고자 할 것이다. 그래서 이에 교시하는 바이니, 모두 잘 이해하리라 믿는다.

중종 재위 후반기부터 제기되기 시작했던 조광조의 문묘 종사는 선조 대를 거쳐 광해군 대에 이르러 그 결실을 맺게 되었다. 기묘사화로 희생된 지 정확하게 91년 만인 1610년 문묘에 종사됨으로써 조광조는 조선 사림의 상징으로 되살아났다.

사림파의 영수들,
조광조를 기억하다

위에서 살펴본 것처럼 중종이 끝까지 해결하지 못한 조광조의 복권 과정은 인종 대에 그 가능성이 보였으나, 1545년의 을사사화 이후 조광조에 대한 인식이 부정적으로 전환하면서 그 논의가 거의 이루어지지 못했다. 그러나 선조 즉위 후, 사림정치가 본격적으로 재개되면서 조광조의 복권과 함께 문묘 종사 운동이 추진되었고, 1610년 광해군 대에 이르러 마침내 조광조를 포함한 오현의 문묘 종사가 이루어졌다.

왕이 주도하는 조광조의 복권 사업과는 별개로 조광조 이후를 대표하는 사림파 학자들은 조광조를 자신들의 정신적 뿌리로 생각하고, 그를 존숭하는 모습을 보였다. 기묘사화 이후, 조광조 일파가 널리 보급했던 성리학 이념서인 『소학』과 『근사록』이 잘 읽히지 않을 정도로 사화의 정치적 · 사상적 파급 효과와 그 후유증은 컸다. 그런 시대적 분위기에 따라 조광조의 뜻에 동조했던 학자들은 출사의 길을 포기하고, 지방에서 후학들을 양성하면서 조광조가 추진했던 성리학 이념의 지방 전파라는 시대적 과제를 실천하기 위해 노력했다. 경상도 산청의 조식, 예안의 이황, 전라도 장성의 김인후, 담양의 양산보(梁山甫) 등이 조광조를 기억한 대표적인 사림파 학자들이다. 이후 한 세대를 넘어 이이와 같은 학자들도 조광조의 학문과 사상의 실천에 주력했다.

조식의 연보를 보면 1519년(중종 14년) "조광조의 부음을 듣고 사로(仕路, 벼슬길)의 험난함을 알았다"라는 내용의 기록이 보인다. 조식은 어린 시절 부친의 임지를 따라 서울의 장의동에서 생활했는데, 조광조의 죽음은 그에게 큰 충격으로 다가왔다. 기묘사화가 일어났을 때 숙부 조언경(曺彦卿)이 조광조의 일파로 지목을 받아 죽임을 당했고, 서울에서 이웃하며 살던 조식의 벗 성수침이 조광조의 문인이었던 것은 조식과 조광조의 연결고리를 보여준다. 이후 조식은 25세가 되던 1525년(중종 20년)에 외가인 합천 지역으로 낙향하여 성리학을 본격적으로 연구하고 이를 실천하는 문제에 전념하게 된다. 조식이 관직 생활의 험난함을 알고 낙향을 결심한 계기가 조광조의 죽음이었다는 사실은, 조식의 학문 세계 형성에 있어서 조광조가 영향을 미쳤음을 짐작하게 한다.

조식과 같은 해인 1501년(연산 7년)에 태어난 이황은 조식과 더불어 당대에 영남학파의 양대 산맥으로 일컬어졌다. 조선시대에 경상도는 낙동강을 기준으로 하여 좌도와 우도로 구분되었는데, 이황의 학문 근거지인 안동 지역은 경상좌도에, 조식의 기반인 산청과 진주는 경상우도에 위치했다. 이황과 조식을 두고 '좌퇴계 우남명'이라고 부른 것은 이러한 이유에서였다. 조식이 성리학의 실천 문제에 중점을 둔 반면, 이황은 성리학의 이론 탐구에 주력하여 '동방의 주자'로 칭해지기도 했다. 이황과 조식은 성리학을 이해하는 데에 있어 중점을 둔 측면에서는 차이가 있었지만, 조광조를 조선 성리학의 핵심 인물로 꼽고, 그의 학문을 계승하고자 했던 방향성은 일치했다. 특히 이황은 조광조의 문묘 종사를 청하는 데 적극적으로 나섰고, 후일 조광조와 함께 문묘에 종사되는 영광까지 얻었으니, 이황은 조선 성리학의 전통에서 조광조의 학문과 사상을 직접 계승한 인물로 지금까지 기억되고 있는 셈이다.

이이 역시 조광조의 학문적 영향력 속에 성장했다. 그는 『석담일기』에서 조선 성리학의 전통에서 조광조가 차지하는 위상을 높게 평가했다.

> 우리나라 이학(理學)의 전통이 없더니 고려의 정몽주가 처음 발단을 시켰으나 법도가 미치지 못했고, 우리 왕조 김굉필이 그 단서를 이어 받았으나 아직 크게 드러나지 못했다. 광조가 도(道)를 주창함에 미쳐서 배우는 이들이 모두 함께 그를 추존했다. 지금 성리학이 있는 것을 알게 된 것은 광조의 힘인 것이다.

조선 중기를 대표하는 성리학자이자 사림파의 영수로서 중요한 위치에 있었던 조식, 이황, 이이는 거의 공통적으로 조광조에 대해 깊은 존숭을 표시하고, 그의 학문을 계승하는 것을 소임으로 삼았다. 조광조의 학문과 사상은 16세기를 대표하는 학자들에게 깊은 영향을 주었고, 이것은 후대에 조광조를 조선 성리학의 상징으로 기억하게 하는 중요한 기반이 되었다.

6

정조, 조광조를
존숭(尊崇)하다

조선 후기를 대표하는 학자 군주 정조(正祖)도 조광조의 학문을 존숭해야 할 대상으로 인식했다. 1796년(정조 20년) 1월 23일, 정조는 현륭원(顯隆園)으로 행차하던 중 인근에 조광조의 사우(祠宇, 조상의 신주를 모셔놓은 집)가 있음을 떠올렸다. 이윽고 정조는 승지를 보내 조광조의 사우에 제사를 지내게 하고 다음과 같은 전교를 내린다.

선정(先正) 문정공 조광조의 사판(祠版)이 본부 안의 행궁(行宮)에서 서로 바라다 보이는 곳에 있는데, 몇 칸 모옥(茅屋)이 비바람을 가리지 못하고 있다. 아, 선정의 도학(道學)으로 성조(聖朝)를 만나 당시 융숭한 지우(知遇)를 받은 것이 실로 천재일우의 성대한 기회였기에 내가 매양 그 유서(遺書)를 열람할 때면 여러 번 되풀이하여 탄상(歎賞)하지 않은 적이 없었다. 더구나 지금은 정학(正學)이 날로 묵어가고 사풍(士風)이 점차 투박해지는데, 어떻게 선정 같은 사람을 얻어 함께 나라를 다스릴 수 있겠는가. 지척(咫尺)에 주필(駐蹕) 하니 내 감상이 배나 더 한다. 승지를 보내 날짜를 가려서 치제(致祭)하고, 그의 봉사손(奉祀孫) 조국인(趙國仁)은 해조로 하여금 초사(初仕)에 조용(調用)하도록 하라.

당시 정조가 조광조에게 내린 제문은 정조의 문집인 『홍재전서(弘齋全書)』에 실려 있다.

더디고 더디도다 나의 행차여	遲遲吾行
화성에서 이틀을 묵으니	信宿華城
화성의 북쪽에	于華之北
몇 칸의 집이 있네	有屋數楹
누구의 집이냐면	云誰之屋
문정공의 사당일세	文正之祠
내가 문정공을 생각하니	我思文正
시대를 같이하지 못함이 애석하네	惜不同時
천인 성명의 학문을 하고	天人性命
요순의 군민을 추구했으니	堯舜君民
일찍이 경륜을 품고서	夙抱經綸
창성한 시대를 만났네	際遭昌辰
처음 경연의 강석에 오르니	初登講幄
준수한 선비가 모두 모였고	俊乂咸籲
드디어 사헌부의 우두머리가 되니	遂長霜臺
남녀가 분별을 알아 길을 달리했네	士女異路
시운에 고르고 기욺이 있었고	運有平陂
도가 혹 쇠하고 자람이 있었으나	道或消息
공에게야 무슨 허물이었으랴	公於何尤
문묘에 배향되었네	聖廡腏食

군자가 이에 본보기로 삼고	君子是式
소인이 이에 덕을 생각하니	小人是懷
도리어 내가 감탄하고 흠앙하는 바인데	顧予懍欽
어디에서 공을 찾을 것인가	曷覓公來
만일 공이 있었다면	如公在者
세상이 한 번 변하여 도에 이르렀으리라	一變至道
이에 술과 음식을 갖추어 올리니	蕆玆醪羞
영령께서는 길이 묵묵히 도우소서	永言冥祐

　위의 정조가 올린 제문에서 천인성명(天人性命), 요순군민(堯舜君民), 풍포경륜(夙抱經綸), 군자시식(君子是式), 소인시회(小人是懷) 등의 구절에는 성리학의 가장 기본이 되는 개념들을 실천했던 조광조의 사상을 계승하고자 했던 정조의 의지가 함축되어 있다.

6장

성리학적 이상을
함께 꿈꾼 사람들

기록으로 부활한 기묘사림

1519년 기묘사화로 인해 조광조는 죽음을 맞이했지만, 선조 즉위 이후 사림정치 시대가 본격적으로 열리면서 개혁 사림파의 상징 조광조에 대한 적극적인 평가가 이루어지기 시작했다. 그러한 시대적 흐름에 따라 조광조를 비롯해 그와 함께 했던 인물들에 대한 전기가 다수 출간되었다. 『기묘당적(己卯黨籍)』, 『기묘록(己卯錄)』, 『기묘록보유(己卯錄補遺)』, 『기묘제현전(己卯諸賢傳)』, 『기묘팔현전(己卯八賢傳)』과 같은 전기문들이 대표적이다.[1] 이 전기문들은 1456년(세조 2년), 생육신(生六臣) 중 한 명인 남효온이 자신의 문집인 『추강집(秋江集)』에 단종 복위 운동의 중심인물이었던 성삼문(成三問), 박팽년(朴彭年), 하위지(河緯地), 이개(李塏), 유성원(柳誠源), 유응부(俞應孚)의 행적을 「육신전(六臣傳)」이라는 글로 정리했던 전례를 계승한 저작들이었다. 이를 현대사까지 소급해서 비유하면, 1980년의 5 · 18민주화운동 관련 인물들에 대한 기록이 오늘날에도 계속해서 정리되어 가는 과정과도 일맥상통하는 면모를 갖고 있다.

김정국의 『기묘당적』과 안로의 『기묘록보유』

『기묘당적』은 기묘사화에 연루되어 파직을 당했던 김정국(金正國)의 저서로, 후대에 작성되는 기묘사림 관련 저술들의 근간이 되었다. 김정국은 기묘사화 때 황해도 관찰사로 있으면서, 기묘사화에 연루된 이들의 처벌에 반대하는 상소문을 올리려 했다는 이유로 관직을 삭탈당했다. 이후 김정국은 고양(高陽)에 은거하며 지내다가, 중종 재위 후반기에 권력을 휘둘렀던 김안로가 축출을 당하자 다시 정계에 복귀했지만 기묘사림에 대한 정치적 견제로 말미암아 요직에는 등용되지 못했다. 『기묘당적』을 저술한 시기는 기묘사림에 대한 신원 운동이 본격적으로 전개되던 1537년부터 1541년 사이인 것으로 추정되는데, 기묘사화에 희생당한 사람들의 대략적인 범위를 설정하려는 의도가 컸다.

『기묘당적』에는 조광조, 김정, 이자, 한충(韓忠), 김안국, 권벌(權橃), 유인숙, 신광한(申光漢) 등 총 93인의 피화인에 관한 내용이 수록되어 있으며, 각 인물에 대해서는 성명, 생년, 자, 호, 사마시 합격년도, 대과 합격년도, 최고 관직, 피화 사실, 복권 여부 등이 기록되어 있다.

기묘사림에 관련된 또 다른 기록으로는 안로(安璐)가 편찬한 『기묘록보유』가 있다. 안로는 기묘사림 중 한 사람인 안당의 손자인데, 그의 집안은 안당을 비롯해 부친 안처겸(安處謙), 숙부 안처함(安處諴)과 안처근(安處謹), 당숙 안처순(安處順) 등이 모두 『기묘당적』에 올라가 있을 정도로 기묘사림과 밀접한 관계를 갖고 있었다.

『기묘록보유』는 별도의 단행본으로는 전해지지 않고 『대동야승(大東野乘)』의 한 편으로 수록되어 있는데, 저자가 안로라는 사실만이 기록되어 있을 뿐 작성 동기나 집필 시기와 관련해서는 별다른 언급이 없다. 다만 1575년(선조 8년) 안당이 복권되어 시호를 받았다는 내용이 기록되어 있는 것으로 보아 『기묘록보유』는 1575년 이후에 집필되었을 가능성이 크다. 안로의 집안에는 기묘사림에 속했던 사람들이 다수 포함되어 있었으며, 이들은 조광조와도 친밀한 관계를 갖고 있었다. 안당은 조광조가 성균관을 통해서 천거되었을 때 그의 발탁에 앞장섰고, 안로의 부친인 안처겸과 두 숙부 안처함과 안처근은 조광조의 추천으로 현량과에 급제했다. 그리고 그의 7촌 당숙 되는 안처순 역시 조광조와는 상당한 친분관계를 갖고 있었던 인물로, 조광조의 시문 중에 그에게 보낸 것이 남아 있다. 안로는 선대부터 조광조와 기묘사림과의 밀접한 관계를 인식하고 안당이 복권된 후에 체계적으로 기묘사림들의 전기인 『기묘록보유』를 저술한 것으로 보인다.

『기묘록보유』는 김정국이 작성한 『기묘당적』의 체제를 충실히 따르고 있다. 제일 먼저 『기묘당적』에 수록되어 있는 내용을 기록하고, 다음으로 이들의 행적과 관련한 내용을 싣는 식으로 『기묘당적』의 내용을 보충했다. 『기묘록보유』에는 총 129명의 피화인들이 상권과 하권으로 나뉘어 수록되었다. 상권에는 『기묘당적』에 수록된 93명 전원을 싣고 하권에는 『기묘당적』에 실리지 않았던 사람들을 수록했는데, 이들은 모두 기묘사화 혹은 그 연장선에서 일어난 안처겸의 옥사에 연루되었다는 공통점을 가지고 있다.

김육의 『기묘제현전』

김식의 후손인 김육(金堉)은 『기묘제현전』을 저술했다. 김식의 현손이었던 김육은 안로가 선조인 안당과 안처겸에 대한 관심에서 『기묘록보유』를 저술한 것과 비슷한 동기에서 『기묘제현전』을 집필했다. 『기묘제현전』의 저술에 앞서 김육은 자신의 집에 소장되어 있던 『기묘년천거과방목(己卯年薦擧科榜目)』의 서문을 썼다.

　　우리 집에는 『기묘년천거과방목』 인본(印本) 한 건을 소장하고 있었다. (…) 그해 겨울 전쟁이 일어나 강화도에서 잃어버렸다. 항상 오가며 생각을 했지만 다시 얻을 방법이 없었다. 무인년 가을 호서 지역에 관찰사로 나가다가 청주에 이르렀는데, 그곳에 사는 박안시(朴安時)라는 사람은 박수량(朴遂良)의 증손이었다. 필사본을 갖고 있어서 내가 얻어 매우 기뻤다. 즉시 편지를 띄워 간행하도록 했는데, 천거과에 합격한 자손들과 함께 하기로 생각했다. 이듬해 정월에 마쳤다.

　　김육의 집에는 1579년(선조 12년) 안로가 주도하여 작성한 『기묘년천거과방목』이 있었는데, 병자호란으로 분실했다가 충청도 관찰사 부임을 계기로 청주에 살고 있던 박수량의 후손인 박안시가 이 책의 필사본을 소장하고 있어서 재간행 했다는 내용이다. 『기묘제현전』은 『기묘년천거과방목』을 재입수한 김육이 선조인 김식을 비롯해 기묘사림의 기억을 다시 떠올리면서 저술한 책이다. 신익성(申翊聖)이 쓴 서문에는 김육이 『기묘제현전』을 저술한 동기가 드러나 있다.

　　지금 충청도 관찰사 김육이 기묘팔현(己卯八賢)을 적어 내게 자문하기를 장차 책으로 만들어 간행하려고 한다고 했다. 내가 받아 읽어보고 편지를 써서 말하기를 (…) 김육은 그 글을 받아보고 자못 첨삭을 가하되 안로가 편찬한 당적의 예를 따르고, 또 제현의 행적을 찬하여 유찬(流竄)·삭직(削職)·파직(罷職)·혁과(革科)된 자로부터 태학생과

방민 중 억울함을 송사한 자에 이르기까지 종류대로 나누고 또 전(傳)을 붙였는데, 귀천을 막론하고 사문에 도움이 될 만한 자는 모두 수록했다.

위의 서문을 보면 처음에 김육은 기묘사림 중에서 가장 핵심 인물인 조광조, 김정, 김식, 기준, 정광필, 안당, 이장곤, 신명인(申命仁) 등의 팔현에 대해서만 저술하려고 했던 것으로 보인다. 그랬던 것을 신익성의 조언을 받아들여 기묘사화에 연루된 사람들을 가능한 한 모두 수록하는 쪽으로 방향을 전환한 것이다. 실제로 『기묘제현전』은 전체 분량 중 1/3가량을 팔현에 대한 내용으로 할애하고 있다.

『기묘제현전』에는 총 220명에 대한 사실이 기록되어 있다. 이는 『기묘록보유』보다 91명, 『기묘당적』보다 무려 127명이나 늘어난 숫자다. 다루고 있는 인원이 앞선 두 저작보다 늘어나긴 했으나, 기록의 수준에 있어 『기묘제현전』이 『기묘당적』이나 『기묘록보유』과 크게 구별되는 특징이 있는 것은 아니다. 안로가 『기묘록보유』를 작성할 때 그랬던 것처럼 김육 역시 『기묘제현전』을 작성하면서 앞의 두 책의 체제와 수록 기준을 충실히 따라 작성했다.

그럼에도 불구하고 『기묘제현전』에 수록된 인명이 이렇게까지 늘어난 것은 '피화'의 기준을 폭넓게 적용했기 때문이다. 즉 사화 당시 유배, 삭직, 파직을 당한 사람들은 물론이요, 천거되었다가 합격하지 못한 사람, 성균관 유생으로서 기묘사화 당시 조광조 등의 처벌에 반대했다가 처벌된 사람 등까지 피화인으로 보았던 것이다. 심지어는 함께 밭을 매던 친구로부터 조광조의 억울함을 언급했다고 고발되어 벌을 받은 사람도 피화인으로 기록하는 등 사화로 인해 영향을 받은 이들은 귀천(貴賤)을 막론하고 피화인에 포함했다.

이긍익의 『연려실기술』

『기묘록』, 『기묘당적』, 『기묘제현전』 등에 정리된 인물들의 행적은 조선 후기의 저술인 『연려실기술』에도 종합적으로 정리되어 있다. 『연려실기술』에서 기묘사화에 관한 내용은 7권과 8권에 걸쳐 기록되어 있다. 7권에는 '기묘년의 화(禍)의 근원', '기묘사화', 8권에는 '현량과의 파과(罷科)와 복과(復科)', '김식의 망명옥(亡命獄)', '신사년 안처겸의 옥사', '한충을 죽이고 김정과 기준을 사사하다,' '기묘당적', '기묘인의 석방' 등의 제목으로 기묘사화에 관해 상술하여 다른 역사적 사건에 비해 비교적 많은 분량을 할애하여 기록해둔 것이 특징이다.

『연려실기술』. 조선 후기의 학자 이긍익이 지은 조선 시대 역사서로 7권과 8권에 걸쳐 기묘사화에 관한 내용을 상세히 기록하고 있다

기묘팔현,
조광조와 함께한 사람들

이번 장에서는 『연려실기술』의 기록을 중심으로 조광조와 더불어 그
와 함께 했던 인물들 중, 후대에 이르러 가장 핵심 인물로 평가되었던 여
덟 명의 인물, 즉 '기묘팔현'으로 불렸던 김정, 김식, 기준, 정광필, 안당,
이장곤, 신명인의 행적에 대해 알아보고자 한다.

김정

김정의 자는 원충(元冲)이며, 호는 충암(冲庵)으로, 본관은 경주(慶州)
다. 1507년(중종 2년) 문과에 장원급제 했다. 1515년(중종 10년) 순창군수로
있을 때, 담양부사 박상과 함께 당시 정국의 뜨거운 감자였던 중종의 원
비 폐비 신씨(단경왕후)의 복위를 청했다가 유배되었다. 1516년(중종 11년)
석방이 된 후에는 홍문관에 들어가서 이듬해 부제학에 발탁되었다. 『소
학』의 보급과 향약의 실시, 정국공신의 추삭(追削) 등 사림파로서 조광조
와 같은 길을 걷다가 1519년(중종 14년) 형조판서로 있을 때 기묘사화를
당했다.

체포된 후 공초에서 김정은, "신의 나이는 34세입니다. 나이가 젊고 우
직한데다가 성품도 좁고 급한데, 외람되게 육경(六卿)에 오르매 늘 스스

로 조심하고 나라의 은혜에 보답하려고 생각하여 논사(論思)할 때에는 한결같이 올바른 데에서 나오게 하려고 힘쓰고 밤낮으로 근심하여 왔을 뿐입니다. 서로 붕비를 맺고 궤격이 버릇이 되어, 국론이 전도되고 조정이 날로 글러가게 한 일은 신에게는 참으로 없습니다" 하면서 붕당을 맺은 일은 결코 없다면서 자신의 결백함을 주장했다.

이후 김정은 금산으로 유배되었으나, 이후 진도(珍島)를 거쳐, 제주에 유배되었다가 처형되었다. 이러한 까닭으로 김정은 제주를 대표하는 오현의 첫 번째 인물로 추앙된다. 제주 오현에 포함되는 인물은 김정을 비롯하여, 송인수(宋麟壽), 김상헌(金尙憲), 정온(鄭蘊), 송시열(宋時烈)이다. 이들은 살아생전 제주도에 유학을 흥기시키고자 했던 인물들이었기에 오현으로 배향되었는데 김정, 정온, 송시열은 제주에 유배를 온 인물들이었고, 송인수는 목사(牧使)로, 김상헌은 어사로 왔다. 김정은 오현 중 가장 먼저 배향되었는데, 1578년(선조 11년) 귤림서원(橘林書院)에 배향되었다. 오현 중 가장 마지막에 배향된 이는 송시열로 김정이 배향된 지 100여 년이 지난 1695년(숙종 21년) 배향되었다. 흥선대원군의 서원철폐령으로 귤림서원이 훼철된 이후에도, 제주에서는 오현을 배형하는 오현단(五賢壇)을 설치했고, 이는 현재까지 이어지고 있다. 기묘사화로 인해 김정이 제주로 유배를 오면서 오현의 역사가 시작된 점은 주목할 만하다.

김정은 당대에도 이미 민심을 얻었던 인물이었다. 그가 귀양 갈 때 순창을 지나가자, 순창 백성들이 다투어 술과 안주를 가지고 와서 길을 막고 눈물을 흘리면서 "우리 옛 사또님"이라고 칭했다고 한다. 제주에서는 유배라는 힘든 상황에서도 백성들의 교화에 힘을 기울여 "제주의 풍속이 미신을 숭상하여 잡귀에게 제사를 지내고 예법에는 어두웠다. 이에 공이 상례, 장례, 제례의 의절(儀節)을 편찬하여 풍속을 인도하니 풍속이 크게 변했다"라는 평가를 받았다. 인종은 유언으로 김정의 관작 회복을 명했다. 문집으로는 『충암집(冲庵集)』이 전해진다.

김식

  김식의 자는 노천(老泉)이며, 호는 사서(沙西)요, 본관은 청풍(淸風)이다. 김식은 대동법 시행에 결정적인 역할을 한 김육의 증조부였는데, 김육이 기묘사화의 피화인에 대한 전기문인 『기묘제현전』을 저술한 배경에는 선조인 김정에 대한 존경심이 큰 작용을 했던 것으로 보인다. 김식은 1515년에 조광조와 함께 천거되어 종부시 주부에 제수되었다. 1517년(중종 10년) 경연에서 경연관 한충이 "요사이 독서당에서 『성리대전(性理大全)』을 읽으려 해도 전혀 해설하기가 어렵습니다. 현재 이학(理學)을 아는 이는 오직 호조 좌랑 김식뿐입니다" 하며, 문과 출신이 아니면 독서당에 휴가를 주지 않는 법이 있으나 김식에게만은 예외로 할 것을 건의했다. 이에 중종은 "과거에 급제하지 않은 사람이라도 김식 같은 사람이 있다면 특별히 뽑아 올려 쓰는 것이 마땅하다"라며 화답한다. 1518년(중종 11년)에는 사헌부 장령이 되었는데, 당시 부제학으로 있던 조광조는 "김식 같은 사람됨은 문사 가운데 없는 바일 뿐만 아니라 실로 얻기 어려운 사람입니다" 하면서 그의 학문적 능력을 평가했다.

  김식이 조광조와 호흡이 잘 맞았던 대표적인 인물이었음은 관직 진출을 주저하는 그에게 조광조가 적극적으로 권하는 장면에서도 나타난다. 1519년(중종 12년) 현량과를 실시하면서 조광조는 김식을 힘써 추천했고,

김식은 장원급제 후 직제학, 부제학을 거쳐 대사성에 올랐다. 중종과 조광조의 후원 속에서 정치적으로 성장한 김식은 조광조가 주도하는 개혁 정치의 중심인물로 자리를 잡게 된다.

1519년 11월 기묘사화가 일어나기 직전, 김식이 그 조짐을 인식하고 있었음이 문헌에 나타난다. 어떤 이가 조정의 정치에 대해 묻자 김식은 수심에 잠겨 이렇게 말했다고 한다. "외람되이 분수에 넘치는 자리를 차지하여 이미 위태로운 기미를 밟고 있다. 다른 날 우리가 이렇게 모여 자기도 또한 필시 어려울 것이니, 함께 정담이나 나눌 뿐이지 정치 교화의 이해에 대해서는 듣고 싶지 않다." 그의 외사촌 동생 목세평(睦世枰)은 화의 기미를 안다면 피할 것을 권유했지만, 김식은 "이미 나아갈 수도 없고 물러설 수도 없게 되었다. 화가 코앞에 닥쳐 있으니, 아무리 지혜가 있는 자라도 어찌할 수 없을 것이다"라고 말했다고 전해진다. 운명을 그대로 받아들인 것이다. 짐작했던 바대로 그날 김식은 의금부 관원들에 의해 체포된다. 체포되었을 때, 김식은 공초에서, "신의 나이는 39세입니다. 외람되게 천은을 입어 뽑혀서 대관(臺官)이 되었고, 과거에 급제하여서는 대사성으로 승직되었으므로 조금이라도 보탬이 되고자 했을 뿐입니다. 권력이 있는 요직의 지위에 있지 않으므로 인물을 진퇴한 일이 전혀 없으며, 붕비를 맺고 궤격이 버릇이 되어, 국론이 전도되고 조정이 날로 글러가게 했다는 것은 신이 하지 않은 일입니다" 하면서 조광조와 붕당을 형성했다는 죄목을 강하게 부정했다.

기묘사화 때 김식의 첫 유배지는 경상도 선산이었다. 12월에 죄를 가중시킨다는 말을 듣고 김식은 탄식하며 말하기를, "요원(燎原)의 불길이 사방에서 닥쳐오니 장차 집과 함께 다 타버릴 수밖에 없다" 했다. 이에 어떤 사람이 김식의 집종 우음산(于音山)으로 하여금 김식이 취해 자는 틈을 타서 업고 피신을 가게 한다. 김식은 피신처에 남곤, 홍경주의 무리가 쳐들어온다는 소식을 듣고, 우음산을 마을로 보내놓고 스스로 목을 매어 자결한다. 1520년(중종 15년) 5월 16일의 일이었다. 우음산은 공초에서, "김식이 고사리를 찾아오라고 했는데, 고사리를 구해 한참 만에 돌아와보니, 김식이 삼끈을 버드나무 가지에 묶고 목을 매고 죽어 있었다"라고 진술했다. 고사리를 찾아오라고 했던 것은 중국의 충신 백이와 숙제가 수양산에서 고사리를 먹고 연명했다는 고사를 계승하려 했던 행동으로 보인다.

당시에 김식이 남긴 시와 상소문이 아래와 같이 전해진다.

날은 저물어 하늘은 침침한데	日暮天舍黑
산은 비고 절은 구름 속에 들었네	山空寺入雲
군신 간의 천추의 한	臣君千載恨
외로운 나의 무덤 어느 곳에 묻히려나	何處有孤墳

김식이 자결한 후, 우음산이 옷 속에서 상소 초본 한 장을 찾아내어 고을 수령에게 알렸다. 상소문의 주요 내용은 다음과 같다.

망명한 신 김식은 삼가 절하고 머리를 조아려, 조그마한 정성을 주상 전하께 토로합니다. 신이 이미 전하를 저버리고 망명했으니 지극히 사람답지 못한 줄 압니다. 다만 신의 망명이 또한 공연한 일이 아닌 만큼, 그릇된 소견을 간략하게나마 토로하여 전하로 하여금 원대한 생각을 하게 하겠습니다. (…) 신이 당초 죄를 입을 때 화를 일으킨 원인에 대해 들었습니다. 심정과 남곤은 본래 일개 탐욕스럽고 교활하기 짝이 없는 소인으로서 청의(淸議)에 용납되지 못하자 가슴속에 원한을 품고 난을 일으키려고 생각한 지 오래였습니다. 다만 그 틈을 얻지 못하다가 조광조가 전하의 신임을 받아 학자들이 함께 따르고 또 백성들이 칭찬함을 인해, 허망한 참문(讖文)으로 은밀히 전하의 마음을 흔들어 놓고 또 굴욕을 당해 불평을 가진 몇몇 정승들을 사주하여 드디어 사림의 화를 얽어 만들어 선비가 한 가지 이름이 있는 이는 모두 당적(黨籍)에 올리고 마침내 완악하고 어리석으며 몰염치한 무리들로 조정을 채워 그 인척인 이빈(李蘋)을 대사간으로 삼아서 대관 중에 약간이라도 청론(淸論)을 하는 자가 있으면 이빈을 시켜 공격하여 내쫓게 함으로써 전하의 이목을 가렸습니다. 또 남곤과 더불어 많은 무사들을 모아 밤낮으로 집을 채운 것은 그 속셈이 어찌 사림들을 제거하는 데에 그칠 뿐이겠습니까. 그렇다면 조정은 전하의 조정이 아니요 남곤과 심정의 조정이니, 전하의 형세가 또한 외롭고 위태하지 않겠습니까. 신이 이 때문에 마음속에 감추고 참으며 망명하여 간흉들이 전하를 핍박할 때를 기다려 몸을 빼내 달려가서 전하의 깊은 은혜를 갚으려는 것이 신의 본뜻입니다. 또 전하께서 조광조를 의심하는 것이 본심이 아니며, 신을 죄주신 것도 또한 전하의 본심이 아님을 깊이 알고 있기에 이같이 간절히 아룁니다.

위의 상소문에서 김식은 기묘사화가 심정과 남곤의 작품임을 중종에게 주지시키면서, 최후까지 조광조를 지키고자 했다.

『연려실기술』은 여러 자료들을 인용하여 김식과 조광조의 친분을 전한다. 그중『설학소문(雪壑謏聞)』에는 다음과 같은 내용이 적혀 있어 기묘사화 때 김식이 바로 체포되지 않고 피신한 것에 대한 비판도 있었음을 보여준다.

김식은 조광조와 더불어 한마음으로 서로 도와서 기필코 지치를 실현하려고 했으니, 장하다고 할 만하다. 그러나 북문(北門)이 밤에 열려서 불측한 사태가 일어나 여러 현인이 모두 머리를 나란히 하고 체포되었는데 죽음을 보기를 돌아가는 것처럼 여겼으나 유독 김식이 몸을 감춘 것은, 그의 뜻이 이는 간신들의 농간이요 우리 임금이 본심이 아니라고 생각하며 고치기를 기대한 것이니, 그 마음이 애달프다. 그러나 신하로서 임금을 섬기는 도리는 이와 같아서는 부당하다. 마침내 기묘 인물의 수치가 되었으니, 애석하다.

이와 비슷한 내용의 기록이 또 하나 있다. 김식이 체포될 무렵, 일찍이 김대유의 집을 찾아가서 미천한 복장으로 문밖에서 절을 하자, 김대유가 이를 크게 나무랐다고 한다. 김대유는 자신을 찾아온 이가 김식임을 알았으나 그를 집 안으로 들이지 않고 하인을 시켜 "자네는 어찌하여 이같이 구차하게 남한테까지 누를 끼치려고 하는가" 하며 질책했다고 한다.

김식의 큰아들 덕수(德秀)는 체포할 때 여자의 옷으로 변복하고 부인들 틈에 엎드려 있었는데, 관원이 그의 유약한 용모와 섬세한 수족을 보고 처녀로 여겨서 관원으로부터 벗어나 마침내 아우 덕순(德純)과 박연중(朴連中)과 도망했다고 전해진다. 덕순은 문무의 재주를 갖추었던 관계로 추격이 더욱 엄했다. 사면령을 받고 뒤에 덕순은 학도를 가르쳐 많은 명사를 배출했고, 이후 천거를 받아 참봉에 임명되었다. 모친 이씨는 90세가 넘어서 죽었고, 내외의 증손과 현손이 80여 명이었다. 1545년(인종 1년), 인종의 특명으로 관가에서 몰수한 재산을 내주고 김식의 홍패(紅牌)와 직첩(職牒)을 도로 주었다.

┌─┤ **김식과 관련된 인물들** ├──────

: 하정, 이윤검, 홍순복, 심풍, 이중, 김윤종

하정(河挺)과 이윤검(李允儉)은 무과 급제자로서 기묘사화에 연루된 인물이다. 하정은 무과에 급제하여 벼슬이 부사에 이르렀다. 기묘사화 때 칠원(漆原) 현감으로 있었는데, 이신의 고발로 인해 의금부에서 체포령이 떨어졌다. 하정은 기미를 알고 도망을 갔다. 당시 정승들이, 의금부 도사와 현감이 고의로 도망치게 했다고 하여 이들을 유배 보냈다. 하정은 결국 체포되어 궁궐로 끌려왔고, 김식과 모의한 사실에 대해 국문을 당했다. 매일 400여 대의 장을 맞다가 허위 자백하여 처형당했다. 1573년(선조 6년)에 경연관 신점(申點)이 하정의 억울함을 강력하게 말하고, 또 간관이 논계하자 선조는 그의 관작을 회복시켜주었다.

이윤검은 역시 무과에 급제하여 벼슬이 참판에 이르렀다. 영해부사(寧海府使)로 있을 때 이신이 김식을 고발하면서, 이윤검은 김식을 숨겨주었다는 의심을 받고 심문을 당했다. 증거가 없어서 죄를 면했으나 울분 끝에 죽었다.

홍순복(洪舜福)은 김식의 제자로서, 역시 이신의 고발로 체포되어 고문을 당했으나 불복했다. 대간이 그의 진술에 당시 정사를 비방한 내용이 많다고 하여 사형시킬 것을 청했다. 형을 집행할 때 노끈이 두 번이나 끊어지자 홍순복이 감형관(監刑官)을 돌아보며 말하기를, "그대가 왕명을 받들어 형을 감독하면서 썩은 노끈으로 사형수의 목을 맨단 말인가" 했는데, 말과 안색이 변하지 않았다고 한다. 그의 공초에는 "지난번에 간신들이 임금의 총명을 가리고 군자인 김식 등을 모함하기에 충신은 임금을 속이지 않는 마음으로 말을 다 하고 죽으려 했는데 끝내 하지 못했다. 김식을 찾아가서 만나 간신들을 제거할 것을 함께 의논하려고 한 바가 있다"라는 내용이 들어가 있었다.

심풍(沈豐)은 김식의 외사촌 아우였다. 관원들이 김식의 집에 쳐들어가 덕순 형제를 체포하려 했으나 성공하지 못하고 집안의 종들도 모두 도망가 흩어지자 심풍이 잡혀갔다. 심풍은 국문을 당하자 심정을 죽이려고 모의했다고 진술하여 장을 맞고 철산(鐵山)으로 귀양 갔다가, 후에 석방되었다.

이중(李中)은 김식의 제자로 영산(靈山)에 살고 있었다. 김식이 이신을 데리고 그 집에 갔을 때 이중은 마침 서울로 가고 없었으므로 그의 의붓 아우 용(庸)이 안방에 숨겨주었다. 며칠 뒤에 이중이 돌아왔다가 체포되었다. 국문할 때 추관(推官) 심정이, "처자를 이끌고 변방으로 옮기는 것은 자살하는 것만 못하다" 하고 곤장을 심하게 쳤다. 이중이 곤장 7대를 맞자 큰 소리로 말하기를, "이미 은닉했다고 자백했는데, 어째서 다시 곤장을 치는가" 하니, 이에 곤장을 중지하고, 이중의 가족을 부령(富寧)으로 귀양 보냈다.

김윤종(金胤宗)은 김식의 제자 중에서 학식과 품행이 뛰어난 사람이었다. 처음 화가 일어났다는 말을 듣고 북장사(北丈寺)에 와 있다가 어느 날 밤중에 속리산으로 피신해 들어갔으나 많은 군사가 추격해 와서 마침내 체포되고 말았다. 종이 울면서 밥을 권하니 김윤종이 말하기를, "나는 장차 죽을 사람인데도 울지 않는데 너는 어찌하여 우느냐" 하고 조용히 밥을 다 먹은 뒤 조금도 두려워하거나 겁내지 않았다고 한다. 곤장을 맞고 명천(明川)으로 귀양 갔다가 귀양지에서 죽었다.

기준

　기준의 자는 경중(敬仲), 또는 자경(子敬)이며, 호는 복재(服齋), 본관은 행주(幸州)다. 판중추 건(虔)의 증손이고, 응교 찬(欑)의 아들이자 판서 윤금손(尹金孫)의 사위였다. 계유년 진사시에 합격하고 갑술년 문과에 급제했다. 기묘년에 아산으로 귀양 갔다가 온성(穩城)으로 옮겼다. 1521년에 사사된 후 인종이 복직을 명했다.

　기준이 하루는 궐내에서 숙직하다가 관외(關外)를 여행하는 꿈을 꾸었는데, 물을 건너고 산을 넘는 등 기구한 노정을 전전하는 여행길에서 율시(律詩) 한 수(首)를 읊었다고 한다. 그리고 꿈에서 깨어나 이 시를 벽에다 썼는데, 얼마 되지 않아서 기묘당적에 연좌되었다. 기묘사화에 연루된 자 중에서 기준은 20대로 젊은 축에 속했다. 기준은 공초에서, "신의 나이는 28세입니다. 젊어서부터 옛사람의 글을 읽었으므로, 집에서는 효제를 다해야 하고 나라에서는 충의를 다해야 한다고 생각했으며, 뜻을 같이하는 선비와 고도(古道)를 강구하고 국가가 반드시 요순의 정치에 이르게 하고자 하여 선한 자는 허여하고 선하지 않은 자는 미워했습니다. 조광조는 젊어서부터 사귀어 왔으며, 김식, 김구, 김정은 늦게 상종했는데, 그 논의가 궤격한지는 모르겠으며 함께 교유했을 뿐이고 서로 부화한 일은 신에게는 참으로 없습니다"라고 진술했다. 그가 귀양지를 온성으로 옮기는 중에 보이는 것이 모두 그가 일전에 자신이 꿈을 옮겨 읊은 시의 내용 그대로였다고 한다. 온성에서 사사되자 많은 사람들이 그 시를 전하고 외우면서 한탄했다고 한다.

정광필

　정광필은 영의정으로서 기묘사화 연루자 중 최고 직위에 있었던 인물이다. 과거 급제 후 작은 벼슬을 낮게 여기지 않고 맡은 바 직무를 다하는 데 힘써서, 좌의정 이극균이 그 모습을 한 번 보고 나서 정광필을 정승이 될 그릇으로 기대했다고 한다. 연산군 때 『성종실록』 편찬에 참여했으며, 연산군이 너무 사냥에 몰두하자 이를 비판했다가 아산으로 귀양을 갔다. 1506년 중종반정이 일어난 후 모두가 연산군의 축출을 기뻐했으나, 육류를 물리치며 연산군의 생사를 걱정했다는 일화도 전해진다. 중종반정의 3인방 중 한 명인 성희안은 "정광필 같은 이는 소리가 없는 데서 듣고, 형상이 없는 것도 본다고 할 수 있다" 하며 그의 능력을 높이 평가했다. 중종 때 정승에 올랐으며, 기묘사화가 일어난 당일에는 영의정으로 있으면서 급박했던 11월 15일의 밤을 직접 경험했다. 당시 홍경주가 중종의 밀지를 소매에 넣고 다니며 재상들에게 보여주었는데, 정광필이 이를 보려 하지 않고 "공은 유자광의 일을 보지 않았느냐" 하면서 홍경주를 물러가게 한 일화가 전해진다.[2] 정광필은 홍경주의 행위를 연산군 때 무오사화를 주도한 유자광의 행위와 유사하다고 파악했던 것이다. 중종이 조광조를 처형하는 쪽으로 분위기를 몰아갔을 때에도 정광필은 홀로 그 위엄에 맞서 조광조의 처형을 미루게 할 정도로 강단이 있었다. 1519년(중종 14년) 파직을 당한 후, 남곤이 죽자 다시 정승으로 돌아왔다. 1533년(중종 28년) 김안로가 정권을 잡은 후, 장경왕후의 희릉(禧陵)을 잘못 썼다는 죄목으로 김해에 유배되었다. 1537년(중종 32년) 김안로 실각 후, 영중추부사로서 복귀한 후 1539년(중종 34년)에 사망했다.

안당

안당의 자는 언보(彦寶), 본관은 순흥(順興)이다. 1519년 기묘사화 때 좌의정으로 있다가 파직당했다. 명종 때에 직첩을 돌려받았고, 선조 때에 정민공(貞愍公)이라는 시호가 내려졌다. 중종반정 후 대사간이 되었는데, 강직한 성품으로 연산군의 잘못된 정치를 바로잡을 수 있다고 중종이 판단했기 때문이었다. 네 번이나 대사헌을 맡았을 정도로 중종 대에 조정의 기강을 잡는 데 큰 역할을 했다. 소릉 복위, 정몽주의 문묘 종사, 김굉필과 정여창의 추증을 주도하면서 사림파의 정치 노선을 적극 후원했고, 조광조, 김식, 박훈의 발탁에도 기여했다. 조광조가 정국을 주도할 때에는 현량과 실시에도 힘을 보탰다. 현량과에는 그의 세 아들인 안처겸, 안처근, 안처함이 모두 발탁되어서 조광조와의 친분을 더욱 공고히 했다. 그러나 세 아들의 현량과 급제는 반대파의 정치적 공세의 원인이 되기도 했다.

이장곤

이장곤의 자는 희강(希剛), 호는 금재(琴齋), 본관은 벽진(碧珍)이다. 생김새가 장대하여 어렸을 때부터 장수감이라고 일컬어졌다. 연산군 때 교리로서 거제(巨濟)에 귀양 갔는데 연산군은 항상 이장곤이 반정할 뜻이 있다고 의심했다. 귀양을 마치고 이후 몸을 피해 함흥으로 갔는데, 연산군이 그를 현상 수배했다. 중종반정 후 관직에 등용되었다. 기묘사화가 일어나던 날, 남곤이 편지를 보내 그를 불렀다. 급히 홍경주 등이 모인 곳에 이르렀으나 오히려 곡절을 자세히 알 수 없었다. 합문 밖에 이르러서야 비로소 조광조 등을 때려죽이려는 의논임을 알고 깜짝 놀라 궁중에 들어가 임금을 알현하여 극력히 간하고, 정광필을 불러서 의논할 것을 청했다. 홍경주가 임금에게 속히 결단하라고 권하자 이장곤이 그의 팔목을 잡고 말렸다. 남곤 등이 권력을 잡은 후에는 지방의 관직을 전전하다가 사망했다.

신명인

신명인의 자는 영중(榮中), 호는 귀부(龜阜) 혹은 송정(松亭), 본관은 평산(平山)이다. 김식의 문하에서 수학했다. 기묘사화 이후 항상 울분을 품고 지내다가 김식이 죽자 그의 시체를 매고 영남에서부터 올라왔다. 김정이 제주로 유배 가 있을 때, 그의 시를 보고 크게 칭찬하고 화답하는 시를 썼다고 한다. 기묘사화 이후 다시 과거에 응시하지 않고 평생을 마쳤다.

7장

조광조를 기억하는
서원들

서원은 조선시대를 대표하는 사립 교육기관이다. 16세기, 사림파가 정치적으로 성장함에 따라 각 지방에 서원이 건립되기 시작했다. 선현에 대한 제사와 후진 양성 및 교육은 서원이 수행한 주요 기능이었다. 최초의 서원은 풍기군수로 부임한 주세붕(周世鵬)이 중종 때 풍기에 세운 백운동 서원(白雲洞書院)이다. 주세붕은 주자가 백록동 서원을 세운 것에 착안하여 서원의 이름을 '백운동'이라 했으며, 고려 후기 충렬왕 때 처음으로 이 땅에 성리학을 도입한 안향(安珦)을 배향했다. 백운동 서원은 이황이 풍기군수로 재임하던 시절 사액(賜額, 편액을 하사받음)을 받은 후에 서원의 이름을 소수서원(紹修書院)으로 바꿨다. '소수'란 잘 계승하고 닦아 나가겠다는 뜻이다. 백운동 서원 건립 이후, 사림파의 중심 역할을 하던 학자가 사망하면 그들의 연고지에는 그들을 배향한 서원이 설립되었고, 후진들은 서원을 중심으로 학풍을 이어가고 학문을 연마했다. 경주의 옥산서원(玉山書院), 예안의 도산서원(陶山書院), 풍산의 병산서원(屛山書院), 장성의 필암서원(筆巖書院), 진주의 덕천서원(德川書院) 등이 16세기를 대표하는 서원들이다.

　조광조가 유배지에서 사망하고 복권된 후에 그를 기리는 서원이 전국 곳곳에 설립되었다. 서울의 도봉서원(道峯書院), 용인의 심곡서원(深谷書院), 화순의 죽수서원(竹樹書院)이 바로 조광조를 배향한 서원들이다.

1

심곡서원,
흥선대원군의 서원 철폐에서 살아남다

1519년, 사약을 받고 죽은 조광조의 시신은 용인으로 왔다. 그의 시신을 담은 관을 소가 이끄는 수레로 운반하여 이듬해 봄에 선영이 있는 용인 심곡리에서 장사 지낸 것이다. 현재 이곳에는 조부모, 부모 등 한양 조씨 가족묘가 조성되어 있다. 조광조의 무덤이 있는 용인에서는 일찍부터 서원 건립 논의가 있었으나 재력이 넉넉하지 못하여 뜻을 이루지 못했다. 그러했던 까닭에 처음에는 심곡리 근처 모현면(慕賢面)의 정몽주를 배향한 충렬서원(忠烈書院)에 입향되었다가, 1605년(선조 38년)에야 조광조 묘소 아래 따로 서원을 세우게 되었다. 인조 대 이후에 거듭 사액을 요청하는 청을 올린 결과, 1649년(효종 즉위년) '심곡(深谷)'이라는 편액을 하사받은 후에 이름을 심곡서원이라 했다. 이후 능주에 사우를 세운 제자인 양팽손(梁彭孫)이 추가로 배향됐다.

조광조를 배향하는 서원의 설립을 청하는 상소는 인조 때 처음 올라왔다. 1625년(인조 3년) 10월 12일, 생원 우영승(禹永承) 등은 아래와 같은 상소를 올린다.

사문(斯文)에 뜻을 둔 선비와 조정 신료들은 "조광조는 도덕의 종주이므로 서둘러 표창해야 하며, 나아가 그분이 생활하며 머물던 자리에는 서원을 건립하여 후생들이 본받을 수 있게 하고, 아름답고 큰 편액이 그지없이 빛나게 해야 한다"고 합니다. 생각건대, 이 용인의 심곡리는 그의 선롱(先壟)으로, 손수 심은 소나무, 잣나무와 여묘살이 했던 옛터가 마치 어제인 듯 완연합니다. (…) 삼가 바라건대, 밝으신 성상께서는 유사(有司)에게 특별히 명하시어 속히 편액을 내리심으로써 선현을 영화롭게 하는 성은을 보이시어 도를 향한 제생(諸生)의 작은 정성을 격려하소서. 그리하시면 오늘날 초학자 중 그 누가 전하의 문교(文敎)에 의한 교화에 고무되지 않겠습니까. 삼가 죽음을 무릅쓰고 아룁니다.[1]

1631년(인조 9년)에도 진사 유문서(柳文瑞) 등이 조광조를 배향한 용인에 사액을 청했다.[2] 유문서 등의 상소에 대하여 해조(該曹)에서는 "제유(諸儒)들이 서원에 사액해줄 것은 원하니, 어진 이를 존경하고 도(道)를 위하려는 그 정성이 가상합니다. 도봉서원과 죽수서원의 예에 따라 특별히 편액을 내리는 것이 타당합니다"라며 이미 사액된 서원인 도봉서원과 죽수서원의 예에 따라 사액을 허락해줄 것을 청했다. 이에 인조는 "세 곳에 사액하는 것은 지나친 듯하니, 우선 서서히 하라"는 전교를 내렸다. 유문서 등은 물러서지 않고, "정몽주의 서원은 숭양(崧陽), 임고(臨臯), 충렬(忠烈)의 세 곳에 있는데 모두 사액했고, 이황의 서원은 이산(伊山), 도산(陶山), 여강(廬江)의 세 곳에 있는데 여기도 모두 사액했습니다. 진실로 서원이 있으면 반드시 편액을 내리는 것이 전례인데, 어찌 많다고 하여 혐의가 되겠습니까"라면서 정몽주와 이황의 서원은 세 곳이 사액되었는데, 조광조를 배향한 서원이 세 곳이라는 이유로 사액하지 않는 것은 형평성에 맞지 않다고 거듭 탄원했지만 인조는 허락하지 않았다.

심곡서원의 사액은 효종 대에 이르러 마침내 실현되었다. 용인 유생 심수경(沈壽卿) 등이 상소하여 조광조를 배향한 용인의 서원에 사액하기를 청하니, 효종이 이를 허락한 것이다.[3] 『서원등록(書院謄錄)』에는, 효종이 사액을 허락한 다음 해인 1650년(효종 1년) 5월 29일에 심곡서원이 이이를 배향한 파주의 자운서원(紫雲書院), 성혼을 배향한 파주의 파산서원(坡山書院)과 함께 공식적으로 사액을 받았음을 기록하고 있다.

심곡서원 건물은 사당, 강당인 일소당(日昭堂), 재실, 장서각, 내삼문과 외삼문 등으로 구성되어 있다. 심곡서원은 흥선대원군이 추진했던 서원 철폐 당시 훼철되지 않고 존속한 47개 서원 중 하나로 해마다 2월과 8월 중정일(中丁日)에 향사를 지낸다. 1972년 5월 4일, 경기도유형문화재 제7호로 지정되었으며, 2015년 1월 28일 사적 제530호로 지정되었다.

심곡서원. 조광조 묘소가 있는 용인에 그를 추모하기 위해 창건한 서원이다. 인조 대부터 조광조를 배향하는 서원의 설립을 청하는 상소가 올라왔으나 1650년(효종 1년)에야 정식으로 사액을 받고 공인받았다.

죽수서원,
육신이 죽은 곳에서 부활한 정신

전라도 능주에 소재한 죽수서원은 조광조가 이곳에서 사약을 받고 죽은 연고 때문에 설립된 서원이다. 1570년(선조 3년) 건립되었고 같은 해에 사액을 받았다. 선조 즉위 후 조광조에 대한 복권이 추진되던 시기에 건립되어 사액도 바로 이루어졌다. 안로가 편찬한 『기묘록보유』의 기록에는 "능성현(綾城縣) 사람이 선생을 추모하여 서원을 지었는데, 방백(方伯)이 사유를 갖추어서 계문(啓聞)하므로, 죽수서원이라는 편액을 하사하도록 명하고 또 서적을 하사하여 권장했다" 하여 능성현 사람들이 중심이 되어 조광조를 배향하는 서원을 짓고 사액을 받았음을 알 수 있다.

1613년(광해 5년)에 서원을 중수했고, 1630년(인조 8년) 유림들과 김장생 등이 제자이면서, 최후까지 조광조를 지켜본 양팽손을 추가로 배향했다. 1510년 생원시에 조광조와 함께 합격한 인연이 있는 양팽손은 기묘사화가 일어났을 때 조광조의 처벌을 반대하는 상소문을 올리는 데 주도적인 역할을 하다가 파직당했다. 파직 후 양팽손은 고향인 능주에서 조광조와 안타까운 인연을 이어가게 되었다. 조광조가 유배된 지 한 달여 만에 사약을 받고 죽자, 양팽손은 몰래 시신을 거두어 전라남도 화순의 쌍봉사 골짜기에 장사를 지냈다. 영월 호장 엄흥도가 단종의 시신을 몰래

묻은 모습과도 유사하다. 조광조를 최후까지 지킨 양팽손의 공적은 인조 때 죽수서원에 배향되는 것으로 이어졌다. 죽수서원은 1868년 흥선대원군의 서원철폐령 때 훼철된 후에는 단(壇)을 마련하여 제향을 이어 왔다. 1971년 제주 양씨 후손들이 도곡면 월곡리에 죽수서원을 복원했고, 1983년 한양 조씨 후손들이 중심이 되어 본래의 위치인 화순군 한천면 모산리에 복원을 추진하였다. 현재 능주에는 조광조를 기념하는 '적려유허비'가 세워져 있으며, '적중거가(謫中居家)'라 하여 조광조가 유배되어 왔을 때 살던 집이 복원된 것을 볼 수 있다.

도봉서원,
당쟁의 중심에 서다

　도봉서원은 서울 도봉구 도봉산 아래에 위치한 서원으로, 조광조와 함께 송시열을 배향한 서원이다. 조광조를 배향한 서원이 서울에 설립된 계기는 조광조가 어릴 때부터 도봉산 영국동(寧國洞)[4]에 있는 천석(泉石)을 좋아하여 왕래하며 즐긴 연고가 있기 때문이었다.[5] 처음에는 영국서원(寧國書院)이라는 이름이 붙여졌으나, 선조 때 사액을 받은 후에 도봉서원이 되었다. 처음 도봉서원의 건립을 주도한 인물은 당시 양주목사(楊州牧使)로 부임한 남언경(南彦經)이다.[6] 서원 공사의 마무리는 이제민(李齊閔)이 했으며, 1579년(선조 12년)에 이정암(李廷馣)이 중수했다.

　사액을 받은 시기는 기록마다 차이를 보인다. 『신증동국여지승람(新增東國輿地勝覽)』에서는 건립한 해에 사액을 받았다는 기록이 보이고,[7] 『연려실기술』에서는 계축년(癸丑年, 1613년)으로 사액 시기를 파악하고 있다.[8] 실록에는 1574년(선조 7년) 10월 10일에 유희춘(柳希春)이 김굉필을 모신 서원의 예에 따라 편액과 서책을 하사할 것을 요청한 사례가 나타난다.[9] 3일 후에는 "김우옹 및 승지 정탁(鄭琢)이 사액할 일에 관하여 진계하고 그 뒤에 경연관이 여러 번 진언했으나 상이 끝내 윤허하지 않았다"[10]는 기록이 나온다. 1578년(선조 11년)에는 조광조의 제자인 백인걸

(白仁傑)이 도봉서원의 사액을 받기 위한 상소를 올렸다가 선조가 거부한 사례가 보인다.[11] 다만 사액을 받은 후의 이름인 도봉서원이라는 명칭이 『선조실록』 1604년(선조 37년)의 기록에 나오는 것으로 보아[12] 그 이전에 사액서원이 되었다고 볼 수 있다.

서울에 서원을 설치하는 것이 당대 정치 세력의 영향력을 과시하는 상징으로 인식되던 경향은 광해군 대 북인(北人) 집권기에 정인홍과 이이첨(李爾瞻) 등이 주도하여, 북인 학문의 영수 조식을 배향한 백운서원(白雲書院)을 건립한 것으로도 나타났다. 17세기 도봉서원은 서인 세력의 학문적 · 정치적 구심점으로서 점차 세력을 확대하여, 백운서원의 주체 세력들과 대립했다. 서인이 집권 세력이 된 인조반정 이후에는 특히 그 영향력이 커졌으며, 이항복(李恒福), 이정구(李廷龜), 이식(李植), 신익성(申翊聖), 이경석(李景奭), 송시열 등 많은 서인계 인물들이 도봉서원과 깊은 인연을 맺었다. 송시열의 수제자인 권상하(權尙夏)는 "만력 계유년(1573년)에 사옥(祀屋)이 창건되어 마침내 서울 동교(東郊)의 대유원(大儒院)이 되었다. 그런데 그 사체(事體)와 규모가 성균관에 다음 가므로, 서울의 선비들이 여기에 많이 모여들었다"[13] 하여 당시 도봉서원의 위상이 대단했음을 기록하고 있다.

1694년(숙종 20년) 갑술환국(甲戌換局, 당대 집권층인 남인이 폐비 민씨의 복위를 꾀하던 일파를 제거하려다가 도리어 화를 입은 사건)으로 남인들로부터 정권을 탈환한 시점부터, 서인들이 도봉서원의 위상을 강화하려는 움직임을 펼쳤다. 서인 · 노론의 영수이자 기사환국(己巳換局, 숙종 15년에 소의 장씨 소생의 아들을 원자로 정하는 문제로 정권이 서인에서 남인으로 바뀐 일)의 희생자 송시열을 배향하자는 상소들이 올라오기 시작한 것이다. 조광조만을 제향했던 도봉서원에 송시열을 합향(合享)할 것을 주장하는 내용들이었다. 1694년(숙종 20년) 5월, 유학(幼學) 이숙(李塾)이 "선정신(先正臣)이 조광조가 참소에 걸려 배척을 당하여 포부를 안은 채 지하로 돌아간 것은 바로 송시열과 전후에 있어 서로 같습니다. 청컨대, 송시열을 조광조의 도봉서원에 배식(配食)하도록 허가해 주소서"라며 상소를 올렸다.[14] 8월에 다시 성균관 유생들이 송시열을 배향할 것을 상소하자 숙종도 이를 허락했다.[15] 이때 합향을 주장한 이들의 명분은 조광조와 송시열의 덕업(德業)과 화(禍)를 입은 사적이 서로 같다는 것이었다. 이는 기묘사화로 화를 입은 조광조와 기사환국으로 화를 입은 송시열 사이의 유사성을 지적한 것이었지만, 한편으로 도봉서원을 서인에서 노론으로 이어지는 세력들의 정치적 · 학문적 거점으로 삼으려는 의도가 표면화되었음을 볼 수 있다.

그러나 당시 노론과 대립하고 있던 소론 세력의 즉각적인 반발이 이어졌다. 1695년(숙종 21년) 3월에는 호남의 심사명(沈思溟) 등이 "조광조의 밝으신 영령(英靈)이 응당 좋지 않게 생각하는 마음이 있을 것이며, 송시열도 또한 어찌 두렵고 불안한 뜻이 없겠습니까?"라며 합향의 부당성을 청했으나, 도리어 김해로 유배를 가게 된다.[16] 당시 합향 반대 의견이 받아들여지지는 않았으나 합향 절차에 차질이 빚어진다. 숙종이 합향을 승인한 후 1년이 지나도록 향사가 이루어지지 않는 상황에서 노론 측의 의도와 다르게 병향(並享)이 아닌 배향으로 거행될 수 있는 상황이 초래되었다. 노론은 조광조와 송시열의 위상을 같이하는 병향(並享)을 주장한 데 비하여, 소론을 비롯한 반대 세력들은 합향을 하더라도 병향은 절대 불가하다고 맞섰다.

1696년(숙종 22년) 1월 도봉서원의 병향을 반대하는 진사 이제억(李濟

億)과 유학 박해(朴繲) 등의 상소가 올라온다. 이들은 "조광조는 후세의 사람이 견줄 수 있는 바가 아니라며, 송시열이 과연 조광조와 병향할 수 있는 자격을 갖춘 인물인지 의문스럽다" 하면서 강력히 병향을 반대했지만, 이제억과 박해는 유배형에 처하게 된다.[17] 소론인 이조판서 윤지선(尹趾善)이 거듭 합향하는 것을 반대하고 박해를 구제하는 뜻을 담은 상소를 올리자, 숙종은 "합향하는 일은 논의가 한결같지 않으니, 우선 멈추도록 하라"는 명을 내리면서 일단 후퇴했다. 하지만 승정원에서 이미 합향을 시행했다고 아뢰자 숙종이 다시 번복하는 모습이 나타난다.[18] 이처럼 도봉서원에 송시열을 합향하는 문제를 둘러싸고 노론과 소론이 팽팽하게 맞서자 숙종도 확실하게 결단을 내리지 못하는 상황이 실록에 거듭 나타나는데, 이것은 조광조를 배향한 도봉서원의 권위가 매우 높았음을 시사한다.

이후에도 노론과 소론 간의 주장이 계속 대치되는 상황에서 남인 정시한(丁時翰)이 상소하여 노론과 소론을 모두 비판하는 입장에서 송시열의 도봉서원 병향의 문제점을 지적했다.[19] 노론과 소론 이외에 남인까지 가세하면서 도봉서원 배향 문제는 정국의 뜨거운 감자가 되었다. 자신의 사후에 도봉서원 배향 문제가 당쟁의 주요 이슈가 되었던 이 상황을 지하의 조광조는 어떻게 생각했을까? 자신의 가치를 이렇게 존중해주는 것에 고마워했을까, 자신으로 인해 당쟁이 이처럼 격화되는 것에 대해 불편해했을까?

숙종 대 노론과 소론, 남인까지 가세하며 치열하게 전개되었던 도봉서원 배향 논쟁은 장희빈 저주 사건 등이 최대의 국정 현안으로 떠오르면서 일단은 논의의 중심에서 밀려났다. 그러나 논란이 해결되지 않고 미봉으로 그치게 되면서, 도봉서원 배향 논쟁은 노론과 소론 간에 정치적 논쟁으로 비화될 수 있는 여지가 남아 있었다. 어느 쪽이 권력을 잡느냐에 따라 철향과 복향을 반복하는 상황이 나타난 것이다. 경종 즉위 후에는 소론 우위의 정국이 전개되자, 다시 합향 반대 논의에 힘이 실렸다. 영조 즉위 후 노론 집권기에는 상황이 또다시 바뀌었다. 1725년(영조 1년) 영조는 노론의 영수 권상하의 복관과 함께 송시열의 도봉서원 복향(復享)을 추진했다.[20]

영조 재위 기간 중 도봉서원은 계속 조정의 지원을 받았다. 1733년(영조 9년)에는 시독관 조명겸(趙明謙)이, "우리나라의 도봉서원은 주문공의 백록동 서원과 서로 비슷합니다. 도봉서원은 산수의 수려함이 8도에 거의 비교할 곳이 없는데, 선정신 조광조와 송시열을 향사하는 서원입니다. 옛날에 전답을 내려준 것이 있었는데, 지금 세금을 내는 가운데로 들어갔으니, 청컨대 종전대로 환급케 하소서" 하고 아뢰자, 영조는 세금 면제를 허락했다.[21] 1745년(영조 21년)에는 영조로부터 인쇄한 서적을 제공받는 등[22]의 특권을 누렸다. 또한 1759년(영조 35년)에는 영조가 친히 쓴 편액을 하사받으며 그 위상을 높였다. 영조가 친히 '도봉서원' 네 글자를 쓰고 치제(致祭)할 때에 게판(揭板)할 것을 명했다고 『영조실록』에 기록이 되어 있다.[23]

현재 도봉서원은 정선(鄭敾)과 그의 제자 심사정(沈師正)이 그린 그림으로 그 모습이 전해진다. 정선의 그림은 현재 소장처를 알 수 없이 사진으로만 전해지며, 심사정의 그림은 건국대학교 박물관에 소장되어 있다.[24] 정선은 노론의 후원을 받아 노론 인사들의 세력적 기반이 되는 장소들을 그림으로 다수 남겼다. 심사정도 스승의 영향을 받아 〈도봉서원도)를 그렸을 것으로 추정된다. 도봉서원은 1871년(고종 8년) 흥선대원군의 서원철폐령에 따라 훼철되었다가 1970년의 1차 복원, 2011년의 2차 복원을 통해 오늘날의 모습이 되었다.

양산보와 소쇄원

조광조를 기억하는 대표적인 정자는 바로 담양에 소재한 소쇄원(瀟灑園)이다. 담양에서는 조선시대 호남 선비들의 풍류와 멋이 담긴 정자들을 쉽게 만날 수 있는데, 그중에서도 으뜸으로 꼽는 곳이 바로 조광조의 제자 양산보가 지은 정원 소쇄원이다. 소쇄원은 양산보가 스승의 죽음에 충격을 받고 은거를 결정하며 지은 정원으로 오늘날 조선시대를 대표하는 최고의 민간 정원으로 손꼽힌다.

양산보는 전라도 창평(현재는 담양) 출신으로 15세가 되던 1517년(중종 12년)에 아버지 양사원(梁泗源)을 따라 상경하여 조광조의 제자가 되었다. 양산보는 장의동에 거처한[25] 성수침, 성수종 형제와 함께 조광조의 문하에서 학문을 배웠다. 조광조는 양산보에게 공부에 뜻이 있는 자는 마땅히 『소학』으로 공부를 시작해야 한다면서 책을 내주었다. 조광조가 평안도 희천에 유배를 와 있던 김굉필에게 학문을 배울 때 처음 받은 책이 『소학』이었던 인연이 조광조에서 양산보로 이어진 것이다. 1519년(중종 14년) 양산보는 조광조가 개혁정치의 일환으로 적극 추진했던 현량과에 응시했지만, 나이가 어려서인지 합격하지는 못했다. 대신에 중종은 양산보의 능력을 아껴서 그에게 종이를 하사했다. 호남 장성을 기반으로 했던 학자 김인후는 당시의 상황을 떠올리며, "서울에서 노닐다 임금의 은총을 입었네"라며 양산보를 칭송하는 글을 남겼다.

현량과가 실시된 지 불과 7개월여 만인 1519년 11월 15일 기묘사화가 일어났고, 조광조는 11월 20일 능주로 유배되었다가, 12월 20일 중종이 내린 사약을 받고 생을 마감했다. 스승의 죽음에 충격을 받은 양산보는 무등산 북쪽 지석동으로 낙향했다. 그리고 이곳에 소쇄원을 지은 뒤 죽을 때까지 관직에 나가지 않고 소쇄원을 중심으로 학문에 전념하면서 풍류를 즐겼다. 소쇄원은 1520년(중종 15년)에 처음 건립을 시작하여 1530년대에는 본격적으로 착공되었다. 1540년대에는 원림(園林)으로서의 모습을 갖추었다. 이런 양산보의 노력으로 소쇄원은 조선 최고의 민간 정원으로 자리할 수 있었다.

소쇄원은 자연 그대로의 모습을 살리면서 곳곳에 건물을 지어 자연과 인공의 조화가 매우 매력적인 곳이다. 소쇄원이라는 이름은 '맑고 깨끗하게 한다'라는 뜻으로 양산보가 그 이름을 지었다. 혼탁한 정치 현실에서 벗어나 맑고 깨끗한 마음으로 학문에 정진하고자 했던 양산보의 뜻이 담긴 이름이다. 양산보 사후 소쇄원은 그의 아들 양자징(梁子澂)에 의해 계승되었다. 1570년 무렵 양자징이 고암정사(鼓巖精舍)와 부훤당(負暄堂)을 건립한 것으로 추정되는데, 현재 이 건물들은 없지만 1614년에서 1672년 사이에 그려진 〈소쇄원도〉에는 이 건물들이 그려져 있다. 〈소쇄원도〉는 1755년에 목판으로 판각되기도 했다.

양산보가 소쇄원의 주인이 된 후 이곳은 송순(宋純), 김인후, 임억령(林億齡), 정철, 고경명(高敬命) 등 당대 호남을 대표하는 학자들의 문화 공간이 되었다. 이들은 조광조의 학문과 사상을 인정하고 계승했다.

송순은 면앙정(俛仰亭)을 세운 경험을 바탕으로 하여 소쇄원 조성에 도움을 주었는데 소쇄원 증축 때에는 재정적 지원도 아끼지 않았다. 김인후는 소쇄원 완공을 기념하여,「소쇄원 사십팔영(四十八詠)」을 남겼으며, 정철은「소쇄원제초정(瀟灑園題草亭)」을 남겼다. 소쇄원에는 조선 후기를 대표하는 정치가이자 사상가인 송시열도 다녀갔다. 제월당(霽月堂)의 현판과 소쇄원 담장에서 '소쇄처사양공지려(瀟灑處士梁公之廬)'라고 쓴 송시열의 글씨를 찾아볼 수 있다.

소쇄원은 순환적인 배치 구조로 입구와 출구가 같다. 이는 양산보가 소쇄원을 찾은 사람들이 정원을 모두 둘러볼 수 있도록 한 배려였다. 정원은 입/출구, 대봉대(待鳳臺), 계류(溪流), 화계(花階), 광풍각(光風閣), 제월당(霽月堂), 담장, 고암정사와 부훤당 터로 구분할 수 있다. 광풍각은 계곡 가까이에 세운 정자로 중간에 방을 중심으로 앞과 좌우에 마루가 달려 있다. 이곳은 주로 손님을 맞이하는 사랑채 역할을 했다. 제월당은 가로 3칸, 세로 1칸 규모로 남쪽 1칸은 방, 북쪽 2칸은 마루로 이루어져 있는데, 마루에서는 정원 전체가 한눈에 보인다. 대봉대는 광풍각 맞은편 계곡 위에 있다. 이름 또한 '봉황새를 기다리는 곳'이라는 의미로 매우 귀한 손님을 맞이하는 정자다. 소쇄원은 다른 정자들에 비해 원형에 가장 가까운 정원으로 국문학, 건축학, 조경학, 역사학적으로 다양한 가치를 지닌 곳이다. 특히 1519년 기묘사화로 희생을 당한 조광조의 학문과 사상을 계승한 양산보의 정원이라는 점에서 그 역사적 가치가 크다.

소쇄원 광풍각. 소쇄원은 조광조의 제자인 양산보가 스승의 죽음에 충격을 받고 은거를 결정하며 지은 정원이다. 심곡서원, 죽수서원, 도봉서원 등과 함께 조광조를 기억하는 대표적인 공간이다.

맺음말

중종과 조광조의
'위험한 동거'

　일반적으로 중종과 조광조의 관계는 매우 긴밀했던 것으로 알려져 있지만, 한편으로는 서로가 견제하고 갈등하는 위치에 있었다. 반정으로 즉위한 이래 불안정한 자신의 왕위를 위협하는 사건이 계속 이어지던 시절, 중종은 성리학적 이념으로 무장한 조광조를 발탁하여 상당한 정치적 이익을 얻었다. 폐비 신씨의 복위 문제나 정몽주와 김굉필의 문묘 종사 문제에서 중종을 위협하던 반정 세력들은 성리학의 원칙에 충실했던 조광조의 등장과 함께 정치적으로나 이념적으로 상당히 위축될 수밖에 없었다.

　그러나 비록 반정에 의해 추대된 왕이었지만 중종은 점차 자신의 왕권을 확대해 가려는 생각을 갖게 된다. 그랬던 중종에게 성리학의 이상론에 입각하여 왕권을 견제하려 들었던 조광조의 입장은 선뜻 동의하기 힘든 부분이 있었고, 이후 둘 사이에는 '불편한 관계'의 조짐들이 보인다. 조광조 또한 중종이 세조나 연산군과 같은 극단의 길을 추구하는 군주가 되지 않으리라고 보장할 수 없다고 생각했다. 조광조가 끊임없이 군주의 도덕정치를 강조하고 경연을 통해 자신들의 입장을 중종에게 강하게 권유한 것도, 군주 독재의 위험성을 사전에 방지하고 개혁 세력인 사림파가 정치를 주도해야 한다는 믿음 때문이었다.

중종과 조광조 두 사람은 서로 추구하는 정치적 길이 달랐기에 동반자이면서도, 이해관계가 대립하는 상황이 발생하면 철저히 대립할 수도 있는 '위험한 동반자'였다. 아무리 왕에게 절대적인 신임을 받는 신하라 하더라도, 국왕의 입장과 신하의 입장은 다를 수밖에 없었다. 조선 건국 초기, 잇달아 왕자의 난이 일어나고 정도전과 이방원이 피를 부르는 권력 싸움을 전개한 것이나 세조가 단종의 왕위를 찬탈했던 계유정난과 사육신 사건은 모두 '왕권이냐, 신권이냐'를 두고 벌어진 권력 투쟁이 아니었던가?

조광조는 신하는 왕에게 충성해야 마땅하지만, 왕보다 더 중요한 것은 조선의 건국 이념이었던 성리학이라고 판단했다. 성리학 이념의 '확신범'이었던 셈이다. 조광조는 세조나 연산군 대의 정치는 결국 왕이 성리학의 이념 위에 군림했기 때문에 문제가 생긴 것으로 인식했다. 그리고 중종과 같은 왕도 얼마든지 그러한 전철을 밟을 수 있으리라고 여겼다. 조광조는 중종이 자신만의 정치적 역량을 가진 군주로 성장하여 독재권을 행사하기 전에 성리학 이념이라는 견제 장치로 왕을 교화 또는 압박해가는 방식을 취하였다.

반정공신들과 훈구대신들의 견제에서 벗어나기 위한 방편으로 조광조를 파격적으로 기용했던 중종 또한 자신의 기반을 강화하고 난 뒤에는 다른 왕이 되어 있었다. 더 이상 조광조에게 휘둘리는 나약한 왕이 되기를 원치 않았던 것이다. 1519년, 조광조를 전격적으로 숙청한 것도 왕권에 대한 조광조의 도전에 계속 수세적인 입장을 취하지 않겠다는 계산 때문이었다. 그런 중종의 변신에 큰 힘을 불어넣어주었던 인물은 남곤,

심정 등의 훈구파 대신이었다. 기묘사화의 비극은 왕권에 대한 견제 장치로서 성리학의 이념을 무기로 하여 등장한 신권의 도전에서 신권, 즉 조광조가 패배한 것으로도 해석할 수 있다. 기묘사화의 몸통은 훈구세력이 아닌 중종이라는 왕 자신이었다. 그것도 두 얼굴의 중종이 기묘사화의 주역이었던 것이다. 1519년 12월 16일, 조광조의 사사를 명한 날 사관이 달았던 평은 중종의 이중성을 정확하게 지적하고 있다.

> 사신은 논한다. 대간이 조광조의 무리를 논하되 마치 물이 더욱 깊어가듯이 아직 드러나지 않았던 일을 날마다 드러내어 사사하기에 이르렀다. 임금이 즉위한 뒤로는 대간이 사람의 죄를 논하여 혹 가혹하게 벌주려 하여도 임금은 반드시 유난하고 평반(平反, 되풀이 신문하여 죄를 공평히 함)하였으며, 임금의 뜻으로 죽인 자가 없었는데, 이번에는 대간도 조광조를 더 죄주자는 청을 하지 않았는데 문득 이런 분부를 하였으니, 시의(時議)의 실재가 무엇인지를 짐작해서 이렇게 분부하게 된 것이 아니겠는가? 전일에 좌우에서 가까이 모시고 하루에 세 번씩 뵈었으니 정이 부자처럼 아주 가까울 터인데, 하루아침에 변이 일어나자 용서 없이 엄하게 다스렸고 이제 죽인 것도 임금의 결단에서 나왔다. 조금도 가엾고 불쌍히 여기는 마음이 없으니, 전일 도타이 사랑하던 일에 비하면 마치 두 임금에게서 나온 일 같다.

그토록 총애하다가 하루아침에 조광조를 죽인 중종의 이중성은 그만큼 조광조의 개혁을 받아들일 만한 토양들이 마련되지 못했던 시대상을 반영하기도 한다. 조광조가 제거된 후에도 중종은 경연 등의 자리에서 거듭 조광조 처형의 정당성을 밝혔다. 1520년(중종 15년) 1월 3일의 야대에서, 중종은 조광조의 행위를 악으로 규정한다.

> 천하의 일은 선(善)과 악(惡)일 뿐이다. 선을 좋아하고 악을 미워하는 것은 사람의 정인데, 근일의 일은 좋아함과 미워함이 정당함을 잃었으므로 마침내 큰 잘못을 이루게 된 것이다. 조광조 등이 성리의 학문으로 요순의 정치를 이루려 하였으니 누군들 즐겨 따르지 않겠는가? 그러나 요순의 도(道)는 효제일 뿐이라 효제를 하지 못하면서 능히 다른 일을 한 사람은 있지 않았다. 저들은 효제의 실상을 힘쓰지 않았으므로 요순의 다스림은 보지도 못한 채 도리어 국사를 그르치게 된 것이다.

기묘사화는 우리 역사상 가장 개혁적인 인물이었던 조광조의 정치 노선이 중종과 보수 세력의 반격을 받아 좌초한 사건으로 정리된다. 그러나 기묘사화로 비록 정치적으로 패배한 것처럼 보이는 조광조는 오히려 역사의 승리자로 남았다. 16세기 이후 우리 역사에서는 조광조의 사상과 학문을 계승한 사림 세력들이 역사의 전면에 등장했으며, 조선 중기를 대표하는 인물들인 이황이나 조식, 이이 같은 학자는 한결같이 그를 높이 평가했다.

그러나 한편으로 조광조의 개혁정치가 가지는 긍정성에도 불구하고 조광조가 학문적 식견이 쌓이지 않는 상황에서 정책을 급진적으로 추진하며, 개혁의 수위를 조절하지 못하다가 실패했다는 견해도 있다. 조광조의 사림과 학통을 계승한 인물인 이황은 자신의 언행록에서 냉정하게 조광조를 평가하며, 조광조가 일의 형세와 역량을 헤아리지 않고 무리하게 개혁정책을 추진한 점과 건잡을 수 없는 개혁의 분위기 속에서 정치적 타협을 이루지 못한 점을 실패 원인으로 지적했다.

공(조광조)은 천품이 대단히 높았으나 학력은 깊은 경지에 이르지 못한 것 같다. 그가 소격서를 없애자고 논한 일만 보더라도 가히 엿볼 수 있다. 군신 간의 의리가 어찌 그럴 수 있으리요. 이것은 정암(조광조의 호)의 지나친 데라 할 것이다. 임금을 요순처럼 받들고 백성에게 요순의 덕택을 입히려는 것은 군자의 뜻이기는 하나 당시의 사세(事勢)와 역량을 헤아리지 않고서 할 수 있겠는가. 기묘년의 실패는 바로 여기에 기인한 것이다. 당시에도 정암은 일이 실패할 것을 깨닫고 조화하려 했으나, 사람들은 도리어 그를 비난하고 심지어는 창끝을 돌려 공격하려는 자까지 있어 정암으로서도 어찌할 수 없었던 것 같다.

이이 역시 『석담일기』에서, 조광조가 뛰어난 재능에도 불구하고 학문이 무르익기 전에 정치 일선에 나가 좌절한 사실을 안타까워했다. 그러면서도 조광조로 인해 성리학을 숭상하고 왕도를 중히 여기는 기풍이 진작되었음은 높이 평가했다.

옛사람은 학문이 이루어지는 것을 기다려서 도를 행하기를 구했고, 도를 행하는 요체는 무엇보다 임금의 마음을 바로잡는 데 있다. 공(조광조)은 아깝게도 현철한 자질과 경세제민(經世濟民)의 재능을 지녔으나, 학문이 이루어지기 전에 너무 급하게 요직에 올라 위로는 임금의 마음을 바로잡지 못하고, 아래로 권문세가의 비방을 막지 못하여 그 충성을 바치려 하자 참소하는 일들이 벌어져 몸이 죽고 나라가 어지러워지자 뒷사람들이 이를 경계하여 감히 바른 정치를 해보지 못하게 만들었다. (…) 공이 비록 진퇴의 기미에는 밝지 못한 바가 있으나, 학자들이 공으로 말미암아 성리학을 숭상하며 왕도를 중히 여기고 패도(覇道)를 천하게 볼 줄 알았으니, 그가 끼친 공로는 남아 있다. 후세 사람들이 태산과 북두와 같이 우러러보고 국가에서 표창함이 갈수록 융숭한 것은 당연한 일이다.

이처럼 조선 중기를 대표하는 성리학자인 이황과 이이는 조광조에 대해 깊은 존숭을 표시하고, 그의 학문을 계승하는 것을 사림파의 정통으로 보았다. 하지만 그가 추진한 일련의 급진적인 개혁이, 학문이 무르익지 않은 상태에서 추진된 점에 대해서는 우려를 표시했다. 조광조는 성리학 이념으로 무장한 사림파가 주체가 되어 모든 백성이 고르게 혜택을 받는 사회, 성리학적 이념이 온 나라에 두루 미치는 이상적인 사회의 건설이라는 미래의 비전을 제시했다. 그리고 그 사회의 실현을 위해 다양한 개혁정책들을 추진했다. 조광조가 추진한 개혁은 어쩌면 우리 역사의 발전 단계에서 가장 개혁적인 조처들이었는지도 모른다. 그러나 그것이 지닌 급진성과 과격함, 그리고 개혁 지지기반의 상실 등으로 말미암아 개혁의 완성에는 이르지 못했다.

역사에는 언제나 보수와 개혁 사이의 진통이 따르는 시대가 있다. 조광조가 등장한 16세기 초반의 조선 사회도 보수와 개혁의 기운이 서로 충돌했던 시대였다. 그 시대를 돌파하기 위하여 개성이 강하고 젊었던 관료 조광조는 성리학적 이념으로 무장하고 원칙에 충실하면서 급진적으로 개혁을 추진했다. 그러나 개혁의 급진성과 과격성은 이에 반발하는 보수 세력들을 결집시켰고, 개혁은 미완인 채로 역사 속에 묻히고 말았다. 그의 좌절은 역사에서 개혁의 길이 얼마나 험난한가를 여실히 보여준다. '개혁'이 화두로 떠오른 요즈음에도 최근의 현실을 보며 조광조의 행적이 자꾸만 떠오르는 것은 무슨 까닭일까? 조광조의 개혁정치와 그 실패 원인이 보여주는 역사적 교훈을 반면교사로 삼아야 할 때이다.

1장 사화(士禍)의 시대에 태어나다

1 세조 시대의 공신에 대해서는 정두희, 『조선초기 정치지배세력 연구』, 일조각, 1983, 195쪽 참조.

2 성종이 만 19세로 성년이 된 1476년 1월 정희왕후의 수렴청정이 중지되고, 5월에 원 상제가 혁파됨으로써 성종은 친정 체제를 시작할 수 있었다. (김범, 『연산군: 그 인간과 시대의 내면』, 글항아리, 2010, 44쪽)

3 김일손의 행적에 대해서는 신병주, 『참모로 산다는 것』, 매경출판, 2019, 121~130쪽을 참조.

4 『연산군일기』, 연산 1년 3월 16일. "王見成宗誌文, 傳于承政院曰: "所謂判奉常寺事起畝者何人耶? 無奈以領敦寧尹壕, 誤爲起畝耶?" 承旨等啓: "此實廢妃尹氏之父, 而卒於尹氏未封王妃前." 王, 始知尹氏, 以罪廢死, 爲輟膳.

5 김범, 『연산군: 그 인간과 시대의 내면』, 글항아리, 2010, 239쪽.

6 『연산군일기』, 연산 12년 3월 17일. 慶會樓池邊, 起萬歲山, 山上造月宮, 剪綵爲花, 百花爛熳山中, 其間奇怪萬狀. 且造龍舟, 泛池上, 以綵帛爲芙蕖, 且爲珊瑚樹, 簪植池中. 樓下設紅錦帳幕, 會興淸運平三千餘人, 笙歌沸騰.

7 『연산군일기』, 연산 11년 11월 3일. 時王以處容假面, 號豐頭, 飾以金銀珠玉, 王每醉發狂, 自面豐頭, 往景福宮. 令興淸數百, 皷樂隨之, 戲舞于大妃前, 又召廣熙余山於內庭, 對偶以舞.

8 『연산군일기』, 연산 12년 9월 2일. 在昌德宮後苑曰瑞蔥臺, 高數十丈, 廣袤稱是. 鑿
大池其下, 經年工未訖就. 又於臨津石壁斗絶之處, 搆別館, 以爲遊幸之所, 曲院
回房, 俯瞰江流, 極爲奢巧.

9 『연산군일기』, 연산 12년 9월 2일. 又命造離宮於藏義寺洞昭格署洞, 方鳩材就役,
諸董役之官, 侵督苛急, 笞(朴)〔扑〕如麻, 少不及程課, 又必徵斂物貨, 冤呼呻吟,
相續於路.

10 『연려실기술』, 권6, 「연산조 고사본말」, 갑자년의 사화.

11 『연산군일기』, 연산 12년 8월 5일. 傳曰: "君上之事, 固當隱惡, 而盡記之, 在下之事,
諱而不書, 甚不可. 前者經筵時所啓不肖之言, 史官必記憶, 令書啓.

2장 역사 속에 등장하다

1 조광조 가문의 용인 정착과 그 기반에 대해서는 이근호, 「한양 조씨 정암 조광조 가
문」, 『경기도의 세거 성씨』, 경기문화재단, 2019, 163~188쪽을 참조.

2 송웅섭, 「조선 전기 공론정치의 형성」, 서울대학교박사논문, 2011.

3 이종범, 『사림열전 2: 순교자의 노래』, 아침이슬, 2008, 402~404쪽.

4 『중종실록』, 중종 5년 10월 10일.

5 『중종실록』, 중종 5년 11월 15일.

6 『격몽요결』, 제4장 「독서장(讀書章)」. 先讀小學 於事親敬兄 忠君弟長 隆師親友之
道 ──詳玩而力行之. 먼저 『소학』을 읽어, 어버이를 섬기고 형을 공경하며, 임금에
게 충성하고 어른을 공경하며, 스승을 높이고 벗을 사귀는 도리에 대해 일일이 자세히
익혀서 힘써 실행해야 할 것이다.

7 「소학서제(小學書題)」. 皆所以爲修身齊家治國平天下之本. 모두 몸을 닦고 집안을
가지런히 하고 나라를 다스리고 천하를 평안히 하는 근본이 되는 것이다.

8 「소학서제」. 必使其講而習之於幼穉之時 欲其習與智長 化與心成 而無格不勝之
患也. 반드시 어릴 때에 강(講)하여 익히게 한 것은 그 익힘이 지혜와 함께 자라며 교
화가 마음과 함께 이루어져서 거슬려 감당하지 못하는 근심을 없게 하고자 해서이다.

9   금장태,『퇴계학파의 사상 1』, 집문당, 1996, 14~15쪽.

10 『경현록(景賢錄)』에는 김굉필의「소학을 읽고」라는 시가 있다. 그 내용은 다음과 같다.
    "글공부를 했어도 아직 천기를 몰랐는데 / 지난 잘못을 소학에서 깨달았네 / 이로부터
    정성껏 자식 도리를 다하며 / 이제 구차하게 좋은 옷 살찐 말을 부러워하지 않으리."

11 『해동잡록』,「본조(本朝)」, 김굉필.

12 『중종실록』, 중종 10년 6월 8일.

13 『중종실록』, 중종 12년 9월 13일.

14 『남명집(南冥集)』권2「한훤당김굉필화병발(寒暄堂金宏弼畵屛跋)」.

15 신병주,『남명학파와 화담학파 연구』, 일지사, 2000.

16 『연려실기술』권6,「연산조 고사본말」, 무오당적(戊午黨籍), 김굉필.

17 『중종실록』, 중종 6년 4월 1일.

18 『중종실록』, 중종 10년 6월 8일.

19 『연려실기술』,「문종조 기사본말」, 소릉의 폐위와 복위.

20 『연려실기술』,「문종조 기사본말」, 소릉의 폐위와 복위.

21 『연려실기술』,「문종조 기사본말」, 소릉의 폐위와 복위.

22 『연산군일기』, 연산 10년 10월 1일.

23 2017년 KBS에서는〈7일의 왕비〉라는 제목으로 단경왕후의 비운을 조명하는 드라마
    를 방영하기도 했다.

24 『중종실록』, 중종 10년 11월 22일.

3장 성리학적 개혁을 꿈꾸며 비상하다

1   『연려실기술』, 권7,「중종조 고사본말」, 기묘사화.

2   『중종실록』, 중종 13년 8월 23일.

3   『중종실록』, 중종 13년 5월 15일.

4   『중종실록』, 중종 13년 5월 15일.

5   『삼봉집(三峯集)』, 권7,「조선경국전」상, 예전, 거유일(擧遺逸).

6   책문과 대책문 전문은 조광조 문집인 『정암집』권2의 대책, '알성시책(謁聖試策) 을해
    (乙亥)'에 수록되어 있다.

4장 기묘사화, 개혁의 정점에서 추락하다

1   조선 전기의 공신 책봉과 명단에 대해서는 정두희, 『조선초기 정치지배세력 연구』, 일
    조각, 1983을 참조.

2   처음에는 109명이었다가, 추가자가 생겨 120명이 넘은 것으로 파악이 되고 있다.

3   2등은 유순, 운수군 이효성, 운산군 이계, 덕진군 이활, 이계남, 구수영, 김수동이었고,
    3등은 송일, 강혼, 한순, 이손, 정미수, 박건, 김수경, 윤탕로, 신준이다.

4   『중종실록』, 중종 14년 10월 25일.

5   구수영은 운평, 광희(光熙) 등의 기생들을 교육하는 일에 종사하면서 연산군의 유락
    (遊樂)을 도왔다. 연산군 때인 1506년에는 한성부판윤에 올랐으나, 1506년 중종반정
    에 가담해 정국공신 2등에 책록되었다.

6   『중종실록』, 중종 14년 11월 11일.

7   『연려실기술』, 「중종종 고사본말」, 기묘사화.

8   『중종실록』, 중종 14년 11월 16일.

9   『중종실록』, 중종 14년 11월 16일.

10 『중종실록』, 중종 14년 11월 17일.

11 『중종실록』, 중종 14년 11월 17일.

12 『중종실록』, 중종 14년 11월 18일.

13 이승만 정부 때 대통령의 관저였던 경무대(景武臺)는 경복궁과 신무문에서 그 이름을
    따온 것이다.

14 『중종실록』, 중종 22년 1월 20일.

15 『중종실록』, 중종 14년 12월 14일.

16 『중종실록』, 중종 14년 12월 14일.

17 『중종실록』, 중종 39년 11월 15일.

18 『연려실기술』, 「중종조 고사본말」, 기묘사화.

5장 조선 최고의 유학자로 기억되다

1 비간은 중국 은나라의 정치인으로서 하나라의 주왕이 폭정을 하자 이를 간언하다 살해되었다. 미자, 기자와 함께 은나라 말기의 세 명의 어진 사람으로 꼽힌다.

2 『중종실록』, 중종 39년 11월 15일.

3 1537년 김안로가 권력을 잡고 있으면서, 윤원로과 윤원형 형제를 유배시킨 일을 일컫는다.

4 이것은 최근 5 · 18 민주화운동 참여자에 대한 명예 회복이 이루어지고, 2020년 6월 10일, 1987년의 6 · 10 민주화운동 33주년을 맞이하여 민주화운동 유공자들에 대해 국가에서 포상했던 것과도 그 맥락을 같이한다.

5 교화를 빠른 시일에 이룩한다는 뜻이다. 『논어』의 「자로(子路)」 편에 나오는 말로, 공자가 "진실로 나를 써 주는 사람이 있다면 기월만 되어도 어느 정도 변화시킬 수 있고 3년이면 완성시킬 수 있다"라고 한 것에서 유래한 말이다.

6장 성리학적 이상을 함께 꿈꾼 사람들

1 기묘사화에 관한 인물 전기의 구체적인 내용에 대해서는 송웅섭, 「중종대 기묘사림의 형성과 학문적 교유」, 서울대학교석사논문, 2000을 참조.

2 『중종실록』, 중종 15년 4월 13일.

7장 조광조를 기억하는 서원들

1 『승정원일기』, 인조 3년 10월 12일.

2 『승정원일기』, 인조 9년 9월 4일.

3 『효종실록』, 효종 즉위년 10월 22일.

4 본래 이곳에 있었던 영국사(寧國寺)에서 유래한 이름이다.

5 『율곡집』권13, 「도봉서원기(道峯書院記)」.

6 『대동야승』, 『기묘록보유』 상, 조정암전(趙靜庵傳).

7 『신증동국여지승람』 권11, 양주목. 도봉서원: 선조 계유년에 건축하여 같은 해에 사액을 내렸다. 영종(영조) 을미년에 어필로 액을 달았다.

8 『연려실기술』 별집 4권, 사전전고(祀典典故), 서원조(書院條). 도봉서원: 만력 계유년에 절터에 세웠으며 계축년에 사액했다.

9 『선조실록』, 선조 7년 10월 10일.

10 『선조실록』, 선조 7년 10월 13일.

11 『선조수정실록』, 선조 11년 8월 1일.

12 『선조실록』, 선조 37년 1월 17일.

13 『한수재집(寒水齋集)』 권22, 소광정기(昭曠亭記).

14 『숙종실록』, 숙종 20년 5월 27일.

15 『숙종실록』, 숙종 20년 8월 22일.

16 『숙종실록』, 숙종 21년 3월 26일.

17 『숙종실록』, 숙종 22년 1월 10일.

18 『숙종실록』, 숙종 22년 1월 15일.

19 『숙종실록』, 숙종 30년 2월 28일.

20 『영조실록』, 영조 1년 1월 17일.

21 『영조실록』, 영조 9년 6월 16일.

22 『영조실록』, 영조 21년 3월 28일.

23 『영조실록』, 영조 35년 10월 4일.

24 현재 필자가 재직하고 있는 건국대학교 박물관에는 〈도봉서원도〉가 소장되어 있다. 〈도봉서원도〉는 필자가 박물관장이던 시절에 타 기관에서 가장 대여 요청이 많았던 그림으로 현재에도 자료적 가치를 인정받고 있다.

25 성수침의 거처는 정선의 그림 중 〈청송당유지〉로 확인할 수 있는데, 현재 경기상고 안에는 '청송당유지'라는 각자(刻字)가 바위에 새겨져 있다.

주요 저술 및 참고문헌

1. 1차 자료

· 『기묘제현전』   · 『연려실기술』

· 『격몽요결』   · 『율곡집』

· 『경현록』   · 『정암선생문집』

· 『남명집』   · 『정암집』

· 『대동야승』   · 『조선경국전』

· 『삼봉집』   · 『한수재집』

· 『석담일기』   · 『해동잡록』

· 『소학』

2. 단행본 및 논문

· 권연웅, 『경연과 임금 길들이기』, 지식산업사, 2015.

· 금장태, 『퇴계학파의 사상 1』, 집문당, 1996.

· 김범, 『연산군: 그 인간과 시대의 내면』, 글항아리, 2010.

· 송웅섭, 「조선 전기 공론정치의 형성」, 서울대학교박사논문, 2011.

· 송웅섭, 「중종대 기묘사림의 형성과 학문적 교유」, 서울대학교석사논문, 2000.

· 신병주, 『남명학파와 화담학파 연구』, 일지사, 2000.

· 신병주, 『참모로 산다는 것』, 매경출판, 2019.

· 이근호, 「용인, 한양 조씨 정암 조광조 가문」, 『경기도의 세거 성씨』, 경기문화재
   단, 2019.

· 이종범, 『사림열전 2: 순교자의 노래』, 아침이슬, 2008.

· 이종수, 『조광조 평전』, 생각정원, 2016.

· 이종호, 『정암 조광조』, 일지사, 1999.

· 정두희, 『조선초기 정치지배세력 연구』, 일조각, 1983.

· 정두희, 『조광조』, 아카넷, 2001.

· 지두환, 『조선과거실록』, 동연, 1997.

3. 기타

· 국사편찬위원회 조선왕조실록DB http://sillok.history.go.kr/

이미지 출처

- 36쪽, 본 저작물은 한국학중앙연구원에서 작성하여 공공누리 제1유형으로 개방한 '경복궁 경회루(작성자: 유남해)'를 이용하였으며, 해당 저작물은 '한국민족대백과사전, http://encykorea.aks.ac.kr'에서 무료로 다운받으실 수 있습니다.

- 58쪽, 본 저작물은 문화재청에서 작성하여 공공누리 제1유형으로 개방한 '소학당'을 이용하였으며, 해당 저작물은 '문화재청, www.cha.go.kr'에서 무료로 다운받으실 수 있습니다.

- 85쪽, 본 저작물은 문화재청에서 작성하여 공공누리 제1유형으로 개방한 '양주 온릉_능침'을 이용하였으며, 해당 저작물은 '문화재청, www.cha.go.kr'에서 무료로 다운받으실 수 있습니다.

- 91쪽, 본 저작물은 한국학중앙연구원에서 작성하여 공공누리 제1유형으로 개방한 '중용장구대전'을 이용하였으며, 해당 저작물은 '한국민족대백과사전, http://encykorea.aks.ac.kr'에서 무료로 다운받으실 수 있습니다.

- 112쪽, 본 저작물은 한국학중앙연구원에서 작성하여 공공누리 제1유형으로 개방한 '소학제가집주'를 이용하였으며, 해당 저작물은 '한국민족대백과사전, http://encykorea.aks.ac.kr'에서 무료로 다운받으실 수 있습니다.

- 119쪽, 본 저작물은 문화재청에서 작성하여 공공누리 제1유형으로 개방한 '경복궁 근정전 정면'을 이용하였으며, 해당 저작물은 '문화재청, www.cha.go.kr'에서 무료로 다운받으실 수 있습니다.

- 164쪽, 본 저작물은 문화재청에서 작성하여 공공누리 제1유형으로 개방한 '문정공조광조묘소'를 이용하였으며, 해당 저작물은 '문화재청, www.cha.go.kr'에서 무료로 다운받으실 수 있습니다.

- 172쪽, 본 저작물은 문화재청에서 작성하여 공공누리 제1유형으로 개방한 '서울 문묘 대성전'을 이용하였으며, 해당 저작물은 '문화재청, www.cha.go.kr'에서 무료로 다운받으실 수 있습니다.

- 200쪽, 본 저작물은 한국학중앙연구원에서 작성하여 공공누리 제1유형으로 개방한 '연려실기술'을 이용하였으며, 해당 저작물은 '한국민족대백과사전, http://encykorea.aks.ac.kr'에서 무료로 다운받으실 수 있습니다.

- 220쪽, 본 저작물은 한국학중앙연구원에서 작성하여 공공누리 제1유형으로 개방한 '용인 심곡서원 전경(작성자: 김성철)'을 이용하였으며, 해당 저작물은 '한국민족대백과사전, http://encykorea.aks.ac.kr'에서 무료로 다운받으실 수 있습니다.

- 230쪽, 본 저작물은 한국학중앙연구원에서 작성하여 공공누리 제1유형으로 개방한 '광풍각 소쇄원'을 이용하였으며, 해당 저작물은 '한국민족대백과사전, http://encykorea.aks.ac.kr'에서 무료로 다운받으실 수 있습니다.

연보

- 1482년(성종 13년, 1세) 부친 조원강과 모친 여흥 민씨 사이에서 태어나다. 고조부 조온이 개국공신으로 의정부 찬성사를 지내고, 삼촌 조원기는 좌참찬을 지내는 등 전형적인 관료 집안에서 출생했다.
- 1498년(연산 4년, 17세) 평생의 스승인 한훤당 김굉필을 만나 그의 문하에서 공부하다. 이황은 이를 "난세를 당하여도 기꺼이 위험과 난근을 무릅쓰고 김굉필을 스승으로 섬겼다"라고 기록했다. 조광조는 '소학동자'라 불렸던 김굉필의 사상을 계승해 중앙 정계에서 『소학』의 정치 이념을 구현하려 했다.
- 1499년(연산 5년, 18세) 한산 이씨와 결혼하다.
- 1500년(연산 6년, 19세) 부친상을 당하다.
- 1502년(연산 8년, 21세) 부친 묘소 아래에 초당을 짓다.
- 1504년(연산 10년, 23세) 10월, 스승 김굉필이 갑자사화로 참형을 당했다는 소식을 듣다.
- 1510년(중종 5년, 29세) 봄, 진사시에 장원급제하다.
- 1511년(중종 6년, 30세) 모친상을 당하다.
- 1515년(중종 10년, 34세) 문과 전시에 2등으로 합격하며 중종의 주목을 받다. '옛

성인의 이상적인 정치를 다시 이룩하기 위해서는 무엇을 어떻게 해야 할 것인가'라는 중종의 책문에 '성실하게 도를 밝히고[明道] 항상 삼가는 태도[謹獨]로 나라를 다스리는 마음의 요체로 삼을 것'을 요지로 하는 답안을 제출했다. 8월, 성균관 전적에 발탁되고 11월, 사간원 정언에 임명되다. 폐비 신씨 복위 논쟁 당시 사간원 말단 관리로서 대간 전원의 파직을 주장하다.

· 1516년(중종 11년, 35세) 호조·예조·공조 좌랑, 홍문관 부수찬, 홍문관 수찬 등으로 초고속 승진을 거듭하다.

· 1517년(중종 12년, 36세) 홍문관 교리, 홍문관 응교, 홍문관 전한에 임명되다. 9월, 경연에서 중종에게 『소학』보급의 필요성을 역설하다.

· 1518년(중종 13년, 37세) 3월, 과거제도의 한계를 보완하고 숨은 인재를 찾기 위해 현량과의 설치를 주장하다. 8월, 도교의 제천 행사를 주관하던 관청인 소격서의 혁파를 주장하다.

· 1519년(중종 14년, 38세) 10월, 대사간 이성동 등과 함께 중종반정에 참여한 공으로 정국공신에 임명된 이들을 대폭 개정해야 한다는 상소를 올리다. 11월 11일, 중종이 이를 윤허하여 정국공신 120명 중 2/3에 달하는 76명이 정국공신에서 제외됐다. 하지만 4일 뒤인 11월 15일, 기묘사화로 투옥되다. 12월 20일, 유배지 능주에서 사약을 받고 사망하다.

· 1520년(중종 15년, 사후 1년) 봄, 용인 심곡리의 선산에 안장되다. 여름, 조광조의 무죄를 주장하다가 파직을 당했던 양팽손이 능주 중조산 아래에 사당을 건립하다.

· 1545년(인종 1년, 사후 26년) 6월, 인종의 유언으로 관직을 되찾다.

· 1568년(선조 1년, 사후 49년) 4월, 영의정에 추증되다.

· 1569년(선조 2년, 사후 50년) '문정'이라는 시호가 내려지다.

· 1570년(선조 3년, 사후 51년) 유배지였던 능주에 죽수서원이 건립되어 배향되다.

· 1573년(선조 6년, 사후 54년) 양주에 도봉서원이 건립되어 배향되다.

· 1581년(선조 14년, 사후 62년) 이이가 조광조와 이황의 문묘 종사를 요청하다.

· 1605년(선조 38년, 사후 86년) 용인 묘소 아래에 심곡서원이 건립되어 배향되다.

· 1610년(광해 2년, 사후 91년) 9월, 김굉필, 정여창, 이언적, 이황과 함께 오현으로 문
  묘에 종사되다.

· 1892년(고종 29년, 사후 373년) 양회연이 관찰사 민정식의 후원으로 능주 삼지재에
  서 조광조의 글을 모은 『정암문집』을 간행하다.

『연려실기술』에 기록된 현량과 합격자 28인

장령 김식(金湜)

임인년(1482년)에 태어났고, 자는 노천(老泉)이다. 천목(薦目, 사람을 천거하는 데 필요한 명목)에, "기도(氣度)가 강정(剛正)하고 성품이 또 총명하며, 선을 즐기고 옛것을 좋아하며 세속을 벗어나서 스스로 분발하여 널리 배우고 순수한 식견과 재주와 기국(器局)을 겸비하고 지조가 바르며 학문이 뛰어나 연원이 깊고 실천에 독실하다" 했다. 본관은 청풍(淸風)이고 서울에 살았다. 생원 숙필(叔弼)의 아들이다.

좌랑 조우(趙佑)

갑진년(1484년)에 나고, 자는 성중(誠中)이다. 천목에, "지조와 행실이 순실(醇實)하며, 선을 즐겨 따르고 학문과 덕행, 기국과 견식이 있다" 했다. 지평, 교리에 발탁되었다가 파과(罷科)한 후에 여러 번 과거에 응시했으나 급제하지 못하고 임진년에 서용되어 수운판관(水運判官)과 결성현감(結成縣監)에 임명되었다. 본관은 한양이고 서울에 살았다. 정랑 영석(永錫)의 아들이다.

좌랑 이연경(李延慶)

갑진년(1488년)에 나고, 자는 장길(長吉)이다. 천목에, "학문과 덕행, 재간과 국량, 재주와 견식, 지조가 있으며, 벼슬은 교리에 이르렀다" 했다. 본관은 광주(廣州)이고, 서울에 살았다. 아래 당적(黨籍)에 자세하다. 도사 수원(守元)의 아들이다.

생원 안처근(安處謹)

경술년(1490년)에 나고, 자는 정부(靜夫)다. 천목에, "단아(端雅)하고 명민하며 추향이 바르고 학문과 덕행, 지조가 있다" 했다. 벼슬은 홍문관 박사다. 본관은 순흥(順興)이고, 좌상 당(瑭)의 아들이다.

진사 김명윤(金明胤)

기축년(1493년)에 나고 자는 회백(晦伯)이다. 천목에, "학문과 덕행, 지조가 있다" 했다. 벼슬은 홍문관 박사다. 또 갑신년에 과거에 급제했다. 본관은 광주(光州)이고, 서울에 살았다. 찬성 극픽(克愊)의 아들이다.

진사 안정(安珽)

갑인년(1494년)에 나고, 자는 정연(珽然)이다. 천목에, "학문과 덕행이 있고 지조가 있다" 했다. 벼슬은 주서다. 본관은 순흥(順興)이고, 서울에 살았다. 병조 좌랑 처선(處善)의 아들이다.

진사 안처겸(安處謙)

병오년(1486년)에 나고, 자는 백허(伯虛)다. 천목에, "재주와 국량이 있다" 했다. 성균관 분학유를 지냈다. 본관은 순흥(順興)이고, 좌상 안당의 아들이다.

생원 권전(權磌)

경술년(1490년)에 나고, 자는 군안(君安)이다. 천목에, "뜻과 기개가 굳세고 곧으며 간결(簡潔)하여 지조를 지키며 학문과 덕행이 있고 재행(才行)이 있다" 했다. 벼슬은 수찬을 지냈다. 본관은 안동(安東)이며, 서울에 살았다. 참판 주(柱)의 아들이다.

진사 신잠(申潛)

신해년(1491년)에 나고, 자는 원량(元亮)이다. 천목에, "식견과 규량이 명민하여 학식과 덕행, 재능과 기예, 지조가 있다" 했다. 벼슬은 한림을 지냈다. 본관은 고령(高靈)이고, 서울에 살았다. 이조참판 종호(從濩)의 아들이다.

정랑 정완(鄭浣)

계사년(1473년)에 나고, 자는 신지(新之)다. 천목에, "성품과 도량이 견고하고 확실하며 몸을 검속하는데 힘쓰며, 효행이 순수 독실하고 재능과 학식이 뛰어나며 기개가 의연하여 옛사람의 기풍이 있다" 했다. 벼슬은 이조 정랑에 이르렀다. 본관은 영일(迎日)이고, 서울에 살았다. 봉사 진(溱)의 아들이다.

좌랑 민회현(閔懷賢)

임진년(1472년)에 나고, 자는 계사(季思)다. 천목에, "지조가 순수하여 독실하고, 또 재행(才行)이 있다" 했다. 벼슬은 정언을 지냈다. 본관은 여흥(驪興)이며, 예산(禮山)에 살았다. 사직 질(質)의 아들이다.

유학(幼學) 안처함(安處諴)

무신년(1488년)에 나고, 자는 구숙(久叔)이다. 천목에, "단정하고 후중하며 행실이 법도가 있으며 학문에 뜻을 두고 재행(才行)이 있다" 했다. 벼슬은 홍문관 정자, 수찬, 이조 좌랑을 지냈다. 본관은 순흥(順興)이고, 서울에 살았다. 좌상 안당의 아들이다.

지평 박훈(朴薰)

갑진년(1484년)에 나고, 자는 형지(馨之)다. 천목에, "기국(氣局)이 넓고 원대하여 규각(圭角)을 드러내지 않아 군자의 도량이 있으며, 학행이 바르고 무거우며 지조가 단정하고 굳세다" 했다. 벼슬은 승지에 이르렀다. 본관은 밀양(密陽)이고, 서울에 살았다. 교리 증영(增榮)의 아들이다.

진사 김익(金釴)

병오년(1486년)에 나고, 자는 군거(君擧)다. 천목에, "순후하고 방정하며 학식과 재행이 있다" 했다. 벼슬은 정언을 지냈다. 본관은 안동(安東)이다. 경력 언홍(彦弘)의 아들이다. 현량과를 파한 뒤 다시 전옥서 참봉, 용담 현령(龍潭縣令)을 지냈다. 도량과 재간은 타고났으며 진실하고 화려함이 없으며 효행이 극진했다.

유학 신준미(申遵美)

신해년(1481년)에 나고, 자는 사휴(士休)다. 천목에, "학행과 재식(才識)이 있고 지조를 바꾸지 않았다" 했다. 한림에 발탁되었다. 본관은 평산(平山)이고, 서울에 살았다. 서령(署令) 원(援)의 아들이다. 현량과를 파한 뒤 공주(公州)에 우거하다가 을사년에 복과(復科)되어 전한에 임명했으나 나가지 않았다.

참봉 김신동(金伸童)

을사년(1486년)에 나고, 자는 성이(聖而)다. 천목에, "마음과 행동이 구차스럽지 않으며 식견과 도량, 재능과 국량이 있다" 했다. 한림에 발탁되고, 을사년 복과 후에 종부시 주부에 임명되었다. 본관은 상주(尙州)고 서울에 살았다. 생원 거(碟)의 아들이다. 아들 기(認), 손자 영남(穎男), 사위 김충갑(金忠甲), 외손(外孫) 김시회(金時晦)가 모두 문과에 급제했다.

진사 강은(姜濦)

임자년(1492년)에 나고, 자는 청로(淸老)다. 천목에, "지조와 행동이 단정하고 결백하며 학행이 있다" 했다. 한림에 선발되었다. 본관은 진주(晉州)고, 이천(利川)에 살았다. 자인(子仁)의 아들이다. 을사년 복과 후에 전적에 임명되자 사은 숙배한 뒤에 인종의 빈전(殯殿)에 곡하고 돌아가 의(義)를 닦았다. 경오년 진사다.

전 참봉 방귀온(房貴溫)

을유년(1465년)에 나고, 자는 옥여(玉汝)다. 천목에, "성품과 도량이 온후하고 간략하며 효행과 학문이 있다" 했다. 무인년에 유일(遺逸)로 천거되어 헌릉참봉(獻陵參奉)에 임명되었으나 나아가지 않았다. 벼슬이 정언에 이르렀다. 본관은 남양(南陽)이고, 나주(羅州)에 살았다. 부사정 계문(戒文)의 아들이다.

생원 유정(柳貞)

신해년(1491년)에 나고, 자는 복원(復元)이다. 천목에, "식견과 도량이 있다" 했다. 승문원에 분관(分館) 되었으나 임용되기 전에 파과되었다. 그 후에 강음 현감(江陰縣監)을 지내고, 을사년에 복과되어 전적이 되었다. 기유년 옥사 때 장형(杖刑)을 받고 죽었다. 본관은 진주(晋州)고, 서울에 살았다. 교위(校尉) 자공(自恭)의 아들이다.

생원 박공달(朴公達)

경인년(1470년)에 나고, 자는 대관(大觀)이다. 천목에, "성품이 박하고 조심성이 많으며 효행과 우애가 돈독하고 지극하다" 했다. 벼슬은 병조 좌랑에 이르렀고, 파과한 후에 고향에 살면서 박수량(朴遂良)과 술벗이 되어 항상 쌍한정(雙閑亭)에 모여 형체를 잊고 한마음이 되어 실컷 마셨다. 두 집이 물을 사이에 두고 있었는데, 혹 물이 깊어서 건너지 못할 경우에는 각각 양쪽 언덕에서 물을 사이에 두고 마주 앉아 잔을 들어 서로 부르며 흥이 다하도록 마셨다. 을묘년에 생원시에 급제했다. 장악원 시행(始行)의 아들이다. 본관은 강릉(江陵)이고, 호는 강호거사(江湖居士)이다 강릉에 살았다.

유학 이부(李阜)

임인년(1482년)에 나고, 자는 자릉(子陵)이다. 천목에, "학식과 품행이 있다" 했다. 벼슬은 교서관을 거쳐 병조 좌랑, 정언에 이르렀다. 현량과를 파한 뒤 진천(鎭川)에 우거하다가 을사년에 복과되자 사은하고 돌아갔다. 본관은 고성(固城)이고 진천에 살았다. 사과 금(嶔)의 아들이다. 결백한 행실과 절개가 일대에 높았으므로 동료들이 복종했다.

전 직장 김대유(金大有)

기해년(1479년)에 나고, 자는 천우(天佑)이다. 천목에, "재능과 인품이 뛰어나고 식견과 도량이 명민하다" 했다. 벼슬이 좌랑에 이르렀다. 본관은 김해(金海)이고, 청도(清道) 미곡(米谷)에 살았다. 직제학 준손(駿孫)의 아들이다.

유학 도형(都衡)

정미년(1487년)에 나고, 자는 국전(國銓)이다. 천목에, "편안하고 고요하며 효행이 독실하여 부모가 살아 계실 때 봉양과 돌아가신 뒤 제사를 예로써 했다" 했다. 벼슬은 호조 좌랑을 지냈다. 을사년에 전적이 되었다가 또 파과되자 고향으로 돌아갔다. 본관은 팔거(八莒)고, 성주(星州) 운곡(雲谷)에 살았다. 진사 맹녕(孟寧)의 아들이다. 그 아들 희윤(熙胤)은 생원에 합격했고 사위 김경(金璟)은 문과에 급제했다.

정랑 송호지(宋好智)

갑오년(1474년)에 나고, 자는 경우(景愚)이다. 천목에, "학식이 일찍부터 넓었고 진정에서 우러난 효행과 우애가 있고 청렴하고 바르며 순수하고 강직하며 백성을 다스릴 역량이 넉넉하고 학행이 바르고 무거우며 식견과 도량이 독실하고 재행을 겸비했다" 했다. 벼슬은 교리를 지냈다. 본관은 여산(礪山)이고, 서울에 살았다. 부사 자강(自剛)의 아들이다.

현감 민세정(閔世貞)

신묘년(1471년)에 나고, 자는 정숙(正叔)이다. 천목에, "효성과 우애 독실하다" 했다. 유일로 천거되어 벼슬이 현감에 이르렀고, 함경도사(咸鏡都事)에 발탁되었다. 본관은 여흥(驪興)이고, 청송(靑松)에 살았다. 사용 흥(興)의 아들이다.

직장 김옹(金顒)

갑진년(1484년)에 나고, 자는 대이(大而)다. 천목에, "옛사람을 사모하고 지조를 숭상하여 학행이 순수하고 바르다" 했다. 무인년, 유일로 과거에 응시했다가 며칠 만에 사양하고 고향으로 돌아가 부모를 봉양했다. 을사년에 전적으로 임명되었다. 일찍이 상주(尙州)의 사심간(事審官)이 되어 덕정비(德政碑)를 세웠는데, 사람들이 이를 단점으로 여겼다. 아들 충(沖)이 문과에 장원급제했다. 갑자년에 진사시에 합격했다. 본관은 상주고, 상주에 살았다. 전력(展力) 삼산(三山)의 아들이다.

생원 경세인(慶世仁)

　신해년(1491년)에 나고, 자는 심중(心仲)이다. 천목에, "국량(局量)이 원대하고 천박하고 화려한 문장을 일삼지 않으며 학행과 재행(才行)이 있다" 했다. 본관은 청주(清州)고, 서울에 살았다. 당적에 상세하다. 현령 상(祥)의 아들이다.

진사 이령(李翎)

　○○년에 나고, 자는 여익(汝翼)이다. 천목에, "학식과 재행이 있다" 했다. 본관은 함안(咸安)이고, 진주(晉州)에 살았다. 벼슬은 전적이다. 대사헌 인형(仁亨)의 아들이다.

찾아보기

ㄱ

갑자사화 17, 18, 20, 25, 28, 30, 31, 33, 34, 35, 39, 47, 55, 127, 248

경연 10, 39, 42, 49, 53, 91, 92, 93, 94, 95, 96, 118, 130, 135, 144, 148, 150, 191, 203, 208, 223, 231, 233, 249

광해군 11, 37, 98, 142, 180, 184, 185, 186, 187, 224

『기묘당적』 195, 196, 197, 199, 200

『기묘록보유』 195, 196, 197, 199, 221, 243

기묘사화 10, 17, 18, 114, 115, 125, 127, 131, 151, 152, 153, 154, 155, 156, 157, 162, 164, 169, 170, 177, 178, 186, 187, 188, 195, 196, 197, 199, 200, 201, 202, 203, 204, 206, 207, 208, 210, 211, 212, 213, 221, 225, 228, 230, 233, 234, 240, 241, 242, 249

『기묘제현전』 197, 198, 199, 200, 203, 244

기묘팔현 195, 198, 201

기준 62, 102, 136, 141, 148, 158, 159, 161, 170, 177, 188, 199, 200, 201, 210

길재 19, 52, 57

김굉필 23, 33, 45, 50, 51, 52, 53, 54, 55, 57, 58, 59, 91, 112, 172, 181, 182, 184, 185, 186, 189, 212, 223, 228, 231, 240, 248, 250

김식 53, 76, 119, 122, 136, 140, 141, 158, 159, 160, 161, 197, 198, 199, 200, 201, 203, 204, 205, 206, 207, 208, 209, 210, 212, 213, 251

김육 197, 198, 199, 203

김인후 114, 177, 178, 187, 228, 229

김일손 21, 22, 23, 24, 80, 81, 82, 238

김정 57, 59, 85, 86, 87, 88, 119, 122, 136, 140, 141, 144, 158, 159, 160, 161, 170, 177, 195, 196, 197, 199, 200, 201, 202, 203, 210, 213

김정국 57, 59, 195, 196, 197

김종직 21, 22, 23, 52, 55

ㄴ

남곤 10, 93, 94, 97, 98, 120, 127, 135, 137, 138, 139, 146, 147, 148, 149, 150, 151, 152, 153, 154, 155, 156, 158, 159, 171, 205, 206, 211, 212, 213, 232

노론 224, 225, 226, 227

능상 28, 29, 30, 33, 127

ㄷ

도봉서원 217, 219, 223, 224, 225, 226, 227, 228, 230, 243, 250

ㅁ

무오사화 17, 18, 20, 23, 24, 32, 33, 39, 40, 47, 50, 52, 53, 58, 81, 127, 211

문묘 11, 142, 172, 180, 181, 182, 183, 184, 185, 186, 187, 188, 191, 212, 231, 247, 250

ㅂ

박상 85, 86, 87, 88, 201

박원종 9, 40, 41, 64, 84

지은이 ｜ 신병주

서울대학교 인문대학 국사학과 및 대학원을 졸업하였다(석사, 박사). 서울대 규장각 학예연구사를
거쳐 2021년 현재 건국대학교 문과대학 사학과 교수로 재직 중이다.
KBS1 TV에서 〈역사저널 그날〉을, KBS1 라디오에서 〈글로벌 한국사 그날 세계는〉을 진행했으며,
JTBC 〈차이나는 클라스〉 연산군과 광해군, 왕과 아들, 전염병 편에 출연하였다. 문화재재단 이사, 궁
능활용심의위원 등을 역임했으며, KBS1 라디오 〈신병주의 역사여행〉을 진행하고 있다. 2018년에는
국가공무원 인재개발원 최고 베스트 강사상을 받았다.

조광조 평전
ⓒ 신병주 2021

초판 1쇄 발행 2021년 1월 25일
초판 2쇄 발행 2022년 7월 15일

지은이 신병주
펴낸이 이상훈
편집인 김수영
본부장 정진항
인문사회팀 김경훈 권순범
마케팅 김한성 조재성 박신영 김효진 김애린 임은비
사업지원 정혜진 엄세영
디자인 오필민 디자인

펴낸곳 (주)한겨레엔 www.hanibook.co.kr
등록 2006년 1월 4일 제313-2006-00003호
주소 서울시 마포구 창전로 70 (신수동) 화수목빌딩 5층
전화 02) 6383-1602~1603
팩스 02) 6383-1610
대표메일 book@hanien.co.kr

ISBN 979-11-6040-454-8 94900
     978-89-8431-466-5 (세트)

＊책값은 뒤표지에 있습니다.
＊파본은 구입하신 서점에서 교환하여 드립니다.
＊이 저역서는 2020년도 건국대학교 KU학술연구비 지원에 의한 저역서임